Dirk Draulans

Im Dschungel

Dirk Draulans

Im Dschungel

Afrika, Affen und
andere Leidenschaften

Aus dem Niederländischen
von Annette Löffelholz

Verlag C. H. Beck München

Titel der Originalausgabe:
De mens van morgen. Een speurtocht naar de bonobo in Congo/Zaire
© 1998 Dirk Draulans
Zuerst erschienen 1998 bei Uitgeverij Atlas, Amsterdam/Antwerpen.

Für Frans Verleyen –
Unser erstes Gespräch ging über die Eisvögel in Brügge,
unser letztes über den Salonga in diesem Buch.

Die Deutsche Bibliothek – CIP-Einheitsaufnahme

Draulans, Dirk:
Im Dschungel : Afrika, Affen und andere Leidenschaften /
Dirk Draulans. Aus dem Niederländ. von Annette Löffelholz. –
München : Beck, 2001
 Einheitssacht.: De mens van morgen
 ISBN 3 406 47215 X

ISBN 3 406 47215 X

Für die deutsche Ausgabe:
© Verlag C. H. Beck oHG, München 2001
Satz: Fotosatz Otto Gutfreund GmbH, Darmstadt
Druck und Bindung: Spiegel Buch, Ulm
Gedruckt auf säurefreiem, alterungsbeständigem Papier
(hergestellt aus chlorfrei gebleichtem Zellstoff)
Printed in Germany

www.beck.de

Inhalt

Frauenpower 7

Der Geist des Flusses 17

Die Fauna der Einbäume 31

Eine Armee starker Kiefer 47

Den Teufel im Nacken 66

Der Mensch von gestern 84

Geschäfte mit Misthaufen 101

Barbie bei den Bonobos 121

Der Sturz eines Diktators 135

Das singende Zelt 149

Den Tod in den Augen 163

Kongopfau mit Herzkirschen 179

Eine Brutstätte des Ebolavirus 197

Eine Zyste als Trophäe 216

Keine weiße Weihnacht 237

Männer mit Grundsätzen 253

Die Grimasse eines Toten 270

Die Helden des Dschungels 288

Das Blut der Liane 305

Arrogante Affen 320

Big Brother 335

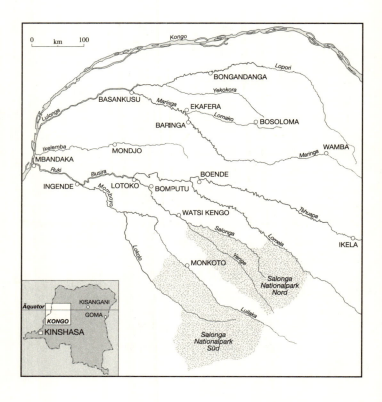

Frauenpower

Frauen haben eine Schwäche für Affen. Je größer und mächtiger ein Affe ist, desto sicherer sind ihm die Sympathie und Zuneigung des weiblichen Geschlechts. Und die Topstars in der Welt der Primatenforscherinnen sind die Menschenaffen.

Die US-Amerikanerin Dian Fossey hat mit ihrem kompromisslosen Kampf für den Erhalt der Berggorillas in den lebensfeindlichen Urwäldern an den Hängen erloschener afrikanischer Vulkane Weltberühmtheit erlangt. Sie lag in einem erbitterten Clinch mit Forscherkollegen, Wilderern, Zoodirektoren und lokalen Behörden. In der Mehrzahl handelte es sich um Männer, die der Meinung waren, Affen auf ihren wahren Wert taxieren zu können, Tiere, die es zwar nicht geschafft hatten, dem Urwald zu entrinnen, ihnen aber die Gehälter sichern oder reinen Gewinn einbringen konnten.

Die Gorillas waren bereits Weltstars, noch bevor sich Fossey auf den Weg zu den Vulkanhügeln machte. Schon ein Jahrhundert lang verkörperten sie das grauenhafte Monster, das vom heldenmütigen Mann gezähmt werden musste, der diese furchteinflößenden Naturwesen in die Knie zwang und auf Zelluloid bannte. Eine moderne Version des mächtigen, prähistorischen Jägers, der nach der Überlieferung unter Einsatz seines Lebens gegen Mammute und Säbelzahntiger zu Felde zog, um die Früchte sammelnde Frau am Lagerfeuer mit einem Stück Fleisch zu überraschen.

Alte Fotos, auf denen Gorillas zu sehen sind, zeigen stattliche Männer mit riesigen Schnurrbärten und Gewehren, die stolz den leblosen Kopf eines mächtigen Silberrückens hoch halten. Der erste, dem das Etikett eines Gorillaforschers verpasst wurde, war der US-Amerikaner Carl Akeley. Er richtete in den zwanziger Jahren unter den Gorillas auf den Vulkanbergen wahre Verwüstungen an – der Not gehorchend, wenn man seinen Aufzeichnungen Glauben schenken will: „Die Wissenschaft ist wie eine eifersüchtige Liebhaberin, die wenig Verständnis für die Gefühle eines Mannes hat." In einem US-amerikanischen Museum ließ er ein Diorama eines Gorillas, des so genannten „Riesen vom Karisimbi", aufstellen. Er hatte ihn auf einem der Vulkane geschossen, auf dem Dian Fossey später arbeiten sollte. Ein Ungeheuer, das sich, zu seiner vollen Größe erhoben, mit den Fäusten auf die Brust trommelte, um der Welt auf eindrucksvolle Weise höchsten Respekt vor der Leistung des Jägers abzufordern.

Der Film *King Kong* verstärkte das Image des Gorillas als eines Wüstlings. Heldenhafte Männer fingen und töteten die grausame Kreatur, die eine schöne weiße Frau entführt hatte. Aber die weiße Frau verstand es, den Affen um den Finger zu wickeln. Durch sie wurde das wilde Tier zu einem zahmen Wesen mit menschlichen Zügen, das sich sogar in sie verliebte. Vielleicht musste es vor allem deshalb von Männern aus ihrem Umkreis ermordet werden.

Das Bild des Gorillas als aggressives Tier, das seine Umgebung terrorisiert, wandelte sich erst durch die Arbeit Fosseys in Ruanda. Sie wurde zu der weißen Frau, die den Gorilla zähmte und vermenschlichte. Sie entdeckte freundliche Tiere, die zu subtilen sozialen Interaktionen fähig waren, in der Regel sehr friedlich miteinander umgingen und weitaus selbstverständlicher fremde Besucher in ihrer Welt tolerierten als der Mensch dies im Allgemeinen vermag.

Fossey war ein Mitglied der Gorillafamilien, deren Verhalten sie erforschte. Das ergreifendste Dokument aus ihrem Leben ist vielleicht das Foto, das ihren ersten körperlichen Kontakt zu einem jungen Schwarzrücken festhält, der sanft ihre Hand berührt. Diese Geste strahlt eine romantische Intensität aus, die in der hektischen modernen Männergesellschaft fast verloren gegangen ist – auch davon konnte Fossey ein Lied singen. Sie bezahlte ihre Forschungsarbeit mit dem Leben – genau wie einige der Gorillas, mit denen sie auf ihrem Vulkan Freud und Leid geteilt hatte, fiel sie einem Mordanschlag zum Opfer.

Die Evolution des Orang-Utans verlief ähnlich. Der Brite Alfred Wallace, der unabhängig von – und vielleicht vor – Charles Darwin die Evolutionslehre in ihren wesentlichen Zügen zu Papier gebracht hat, bereiste Mitte des letzten Jahrhunderts sieben Jahre lang die Inselwelt Indonesiens. Auf Borneo schoss er hemmungslos und nach Herzenslust Orang-Utans aus ihren Bäumen. Wallace erlegte und fing spektakuläre Tiere, um seinen Lebensunterhalt zu finanzieren, indem er sie an Sammler in England verkaufte. Obwohl er die Natur offensichtlich liebte, galt sein Mitgefühl niemals dem einzelnen Tier, nicht einmal dem roten Menschenaffen. Bis in die letzten Einzelheiten beschrieb Wallace den Todeskampf eines Orang-Utans: „Schon nach zwei Schüssen klammerte sich dieser Affe nur noch mit einer Hand an einem Ast fest; dann stürzte er kopfüber zu Boden und versank halb im Sumpf. Minutenlang blieb er dort stöhnend und nach Atem ringend liegen, während wir um ihn herumstanden und jeden Augenblick mit seinem Ableben rechneten. Aber plötzlich richtete sich das Tier mit äußerster Anstrengung wieder auf. Erschrocken wichen wir etwa zwei Meter zurück. Fast aufrecht stehend, klammerte es sich an einen kleinen Baum und versuchte, an ihm hochzuklettern. Nach einem weiteren Schuss in den Rücken fiel der Affe tot zu Boden."

Für die Orang-Utans in den feuchtheißen Urwäldern Kalimantans spielte die aus Litauen stammende kanadische Forscherin Biruté Galdikas dieselbe Rolle wie Fossey für ihre Gorillas in Ostafrika. Das brutale Vorgehen von Wallace jagte ihr Schauer über den Rücken, obwohl sie zugeben musste, dass seine wenigen Beobachtungen zum Verhalten dieser Tiere richtig waren. Sie selbst war schon nach kurzer Zeit in einen gemischten Familienverband von Orang-Utans und Menschen integriert. Während die Menschen hin und wieder bei den Affen im Wald übernachteten, krochen die Orangs zu Galdikas ins Bett. Sie nahm gefangene und konfiszierte Orang-Utans auf und versuchte, sie wieder an ein Leben in Freiheit zu gewöhnen. Ihre Kinder wurden gemeinsam mit den Affen aufgezogen. Über ihren Mann, der sie wegen einer jüngeren Frau verließ, regte sie sich mehr auf als über einen Orang-Utan, der ihre Köchin vergewaltigt hatte.

Galdikas hat es nie geschafft, den Bekanntheitsgrad von Fossey zu erreichen. Dazu fehlte ihr das Charisma. Auch besitzen ihre Affen nicht die Ausstrahlung der Gorillas. Sie leben weder in sozialen Verbänden wie der Mensch noch in Afrika wie die Vorfahren des Menschen.

Fossey und Galdikas wurden vom legendären britisch-kenianischen Anthropologen Louis Leakey betreut, der sich vor allem mit seinen Entdeckungen fossiler Menschen einen Namen machte. Er glaubte lange Zeit, dass die Erforschung der Menschenaffen – wie eine Art Zeitmaschine der Evolution – Bilder vom Verhalten unserer Vorfahren transportieren könnte, von denen er nur Schädel- und Skelettreste oder versprengte Fußabdrücke auf felsigem Untergrund gefunden hatte. Um dieser Idee nachzugehen, hatte er drei Frauen in die Urwälder der Welt geschickt. Die bedeutendste von ihnen war keine studierte Biologin, sondern die britische Aristokratin Jane Goodall. Sie ging Anfang der sechziger Jahre nach Tansania, um das Verhalten von Schimpansen zu erforschen, und kämpft bis zum heutigen Tag aktiv für den Erhalt bedrohter Menschenaffen.

Goodall wirbelte in Primatologenkreisen viel Staub auf, weil sie Kontakt zu einzelnen Tieren suchte und sich nicht auf eine statistisch gut auswertbare Gruppe konzentrierte. Zudem gab sie ihren Forschungsobjekten keine Nummern, sondern Namen und verstieß damit gegen das ungeschriebene Gesetz, dass ein Wissenschaftler auf Distanz zu seinem Forschungsobjekt bleiben muss. Goodall machte ihre Schimpansen zu Individuen mit einem eigenen Willen, angenehmen und unangenehmen Eigenschaften, Vorlieben und Abneigungen, die ein breites Spektrum an so genannten menschlichen Zügen besaßen.

Leakey entschied sich bei seiner Feldforschung ganz bewusst für Frauen, auch wenn er immer die Befürchtung hatte, dass sie zu emotional mit ihren Affen umgehen würden. Aber Frauen besaßen für ihn eine größere Nähe zur Natur als Männer, er hielt sie für die geeignetere Besetzung der Vermittlerrolle zwischen Menschen und Menschenaffen. Männliche Affen würden Frauen nicht so rasch als Rivalen betrachten. Darüber hinaus hatten Frauen mehr Geduld, sie waren die besseren Beobachter und besaßen eine größere Sensibilität für die wesentlichen Interaktionen zwischen Affenmüttern und ihren Jungen. Die meisten Labors, in denen zu Leakeys Zeit Affenforschung betrieben wurde, standen unter männlicher Leitung. Seelenlose Observationsräume, in denen man den Affenbabys Lappen auf einem Stock als Ersatzmutter anbot. Keine Frau würde auf die Idee kommen, die Mutter-Kind-Beziehung auf diese Weise zu untersuchen. Und es waren Frauen, die alle wichtigen Auffangzentren für verwaiste und vernachlässigte Menschenaffen aus dem Boden stampften.

Leakey konnte seine Arbeit nicht zu Ende bringen. Er fand niemanden, der bereit war, im ehemaligen Belgisch-Kongo, dem späteren Zaire, das jetzt wieder Kongo heißt, den Bonobo zu erforschen. Dieser vierte Menschenaffe, der dem Schimpansen sehr ähnlich ist und lange Zeit mit ihm verwechselt wurde, hat das Pech, ausschließlich im kongolesischen Äquatorialwald südlich des Kongostroms zu leben, in einem Gebiet, das als schwer zugänglich gilt. Breit angelegte Feldforschungen wurden lange Zeit durch die instabilen politischen Verhältnisse verhindert. So musste Fossey, nachdem sie ein halbes Jahr auf der kongolesischen Seite ihrer Vulkanhügel gearbeitet hatte, nach Ruanda fliehen. Auf ihrer Flucht soll sie von Soldaten vergewaltigt und als Geschenk für einen General einige Zeit festgehalten worden sein.

Trotz ihrer starken Präsenz als Kolonialmacht im Kongo ließen sich die Belgier die Entdeckung des vierten Menschenaffen entgehen, obwohl das Königliche Museum für Zentralafrika im belgischen Tervuren die weltweit bedeutendste Sammlung präparierter Tiere und Schädel besaß. Vor den Augen des ehemaligen Direktors Henri Schouteden entdeckten ein Deutscher und ein US-Amerikaner die Unterschiede zwischen dem Bonobo und dem Schimpansen. 1929 erhielt der Bonobo seine ursprüngliche Bezeichnung als Zwergschimpanse. Dabei blieb es lange Zeit. Kein einziger belgischer Biologe fühlte sich berufen, dieses spektakuläre Tier in seinem Regenwald zu erforschen. Der Bonobo blieb der vergessene Menschenaffe.

Durch die kolonialen Verbindungen bekam die Königliche Tiermedizinische Gesellschaft von Antwerpen – sprich der Zoo – immer wieder neue Bonobos aus dem Kongo. Inzwischen beherbergt er die weltweit größte Bonobogruppe in Gefangenschaft. Die Tiere wurden vor einigen Jahren auf die Domäne Planckendael in der Nähe von Mechelen umgesiedelt. Hier haben sie in einem eigenen Gehege und auf einer Affeninsel nach gängigen Normen viel Bewegungsfreiheit und pflanzen sich gut fort. Diese Bonobogruppe wurde – wiederum fast ausschließlich von weiblichen Biologen – eingehend erforscht. Die Wissenschaftlerinnen lebten so intensiv mit ihren Affen zusammen, dass ihre Menstruationszyklen nach einer Weile synchron mit denen der Bonoboweibchen verliefen. Ein Phänomen, das auch schon bei Internatsschülerinnen oder in einem Nonnenkloster beobachtet wurde. Bestimmte Facetten der weiblichen Physiologie sind bei Bonobos und Bonoboforscherinnen eben gleich.

Am auffälligsten bei der Bonobogruppe in Planckendael waren ihre häufigen und vielfältigen sexuellen Aktivitäten. Kein anderer Primat – einschließlich des Menschen – geht so oft zur Sache wie der Bonobo. Die Weibchen stehen an der Spitze der sozialen Hierarchie, sie bilden erfolgreiche Koalitionen gegen die körperlich stärkeren Männchen: Frauenpower. Spannungen werden durch Schmusen, Onanieren oder Kopulieren abgebaut. Sex ist bei den Bonobos ein absolut taugliches Instrument zur Kanalisierung von Aggressionen.

Das faszinierend komplexe Verhalten der Bonobos in Gefangenschaft brachte die Direktion des Antwerpener Zoos auf die Idee, die Tiere auch im unruhigen Zaire zu erforschen. Moderne Zoos fühlen sich verpflichtet, in den Erhalt des natürlichen Lebensraums ihrer Paradepferdchen zu investieren. Sie wollen sich aus der selbst verpassten Zwangsjacke einer Institution befreien, die exotische Tiere nur zur Schau stellt. Ist es sinnvoll, einer kleinen Anzahl von Tieren ein Zuhause zu geben, die in der freien Natur vom Aussterben bedroht sind? Lohnt es sich, Gen-Banken einer Natur anzulegen, die nicht mehr existiert?

Der Antwerpener Zoo kann sich rühmen, wichtige Zuchtprogramme durchzuführen, unter anderem für seltene endemische Tierarten des Kongo wie den Kongopfau, das Okapi und den Bonobo, die an den immergrünen Regenwald gebunden sind. Mit gezielten Kampagnen will man das öffentliche Bewusstsein für den Erhalt des Regenwaldes sensibilisieren, indem unter anderem zu größerer Zurückhaltung beim Kauf tropischer Edelhölzer aufgerufen wird. Der Zoo suchte und fand auch finanzielle Unterstützung für ein Forschungsprojekt über die Bonobos im kongolesischen Regenwald. Und auch bei dieser Initiative war die treibende Kraft eine Frau, die Antwerpener Biologin Ellen van Krunkelsven.

Ellen schien dazu bestimmt, die flämische Version einer Dian Fossey oder Jane Goodall zu werden. Eine ihrer Lehrerinnen erinnerte sich noch nach Jahren an das Referat, das Ellen als vierzehnjährige Schülerin gehalten hatte. Thema war, das Leben eines Idols zu beschreiben. Als Einzige hatte Ellen sich nicht für einen belgischen Schlagersänger oder eine ausländische Popgruppe entschieden, sondern für die damals gerade verstorbene Dian Fossey.

Anfangs war sie nicht nur an Affen interessiert. Auch Walfische und Elefanten fand sie spannend – alles Tiere mit einem stark entwickelten Sozialleben. Aber Fossey kämpfte so sehr an vorderster Front für ihre Ideale, dass sie Ellens Idol wurde. Das junge Mädchen hatte auch das

Gefühl, dass sie sich extrem gut mit der Amerikanerin verstanden hätte. „Es ging nicht nur darum, das Leben der Affen zu erforschen", beschrieb Ellen später ihren Teenagertraum. „Es ging auch um mein Leben. Ich war unglücklich, weil Dian Fossey so ein spannendes Leben hatte, während ich jeden Tag zur Schule musste. Ich hatte Angst, dass später nichts mehr zu entdecken wäre, was sich wirklich lohnte. Es faszinierte mich, als Jugendliche die Lebensgeschichte von Dian Fossey zu lesen, und gleichzeitig fragte ich mich, warum mir so etwas nicht passierte, warum ich so etwas nicht erlebte."

Ellens Zeit sollte kommen. Sie studierte Biologie und ging für ihre Diplomarbeit nach Planckendael. Hier analysierte sie die Rufe, mit denen sich die Bonobos über Nahrungsquellen verständigen. Aber das reichte ihr nicht, sie wollte die echte Welt der Bonobos kennen lernen. Ein Zoo, auch wenn er noch so klug konzipiert ist, bleibt immer ein unnatürliches Lebensumfeld für Menschenaffen. Selbst im hochmodernen Strafvollzug würde kein Soziologe auf die Idee kommen, die sozialen Interaktionen von Gefangenen als Modell für die Verhaltensweisen unserer Gattung zu nehmen.

Anfang 1994, ein halbes Jahr nach Abschluss ihres Studiums, ging Ellen mit gerade zweiundzwanzig Jahren für vier Monate in den Urwald am Lomakofluss in der zairischen Provinz Equateur. Ziel der Expedition, zu der auch Jef Dupain gehörte, war die Erforschung der Kommunikationsformen innerhalb einzelner Bonobogruppen. 1995 brachen die beiden zum zweiten Mal auf, mit mehr Mitteln und größeren Erkenntnissen. Monatelang waren sie unter schwierigsten Bedingungen auf den Flüssen unterwegs, bis sie im Juni einen geeigneten Platz für ein festes Lager fanden. Dort blieben sie bis zum Frühjahr 1996.

Ellen nannte ihr Lager Iyema. Im Lomongo, der Sprache der lokalen Bevölkerung, bedeutet das „Weißer Affe". Die Bonobos in ihrem Regenwald hatten noch nie eine Weiße gesehen. Die meisten Schwarzen ebenfalls nicht.

Der Geist des Flusses

„Der Kongo ist ein Paradies für Autofahrer. Kein Land wertvoller Kunstschätze mit einer reichen historischen Vergangenheit. Dennoch wird der Tourist hier auch intellektuell auf seine Kosten kommen, vorausgesetzt, er unterwirft sich der Anstrengung, die Natur und ihre Geheimnisse zu ergründen. Dann wird er die Kunstwerke verstehen und die Geschichte dieses Landes noch einmal durchleben. Mechanische Wunder geben uns die Gelegenheit, in das Herz einer noch vollkommen unberührten Natur vorzudringen."

Mit diesen Worten versuchte der Ehrenvorsitzende des Tourismusverbandes für Belgisch-Kongo und Ruanda-Burundi, A. J. Moeller de Laddersous, 1949 ausländischen Touristen einen Besuch des Kongo schmackhaft zu machen. Selbst von der banalsten Sehenswürdigkeit wusste er in seinem Reiseführer, der fast den Umfang der Bibel erreichte, eine bemerkenswerte Einzelheit zu berichten. Um auf der Reise keine Langeweile aufkommen zu lassen, ließ er sich über die reiche koloniale und sonstige Geschichte dieses traumhaften Landes aus. Und um den Touristen vor Überraschungen zu schützen, gab er für jeden Ort eine detaillierte Beschreibung der vorhandenen Unterkünfte.

So auch für Basankusu, einer wohlhabenden, großen Siedlung an den Ufern des Maringa in der Provinz Equateur. Es gab dort eine Funkstation, eine subventionierte Grundschule mit einem Internat für die Kinder der Weißen, eine Bank, ein relativ dichtes Netz an Autowerkstätten und Tankstellen sowie einen Club mit Tennisplätzen und Schwimmbad. Reisende konnten sich im Hotel Castanheiro, allerdings in Zimmern ohne fließend Wasser, einmieten. Unterwegs gab es die Möglichkeit, in einer der zahlreichen Etappenhütten abzusteigen, wo man das Auto unterstellen und frische Lebensmittel und Obst kaufen konnte. Man war bemüht, den Besuchern einen gewissen Komfort zu bieten. Für die Provinz Equateur hatte der Ehrenvorsitzende keine besondere Vorliebe, er empfahl Reisenden eher eine Fahrt quer durch das Land in die östliche Region Kivu: „Alle von uns beschriebenen Straßen in der Provinz führen durch den dichten, häufig sumpfartigen Urwald. Hier gibt es nichts, was den Touristen faszinieren könnte. Abgesehen vom Kongostrom ist die Provinz Equateur nur für die Reisenden attraktiv, die sich für die primitiv gebliebenen Volksstämme interessieren."

Zu der Beschreibung Basankusus gehörten auch zwei Schwarzweißfotos. Das eine zeigte eine saubere, palmenbesäumte Straße, auf der ein zufrieden wirkendes weißes Paar flanierte. Die Frau hatte ein kleines Mädchen in einem weiten Rock an der Hand, der Mann trug eine Aktentasche. Auf dem zweiten Foto war ein Hafen mit Lastfahrzeugen, großen Booten und frisch gestrichenen Lagerhallen zu sehen.

Schwarze waren auf den meisten Fotos in dem Reiseführer des Ehrenvorsitzenden nicht vertreten, außer als Kuriosum in einem traditionellen Kontext. Unter der Überschrift DER NEGER gab Moeller de Laddersous dem interessierten Leser unter anderem folgende Information mit auf den Weg: „In seiner frühen Jugend hat der Neger im Allgemeinen einen regen Verstand. Das Lernen fällt ihm leicht, aber durch sexuelle Überaktivität und den übermäßigen Genuss geistiger Getränke lässt diese Fähigkeit rasch nach." Der Ehrenvorsitzende legte Reisenden nachdrücklich ans Herz, die Nähe betrunkener Neger zu meiden.

Fast ein halbes Jahrhundert später war es nicht so leicht, in Basankusu Betrunkenen aus dem Wege zu gehen, vor allem im Hafen nicht. Es wimmelte dort von Faulenzern, die nichts anderes im Kopf hatten, als die spärlichen Besucher zu belästigen. Die Präsenz von Soldaten, die sich nachmittags kollektiv mit einheimischem Bier voll laufen ließen, bedeutete ein permanentes Risiko, verhaftet zu werden. Wenn man nicht die richtigen Leute kannte, die man mit Schmiergeldern köderte, konnte man sich im Falle einer Verhaftung nur mit einer ordentlichen Summe wieder die Freiheit erkaufen.

Die lokale Bevölkerung reagierte höchst erstaunt auf Weiße, die keine Pater oder Nonnen waren. Für sie war jeder Weiße ein wandelndes Portemonnaie. Jeder fand einen anderen Grund, einem Weißen Geld abzuschwatzen: eine Verwaltungsgebühr für das Ausfüllen eines Einreiseformulars, eine Steuer für das Betreten des Hafens oder eines Privatgeländes oder eine überfällige Lohnzahlung für jemanden, dessen Dienste man nie in Anspruch genommen hatte.

Ein Hotel gab es nicht mehr, fließendes Wasser nur noch in der Missionsstation der Pater, wo es aus einer selbst gebauten Pumpe kam. Die Kommunikation mit dem Rest der Welt war quasi unmöglich. Elektrizität war ein Luxus aus dem fernen Westen. Restaurants gab es nur in Form kleiner Garküchen, die gegrillte Ziegenfleischspieße anboten. Funktionierende Autos waren ein halbes Wunder. Der Urwald hatte die Straßen, die Moeller de Laddersous noch so lyrisch beschrieben hatte, einfach verschluckt. Basankusu konnte nur noch vom Fluss aus versorgt werden.

Anfang Februar 1996 machten sich die Einwohner von Basankusu Sorgen über die Sandbänke, die ein Zeichen ausbleibenden Regens waren. Für den Biologen sind Sandbänke ein Segen. Wenn ein Flussbett bis zum Rand voller Wasser steht, sitzen nicht nur die seltenen Wollhalsstörche weit oben in den Wipfeln der Bäume oder kreisen so hoch in der Luft, dass nur ihr gestreckter Hals vermuten lässt, dass es sich bei den schwarzen Punkten am Himmel um Störche handeln könnte. Auf einer Sandbank ist das Leben einfacher, hier ist man der reich gedeckten Tafel näher. Für den Reisenden sind Sandbänke hingegen ein Fluch. Die Boote müssen ständig in so weiten Bögen um sie herumfahren, dass eine Reise in der Trockenzeit doppelt so lange dauert als in der Regenzeit. Wenn große Boote auf Grund laufen, bleiben die Händler und Passagiere an Bord. Von Fischern und Bauern aus den umliegenden Dörfern versorgt, warten sie dort manchmal monatelang auf den Regen, der den Wasserspiegel wieder ansteigen lässt.

In Basankusu war das Benzin für die wenigen noch fahrtüchtigen Autos bis auf den letzten Tropfen ausverkauft, obwohl einige Leute in weiser Voraussicht einen Vorrat angelegt hatten. Viel schlimmer war jedoch, dass auch das Bier langsam zu Ende ging – ein sehr schlechtes Vorzeichen. In den kongolesischen Orten gibt es für alle wichtigen Bereiche einen Häuptling, und da der Fluss die Lebensader Basankusus war, gab es auch hierfür eine entsprechende Autorität. Also entsandten die Einwohner eine Delegation zu ihrem Fluss-Häuptling, der sich das leidenschaftlich vorgetragene Anliegen der Volksvertreter aufmerksam anhörte und am Ende bedachtsam nickte. Er beruhigte seine Leute, indem er ihnen versprach, sich um das Problem zu kümmern. Er würde zu drastischen Mitteln greifen. Die Zeit drängte, das war ihm klar.

Und in der Tat waren seine Maßnahmen, den Maringa wieder ansteigen zu lassen, alles andere als halbherzig. Als Erstes bestellte er einige Fischer zu sich. Ihm war zu Ohren gekommen, dass sie einen Zauberer angeheuert hatten, um Regenfälle zu verhindern – bei Niedrigwasser ließ sich besser fischen. Er drohte ihnen an, sie für die Verknappung der Vorräte zur Verantwortung zu ziehen und ins Gefängnis werfen zu lassen. Da er jedoch fürchtete, dass diese Drohungen verhallten, und er nicht an eine so starke Verbindung der Zauberer zu den Geistern glaubte, befahl er seinen Männern, seinen ältesten Sohn zu suchen. Er wollte ihn dem Geist des Flusses opfern, damit er es regnen ließ und die Boote wieder fahren konnten. Ein schwerer Entschluss, aber dieses Opfer sollte die Geister günstig stimmen.

Auch Doktor Nono hatte es manchmal schwer. Er war ein hoch gewachsener Mann, der sich modern kleidete und in Gesellschaft aufzutreten verstand. Doktor Nono hatte in den USA Medizin studiert, als Hobby beschäftigte er sich mit dem Leben des belgischen Königs Leopold II., der sein Land zu einer Kolonie gemacht hatte. Nono arbeitete im Dienst der Organisation *Ärzte ohne Grenzen*, die in Zaire ein Stützpfeiler des Gesundheitswesens war. Die Organisation hatte sich von dem jahrzehntelang gültigen Prinzip losgesagt, dass Ausländer für die fehlenden einheimischen Lehrer und Ärzte in die Bresche springen mussten. Die weißen Mitarbeiter von *Ärzte ohne Grenzen* beschränkten sich darauf, Medikamente zur Verfügung zu stellen, logistische Unterstützung zu leisten und für die Dschungel- und Savannenhospitäler kompetente Leute aus der Region anzuwerben. Nono war der beste Beweis für den Erfolg dieser Strategie.

Aber selbst er besaß nicht für alle Probleme eine Patentlösung. So hatte er die Tochter des Fluss-Häuptlings, die mit schweren Vergiftungserscheinungen in sein Krankenhaus eingeliefert worden war, nicht retten können. Ganz im Gegensatz zu den sorgsam gepflegten lokalen Bräuchen hatte die Familie nicht um das Mädchen getrauert. Nono war zu Ohren gekommen, dass der Vater seine Tochter den Flussgeistern geopfert hatte, um das Wasser wieder ansteigen zu lassen. Eigentlich hätte es den ältesten Sohn treffen sollen, der jedoch war Hals über Kopf geflüchtet, als er die Gefahr witterte. Die Polizei rührte keinen Finger, um der Sache auf den Grund zu gehen. Die lokale Justiz leugnete die Existenz von Kinderopfern und legte den Fall zu den Akten. Der Täter musste woanders gesucht werden.

„Die Menschen leben in ständiger Angst voreinander", erklärte Nono später. „Jeder Sterbefall wird so lange und ausführlich analysiert, bis man einen Grund für den Tod gefunden hat. Einen natürlichen Tod gibt es im Urwald nicht. Meistens wird irgendjemandem die Schuld in die Schuhe geschoben. Notfalls auch jemandem aus Kinshasa, der das Opfer aus der Entfernung durch einen Zauberer vergiften ließ. Es ist egal, Hauptsache, die Leute akzeptieren die Erklärung."

Während mir Nono seine Geschichte erzählte, hatten wir es uns neben einer Bar bequem gemacht, die von seinem Freund Makisal betrieben wurde und als einzige in Basankusu diesen Namen auch verdiente. Ich war an diesem Nachmittag in der Stadt angekommen, um eine Reportage über ein Biologenteam zu machen, das mitten im Urwald unter Bonobos lebte. Die Koordinatorin der Bonoboprojekte des Antwerpener Zoos, Linda van Elsacker, hatte mir einige Monate zuvor von ihren Plänen erzählt, das Lager im Lomako-Urwald zu besuchen. Ich hatte nicht lange überlegen müssen. Bonobos waren faszinierende Tiere – viel Sex und eine Menge menschlicher Züge – und gleichzeitig war die Reise die Gelegenheit zu einer Konfrontation mit dem Leben in unserer ehemaligen, inzwischen so hart gebeutelten Kolonie. Ich hatte zwei Mitreisende, Hilde Vervaecke, die in Planckendael die sozialen Interaktionen zwischen den Bonoboweibchen erforschte, und ihren Mann Geert van den Broeck, der als Tierpfleger im Menschenaffenhaus arbeitete und ein absoluter Schimpansenfan war. Die beiden zankten sich ständig darüber, welche Affenart das interessanteste Leben führte: die Schimpansen mit ihren Machomännern oder die Bonobos mit ihren Powerfrauen. Zu einem Konsens kamen sie nie, aber darum ging es auch nicht.

Wir waren in einer kleinen Maschine der Compagnie *Africaine d'Aviation* (CAA) von der zairischen Hauptstadt Kinshasa nach Basankusu geflogen. Bei Geschäftsreisenden stand diese Fluglinie nicht zu Unrecht in einem sehr schlechten Ruf. Immer wieder kam es zu Verzögerungen, weil eine Maschine einen Motor verlor oder bei der Landung von der Piste abgekommen war. Flugstornierungen wurden grundsätzlich nicht angekündigt, veränderte Abflugzeiten waren nirgends zu erfahren. Ein Flug mit der CAA war ein Glücksspiel. In unserem Fall hielten sich die Widrigkeiten in Grenzen. An der Treppe zum Flugzeug ließ eine immens beleibte Stewardess alle Passagiere eine geschlagene Stunde warten. Einige Kisten Primus-Bier wurden erst in die Maschine hinein-, dann wieder hinausgetragen. Den Reisenden wurde empfohlen, die Flaschen vor dem Abflug zu leeren, weil das Flugzeug ansonsten überladen war. „Haben Sie oft einen Crash?", fragte ich besorgt den Piloten, der gerade seine zweite Flasche Bier öffnete. „In Anbetracht der Risiken, die wir in Kauf nehmen, nicht", antwortete er locker.

Der Flug verlief trotz allem gut. Drei Stunden nach dem Abflug sahen wir unter uns die braungelbe Landebahn, die das dunkelgrüne, pockennarbige Feld durchschnitt. Selbst die Stadt erschien von oben grün, wenn auch in helleren Farbtönen als der Urwald, der bis an den Fluss heranreichte. Alles sah sehr friedlich aus. Dennoch bekam ich einen Schock, als ich als Erster aus dem Flugzeug stieg. Nicht von der sengenden Hitze, auf die war ich gefasst. Auch nicht von den Soldaten oder der johlenden Menschenmenge, die sich dicht vor der Maschine drängte, dazu war ich schon zu viel in Afrika herumgekommen. Ich war sehr schockiert, als ich Ellen unten an der Treppe sah, in ihrem schmuddeligen, hellgrünen Overall und den rustikalen Sandalen. Wir waren uns nie zuvor begegnet, nicht einmal ein Foto hatte ich von ihr gesehen. Allerdings hatte ich mir ein Bild von ihr gemacht, wobei ich unterstellt hatte, dass alle Biologinnen, die in der Feldforschung arbeiten, mehr oder weniger gleich aussehen: klein, mollig, mit kurzem, struppigen Haar und einer kleinen runden Brille, immer zum Lachen aufgelegt und völlig unerotisch – der Typ, der sowohl im tiefsten Schlamm als auch in einem Drei-Sterne-Restaurant Jeans und ein schlabberiges Sweatshirt trägt.

Die klassische Feldbiologin ist unter Garantie nicht die Frau, auf die ich abfahre. Ich hatte mich auf fünf ruhige Wochen gefreut, auf eine Reise ohne irgendwelche Verwicklungen mit Frauen. Das Theater der Bonobofrauen würde ich mir als distanzierter Beobachter ansehen. Aber der Herrgott meinte es nicht gut mit mir. Dort unten an der Treppe stand eine schöne, schlanke, junge Frau mit langen blonden Haaren, die mir intensiv in die Augen sah und ein Lachen hatte, das ich als verführerisch interpretierte – aber das konnte auch pure Einbildung sein. Sie gab mir höflich die Hand, um dann Hilde, ihrer besten

Freundin, um den Hals zu fallen. Ein Wiedersehen nach fast einem Jahr im Urwald, der zu ihrem natürlichen Lebensumfeld geworden war.

Die Bar von Makisal hatte keinen offiziellen Namen, vielleicht hieß sie *Chez Makisal*. Das Etablissement hatte nicht einmal den Anschein einer Bar. Für den seltenen Fall, dass Gäste kamen, stellte Makisal auf der fest gestampften Erde neben seinem Haus einfach ein paar Stühle auf. Bei etwas größerem Andrang reichten die Gläser nicht. Glaubte man Makisal, so wurde seine Bar nur von den Intellektuellen des Ortes besucht, und die waren rar gesät: der Kommissar, der Oberst, der Arzt, ab und zu der Bischof. Und die weißen Biologen, wenn sie sich in der Stadt aufhielten. Ein pilzförmiges Vordach schützte eine kleine Gruppe von Barbesuchern vor einem der plötzlichen Regengüsse. Hühner wurden mit einem gezielten Fußtritt vorübergehend aus dem Weg geräumt, Frauen sorgfältig auf Distanz gehalten. Ellen zählte zu den Intellektuellen, denn sie war weiß. Da Makisal einen Kühlschrank mit einem Generator besaß, konnte er gekühlte Getränke ausschenken, vorausgesetzt, es gab Getränke und Brennstoff, um den Generator in Gang zu setzen.

„Es wird jedes Jahr schlimmer mit dem Fluss", sagte er besorgt. „Die Leute hier denken, dass die Geister Schwierigkeiten machen, weil sie nicht genügend Beachtung finden, aber wir wissen es besser. Der unregelmäßige Wasserstand ist eine Folge des intensiven Kahlschlags im Regenwald. Er zerstört das ökologische Gleichgewicht. Das größte Holzunternehmen hier vor Ort hat noch nie auch nur einen neuen Baum gepflanzt. Nach großflächigen Rodungen bleibt eine wüstenartige Landschaft zurück. Die Budgets sehen einen Posten für Neubepflanzungen vor, aber ich habe von einem Verantwortlichen gehört, dass die zairischen Autoritäten sich dafür stark gemacht hatten, die Verteilung selbst in die Hand zu nehmen. Sie ließen das Geld auf ein Sonderkonto einzahlen. Der Kontostand soll inzwischen gleich null sein, ohne dass auch nur ein einziger Baum angepflanzt wurde. Es ist natürlich klar, dass dies nicht ohne Auswirkungen bleibt. Aber niemand tut etwas dagegen, jeder versteckt sich hinter den Geistern."

Auch den Patern spielten die Geister des Öfteren einen Streich. Ihr missionseigener Chauffeur wurde in Basankusu als „Menschenkrokodil" gehandelt, das zu nächtlicher Stunde Frauen und Kinder in den Fluss zerrte und dort ersäufte. Die Tatsache, dass im Maringa bei Basankusu schon lange keine Krokodile mehr leben – alle sind im Kochtopf gelandet – war von untergeordneter Bedeutung. Krokodile sind in der Provinz Equateur keine natürlichen Wesen, keine lebendigen Fossile aus der Zeit der Dinosaurier, die durch eine Laune des Schicksals nicht ausgestorben sind. Sie gelten als scheußliche Ausgeburten des Geistes, der für die Menschen am Ufer des Flusses eine ständige Bedrohung darstellt. Im günstigsten Fall werden Krokodile von Menschen beauftragt, andere Menschen umzubringen; im ungünstigsten Fall sind sie die nächtliche Inkarnation von Banditen mit äußerst finsteren Absichten.

Die Pater hatten den Kampf gegen die Geister aufgegeben. Sie wurden alt. Gehörten zu einer aussterbenden Rasse. Das Durchschnittsalter der fünfköpfigen niederländischen Missionarsgemeinschaft von Mill Hill lag weit über sechzig. Der Älteste war Pater Jaap Kroon. Er war zwar schon lange im Ruhestand, wollte aber nach einem Leben im Dschungel nicht zurück nach Europa, um dort in einem kirchlichen Altenheim seine Tage zu be-

schließen. Er blieb und kochte für die anderen. Dreißig
Jahre lang hatten die Pater für die Menschen im weiten
Umkreis von Basankusu nicht nur Schulen und Kranken-
häuser gebaut, sondern auch mit feurigen Zungen für
ihre Götterfamilie und ihren (Heiligen) Geist geworben,
als Alternative zu dem, was sie für Aberglauben hielten.
Es trug keine Früchte. Jetzt entglitt ihnen das Volk.

„Nach uns kommt nichts mehr", seufzte Pater Jan van
Luyck in einem schwachen Moment bei einem Glas Primus auf der überdachten Terrasse vor der Missionsstation. Die Pater unterwarfen sich einer eisernen Disziplin.
Nur abends und an den Wochenenden gönnten sie sich
ein wenig Ruhe und ein kleines Bier. Die Mahlzeiten wurden jeden Tag auf die Minute genau zur gleichen Zeit auf-
getragen. Mit Ausnahme des Gebets vor und nach dem
Essen wurde am Tisch wenig gesprochen. „Nach dreißig
Jahren Zusammensein haben wir uns, wie die meisten
Ehepaare, nicht mehr viel zu sagen", meinte Pater Jan.

Kinder in schneeweißen Hemden und dunkelblauen
Hosen oder Röcken aus der Schule der Pater rannten joh-
lend vorbei. „Wir bleiben, um die Rechtlosen, diejenigen,
deren Stimmen nicht gehört werden, zu unterstützen.
Wir bieten ihnen Unterricht und medizinische Versorgung", so Pater Jan. „Viele der Menschen hier sterben zu
früh. Sie kommen nicht mit dem Niedergang zurecht,
und wir können nichts daran ändern. Auch über die Zukunft machen wir uns keine Illusionen. Der lokale Klerus
lebt jetzt schon über seine Verhältnisse. Die schwarzen
Pater üben den Glauben vor allem in der Hoffnung aus,
ein Auto oder ein Motorrad zu bekommen. Etwas, das
ihren Status aufpoliert. Ihre Polygamie ist nach wie vor
ein Problem. Sie haben überall Kinder, für die sie sorgen
müssen, und dazu fehlt ihnen das Geld. Eine ganze Generation ist in einer korrupten Gesellschaft aufgewach-

sen. Man vertraut nicht einmal mehr dem eigenen Bruder. Es wird länger als eine Generation dauern, um das Land aus diesem Tal des Misstrauens herauszuführen. Wir werden das nicht mehr erleben."

Zwei Tage nach unserer Ankunft in Basankusu brachen wir mit einem Boot in Richtung Urwald auf. Ich hatte mich noch nicht einmal an die Stadt akklimatisiert und keine große Lust, sofort weiterzufahren. Ich hätte lieber mit einer Schmuddellektüre aus der Bibliothek der Pater auf ihrer Terrasse herumgehangen. Aber die anderen waren nicht zu bremsen. Sie wollten so schnell wie möglich Bonobos sehen und möglichst viel Zeit mit ihren Lieblingen verbringen.

Am Morgen unserer Abreise schlenderte ich als Letzter zum Hafen. Auf Wegen, die sich über Felder und durch Buschwerk schlängelten. Früher waren hier einmal Autos gefahren, sogar Lkws. Jetzt war der Weg so schmal, dass nicht einmal zwei Menschen nebeneinander laufen konnten. Die Natur ergriff wieder von der Stadt Besitz. Nur die Kirche hatte sich behaupten können, obwohl sie nicht mehr wie früher inmitten eines gepflegten Gartens lag, sondern auf einem Stoppelfeld, das so holprig war, dass die Kinder dort nicht einmal ordentlich Fußball spielen konnten. An Sonn- und Feiertagen zog Père Buffalo, ein alter belgischer Pater, in der Kathedrale seine Show ab. Da er sich bei den Griesgramen von Mill Hill nicht zu Hause fühlte, war er in die *Cité*, das Arbeiter- und Armenviertel, gezogen. In seiner Freizeit unterrichtete er eine Rockband, die auch in seinen Messen den Takt angab. In den Gottesdiensten von Père Buffalo swingte es. Sie waren immer gut besucht.

Ich verabschiedete mich von Makisal, der mir zur Erinnerung einen Aschenbecher aus Kupfer schenkte, in den das Lingalawort ELIMA eingraviert war. Wie er sagte, bedeutete es „mythischer Mann". Er fand, dass es zu mir passte. Ich fühlte mich geehrt und bedankte mich ein Dutzend Mal. Später sollte mir jemand, der es ganz genau nahm, erklären, dass ELIMA der Name einer früheren Zeitung und der Aschenbecher mit Sicherheit ein Werbegeschenk gewesen war. Ich hielt jedoch an dem Mythos fest. Das Geschenk prunkt in meinem Souvenirschrank als Erinnerung an einen Kneipenwirt aus Basankusu, der mich für einen starken Typ gehalten hatte.

Ich lief an der langen Reihe von Verkäufern vorbei, die den Weg zum Hafen säumten. Hier hatte Mawa, einer von Ellens Arbeitern und ihr Steuermann, sein letztes Geld für ein Paar völlig überteuerter Plastiksandalen mit einem großen Marienkäfer darauf verschleudert. Aber sie waren als Geschenk für seine Frau gedacht, und er hatte nur eine. Wenn er von seinem Geld Seife oder Salz kaufte, musste er den größten Teil davon an seine Familie abtreten. Also tat er besser daran, schöne Sandalen zu kaufen, mit denen seine Frau im Dorf herumprahlen würde. Das war gut für sein Prestige.

Im Hafen herrschte mehr Betrieb als sonst. Es hatte sich in der ganzen Stadt herumgesprochen, dass die Expedition der Weißen abreisen würde. So war jeder an den Fluss gekommen, um seine Chancen für ein kleines Geschäft zu nutzen. Manche Neuigkeiten machten in Basankusu so schnell die Runde, dass man glauben konnte, es gäbe hier immer noch ein intaktes Telefonnetz.

Das Wasser des Maringa war immer noch nicht gestiegen. Wie man hörte, hatten sich die Geister mit einem Opfer zweiter Wahl, noch dazu einer Frau, nicht zufrieden gegeben. Hysterische Schwarze klammerten sich an mir fest, um mich zu beschwören, nicht an Bord zu gehen. Ich würde das Boot nicht lebend verlassen, alle würden ertrinken. Da ich zuerst dachte, dass dahinter die Angst vor der Rachsucht der Geister steckte, erklärte ich ihnen, dass wir erfahrene Reisende waren, die genau wussten, was sie taten. Aber ich verstummte mitten in meinem Satz, als ich das Boot sah. Es war hoffnungslos überladen, nicht nur mit unseren Koffern, sondern auch mit großen Fässern und Riesenstapeln an Vorräten. Entfernte Verwandte von Urwaldbewohnern hatten sich schon vorsorglich eingeschifft. Bei der geringsten Bewegung geriet das Boot gefährlich ins Schwanken.

Zweifel überkamen mich. Machte das überhaupt einen Sinn? Wusste diese junge Frau eigentlich, was sie tat? Mir blieb weniger als eine Minute, um mich zwischen einem instabilen Kahn, der jeden Moment sinken konnte, oder einem gemütlichen Sessel auf der Terrasse der Pater zu entscheiden. Ich schaute nach Ellen, die fröhlich lachend mit leicht geöffneten Armen auf dem Rand des Bootes balancierte und Anweisungen gab, wo man noch weitere Säcke auftürmen konnte. Ich holte tief Luft, verfluchte mich selbst und ging an Bord. Meine schwarzen Begleiter rauften sich die krausen Locken ob so viel Dummheit.

Die Fauna der Einbäume

„Halt' doch mal bei dem Fischer an", sagte Ellen zu Mawa, der den Motor ausschaltete und das Boot treiben ließ. Er rief einige Worte auf Lingala herüber, und der Fischer lenkte sein flaches, gefährlich schwankendes Boot mühelos in unsere Richtung. Der Mann bot uns elektrische Karpfenfische und einen der gedrungenen Congafische an, zwei Fischarten, die bei den Fischern nicht sehr beliebt und mit Vorsicht zu genießen sind. Die Karpfenfische erzeugen mit ihren Muskeln eine Spannung von vierhundert Volt, sodass jede Berührung sofort einen schmerzhaften Elektroschock auslöst, während die Congafische unter ihren vielen kurzen Rückenschuppen tückische Giftstacheln verbergen. Ein Verteidigungsmechanismus, der offensichtlich höchst erfolgreich funktioniert, denn trotz seiner primitiven Merkmale wie den dicken Schuppen und der vorsintflutlichen Schwanzflosse hat sich der Congafisch behaupten können.

Der Conga war Ellens Lieblingsfisch. „Er schmeckt ausgesprochen gut", erklärte sie uns. „Wenn man den Bogen einmal heraus hat, kann man ihn essen, ohne ständig Gräten im Mund zu haben. Auch das feste Fleisch des elektrischen Karpfenfisches ist eine Delikatesse, kein Vergleich mit dem gewöhnlichen Karpfenfisch, der meistens in Mawas Kochtöpfen zerfällt. Aber oft genug haben wir keine andere Wahl, den Fischern gehen meistens die gewöhnlichen Karpfenfische ins Netz." Erst später kam uns in den Sinn, dass unser Verzehr des elektrischen Karpfenfisches mit ein wenig bösem Willen als ein unbeabsichtigter Angriff auf die ‚Artenvielfalt' ausgelegt werden konnte. Ein beliebtes Modewort, das Politiker und Meinungsmacher gern in den Mund nehmen, um ihrer Besorgnis über die bedrohte Umwelt Ausdruck zu verleihen – auch wenn sie diesen Begriff oft gar nicht richtig definieren können. Die Wissenschaft ging lange Zeit davon aus, dass die meisten elektrischen Karpfenfische zu ein und derselben Art gehören, weil sie identische Schocks auslösen, aber der erste Ichthyologe, der sie genauer unter die Lupe nahm, entdeckte eine Vielzahl unterschiedlicher Arten. Wahrscheinlich haben wir am laufenden Band Fische verspeist, von deren Existenz die Wissenschaft keine blasse Ahnung hat.

Ellen hatte sich notgedrungen zu einer Fischexpertin gemausert. Monatelang hatte sie sich von nichts anderem ernährt. Zum Frühstück kamen die Fischreste vom Vortag auf den Tisch, mittags gab es frischen Fisch und am Abend wurde ein Festessen mit Karpfenfisch in Palmöl zelebriert. „Wir kaufen nur lebende Fische, um sicher zu sein, dass sie auch wirklich frisch sind", erzählte sie. „Allerdings beschleicht einen dabei hin und wieder ein seltsames Gefühl. So wurde mir einmal ein großer Lungenfisch angeboten, der mit seinen kurzen Beinen verzweifelt ruderte. Auch so ein halbes Fossil, das Lungen herausgebildet hat, um im Schlamm der ausgetrockneten Seen weiterexistieren zu können. Ich musste mich wirklich überwinden, ein Tier zu essen, das alles daransetzte, um zu überleben. Seitdem habe ich nie wieder einen Lungenfisch gekauft."

Vor ihrer ersten Reise in den tropischen Regenwald hatte Ellen noch die romantische Vorstellung gehabt, wie die einheimische Bevölkerung von dem üppigen Reichtum des Urwalds zu leben, von seinen Früchten und Pflanzen, angereichert mit dem, was die Menschen auf den kleinen Feldern rund um ihre Dörfer anbauten. „Das war ein mächtiger Irrtum," gab sie zu. „Ich war in kürzester Zeit bis auf die Knochen abgemagert. Jetzt verstehe ich, warum die Menschen der Frühzeit oder die wenigen Jäger und Sammler, die den Urwald auch heute noch auf traditionelle Weise ausbeuten, in kleinen Gruppen große Gebiete abdecken. Es geht nicht anders. Auch die Bonobos haben es nicht immer leicht, im Urwald ihre Nahrung zu finden. Wahrscheinlich überleben sie nur deshalb, weil sie genau wissen, wo auf einer großen Urwaldfläche die richtigen Bäume stehen und wann die Früchte reif sind. Zum Glück für den Menschen gibt es die Flüsse mit ihrem scheinbar unerschöpflichen Vorrat an Fischen. Nach einigen Monaten kann man den Fisch natürlich nicht mehr sehen. Mit der Zeit wurde selbst eine Büchse Corned Beef für mich zu einer willkommenen Abwechslung."

Wir erstanden die Fische und fuhren weiter. Auf der zweihundert Kilometer langen Fahrt, für die wir drei Tage brauchten, sahen wir kein einziges Boot mit einem Motor, stattdessen jedoch viele kleine Einbäume, die dicht am Ufer lagen. Die meisten waren vollgestopft mit Waren vom oder für den Markt in Basankusu. Die stromabwärts fahrenden Boote waren mit Fisch, Palmwein, Heilkräutern aus dem Urwald und Maniok beladen, stromaufwärts wurden Seife, Salz und andere Lebensmittel transportiert. Manche Boote sahen aus wie treibende Hütten, mit einem Dach aus Segeltuch zum Schutz vor Sonne oder Regen, unter dem auf einem kleinen Feuer ein Fisch zubereitet wurde.

„Früher gab es in unserem Dorf alles", erzählte Mawa. „Wir hatten Kühlschränke mit gekühlten Coca-Cola-Büchsen. Und massenhaft Bier. Wir konnten Seife und Haushaltsgeräte bekommen und Kleider kaufen oder nach Maß schneidern lassen. Jetzt müssen wir für ein Stück Seife fünf Tage stromabwärts nach Basankusu fahren, und für den Weg zurück, stromaufwärts, brauchen wir zehn Tage. Im Regenwald und im Fluss finden wir genug zu essen, um unsere Familien am Leben zu erhalten. Aber alles andere ist ein Problem. Also müssen wir uns entscheiden. Und weil Essen wichtiger ist als Seife, ziehen wir nicht in die Stadt, sondern bleiben in unserem Dorf."

Wie überall in Zaire brach nach dem Abzug der Weißen auch in der Provinz Equateur das Vertriebssystem zusammen. Die Bewohner des Regenwaldes wurden von allen Errungenschaften abgeschnitten, an die sie sich seit Jahrzehnten gewöhnt hatten. Sie waren wieder auf sich gestellt. In den Dörfern hatten anfangs viele den Traum, nach Kinshasa zu gehen, wo das Leben phantastisch war, weil es dort alles zu kaufen gab. Aber es hatte sich relativ schnell bis in die entlegensten Dörfer herumgesprochen, dass dieser Traum ein Trugbild war. Ohne Geld war man in Kinshasa zum Tode verurteilt, und das Gros der Glückssucher strandete völlig mittellos in der großen Stadt. Auch Mawas erste Frau gehörte zu denen, die auf der Suche nach einem besseren Leben nach Kinshasa gegangen waren. Viel später erreichte das Dorf die Nachricht, dass sie dort nach drei Monaten an Diarrhö gestorben war. Einer seiner Brüder machte sich ebenfalls mit einem Boot, voll beladen mit Fleisch, auf den Weg in die Stadt. Von dem verdienten Geld kaufte er Stoffe, die ihm auf der Rückfahrt gestohlen wurden. So kehrte er völlig ruiniert und Monate später als erwartet zurück. Solche Begebenheiten trieben die Dorfbewohner in Apathie und Resignation. Für die meisten war Kinshasa schon längst nicht mehr das Gelobte Land, sondern eine tödliche Kloake.

Die Auswirkungen auf den Regenwald ließen nicht lange auf sich warten. Überall an den Ufern des Maringa standen kleine Hütten, die so genannten *nganda's*. Sie wurden zeitweise von Fischern und Jägern bewohnt, konnten aber im Prinzip von jedem benutzt werden. An manchen Türen hing außen ein Fetisch, um das Inventar, meist mit Erfolg, vor Diebstahl zu schützen. Die Stühle, ja selbst die Hühner, die in den verlassenen Lagern herumliefen, wurden nicht angerührt. Ungeschriebene Gesetze. Auf der Suche nach dem Fleisch wilder Tiere drangen die Jäger immer tiefer in den Urwald vor. Früher hatten sie ausschließlich für ihre Familien gejagt, jetzt spielten auch kommerzielle Gründe eine Rolle. Die Jagd war für viele Urwaldbewohner zur einzigen, wenn auch mageren Einkommensquelle geworden.

Obwohl sich die Menschen notgedrungen auf immer ausgedehnteren Flächen ansiedelten, gerieten die Tiere offensichtlich zu stark in Bedrängnis. Die meisten Dorfgemeinschaften blieben zu groß, um von Fischen, Affen, Antilopen oder wilden Pflanzen leben zu können. Ihre Populationsdichte war einfach viel zu gering, um ein ‚modernes‘ Dorf ernähren zu können. So entstanden neben den Hütten zwangsläufig Felder für den Anbau von Maniok und Mais. Immer mehr Uferstreifen wurden für einen wenig ertragreichen Ackerbau gerodet. Eine durchschnittliche Familie brauchte mindestens anderthalb Hektar Land, um einigermaßen über die Runden zu kommen. Und wie überall in den Tropen war die dünne Erdkruste schon nach kurzer Zeit so ausgelaugt, dass die Menschen nach wenigen Jahren neue Flächen urbar machen mussten. Ein Weg, der ins Nichts führte – und ein ideologisches Paradox: Ohne ein funktionierendes Vertriebsnetz ist eine moderne Wirtschaft nicht denkbar. In Zaire ist aus dem Wegfall dieser – selten umweltfreund-

35

lichen – Strukturen eine massive ökologische Bedrohung für den tropischen Regenwald erwachsen.

Die vorbeifahrenden Einbäume präsentierten eine bunte Sammlung der regionalen Fauna. Zu hohen Stapeln aufgetürmte getrocknete Wildschweine und kleine Antilopen – sowie geringere Mengen Affenfleisch – wurden über den Fluss transportiert. Dass glücklicherweise keine Bonobos darunter waren, war vor allem ein Zeichen dafür, dass die Tiere selten waren. Ein Mann zeigte uns voller Stolz eine komplizierte, selbst gebaute Falle. „Um den Fischadler zu fangen", erklärte er uns. Ich war schockiert. Der afrikanische Fischadler war einer meiner Lieblingsvögel. Erst jetzt fiel mir auf, dass wir auf unserer ganzen Tour noch keinen einzigen gesehen hatten, auch Nilpferde und Krokodile waren uns noch nicht begegnet. Die ehemalige Gefängnisinsel in der Nähe von Ekafera war verlassen, da die Krokodile, die die Gefangenen an der Flucht hindern sollten, inzwischen alle in den Kochtöpfen gelandet waren. Zwar gab es den Regenwald noch und auch der Fluss schien unberührt, aber alles nicht menschliche Leben wurde unwiederbringlich erlegt oder gefangen.

„Ist es überhaupt erlaubt, Fischadler zu fangen?", fragte ich Mawa. „Ja, ja, es ist verboten", antwortete Ellen äußerst kryptisch. Ich begriff, dass ich eine vollkommen akademische Frage gestellt hatte. Die ansässige Bevölkerung kümmerte sich nicht um geschriebene Gesetze. Die aß, was sie zu fassen bekam. „Nach der Wildente, die auf dem Fluss lebt, ist der Fischadler das beste Fleisch, was wir bekommen können", gab Mawa spontan zu. „Er schmeckt viel besser als das Schuppentier oder die Schweine aus dem Wald." Nach diesem kulinarischen Exkurs war ich sicher, dass ich nirgendwo einen Fischadler übersehen hatte. Es gab ihn einfach nicht mehr.

Enten bekamen wir hin und wieder schon zu Gesicht, darunter Hartlaubs Ente, die eine Gaumenfreude ersten Ranges sein muss, wenn sie genauso schmeckt, wie sie aussieht. Mit ihrem pechschwarzen Kopf, dem kastanienbraunen Körper und den auffälligen graublauen Flügeln ist sie wirklich eine Schönheit. Die Tiere leben paarweise an Flüssen und sind so scheu, dass weder ihr Nest noch das sonstige Brutverhalten bisher beschrieben werden konnten. Ich wünsche dem Ornithologen, der sich daran versuchen will, viel Glück.

Ellen praktizierte bei ihren Fahrten auf dem Fluss eine eiserne Regel. Fisch zu kaufen war in Ordnung, aber Fleisch aus dem Wald war tabu. Sie weigerte sich hartnäckig, für ein gefangenes oder geschossenes warmblütiges Tier auch nur ein paar Cent zu bezahlen – auch bei einem engagierten Biologen kann sich der Unterschied zwischen Mitgefühl und Desinteresse an einer angenehmen Körpertemperatur festmachen. Aber ich war ein Gast, ein Laie und jemand, der den Mund ziemlich voll nahm, auch wenn davon am ersten Tag auf dem Boot nicht sehr viel zu merken war. Stunden hatte ich zusammengekauert zwischen einem Fass und diversen Koffern verbracht, bei jedem Schwanken schlug mir das Herz bis zum Halse, und ich schickte Stoßgebete zum Himmel, dass uns der Allmächtige vor einem Kentern bewahren möge. Es dauerte eine Weile, bis ich den ständigen Versicherungen von Ellen und ihren Männern glaubte und davon überzeugt war, dass ein solches Boot nicht so leicht sinken konnte. Die Schwarzen wussten in etwa, wie schwer sie den ausgehöhlten halben Baumstamm beladen durften. Ellen war schon so oft mit diesen Booten gefahren, dass sie mühelos auf bloßen Füßen über den Rand balancierte, um mit ihren Gästen Konversation zu machen. Auch mein

Vertrauen in das Gefährt wuchs mit jedem weiteren Kilometer, und nach einer gewissen Zeit kroch jeder hin und her, um die sozialen Kontakte zu intensivieren.

Die größte ornithologische Überraschung auf den vorbeifahrenden Booten brachte mich in Konflikt mit Ellens eisernem Gesetz, den Markt für wilde Tiere nicht im Mindesten zu stimulieren. Aus einer beträchtlichen Entfernung hielten zwei Männer in einem Einbaum einen sehr großen, schmutzig weißen Vogel in die Höhe. Sie hatten das Tier an den Flügeln gepackt, sodass seine Beine traurig hin und her schlenkerten und der Kopf eingesunken zwischen den Schultern ruhte. Eine junge Fischeule! Ein Tier, das selbst ein sehr aufmerksamer Beobachter nur selten zu Gesicht bekommt. Man hatte den Vogel mit einem Strick um ein Bein an einem Stock festgebunden. Sein Gefieder war hellbraun gefleckt. Mit großen, dunklen Augen blickte er ruhig, aber durchaus munter um sich. Er hatte mit Sicherheit eine Überlebenschance, und da unsere Mahlzeiten ausnahmslos aus Fisch bestanden, würde seine Ernährung kein Problem sein.

Ich hielt ein leidenschaftliches Plädoyer für die kleine Eule und zahlte den Fängern nach einigen Unterhandlungen den geforderten Preis von sieben einheimischen Zigaretten. Nachdem ich sie auf den Rand eines Fasses gesetzt hatte, blieb sie dort sitzen und schaute mich zufrieden an. Wir schlossen sofort Freundschaft. Am Abend tauften wir sie auf den Namen *Bonkini*, laut Ellen das Lingalawort für Eule.

Seit meinem ersten Aufenthalt in Afrika, wo ich mir neben allen möglichen Mikroben auch den Afrikavirus eingefangen hatte, bin ich fast jedes Jahr in Schwarzafrika gewesen. Ich habe die entlegensten Gegenden des Kontinents bereist, die unterschiedlichsten Biotope durchkreuzt, ich bin unzähligen Menschen begegnet und habe mit vielen Schwarzen zusammengearbeitet, meistens zu meiner Zufriedenheit. Von daher ärgere ich mich maßlos, wenn ich im zivilisierten Westen immer wieder auf Leute treffe, die nicht einmal im Traum daran denken würden, einen Fuß auf den schwarzen Kontinent zu setzen, aber steif und fest behaupten, der Schwarze – wer immer das auch sein möge – wäre dumm und faul und zu keiner Zusammenarbeit zu gebrauchen.

Daran musste ich denken, als ich am zweiten Abend am Strand von Bonkita, einer Siedlung mit fünf Hütten, Mawa und seine Freunde Jean-Pierre und Cobra bei der Arbeit beobachtete. Mawa hatte den ganzen Tag das Boot gesteuert; Jean-Pierre hatte ununterbrochen an der Spitze des Bootes nach Sandbänken und anderen Gefahrenquellen Ausschau gehalten; Cobra hatte sich überall nützlich gemacht, Benzinkanister gefüllt, Wasser aus dem Einbaum geschöpft und das Baby einer mitfahrenden Frau getröstet. Cobra war ein Muskelpaket, nicht ganz so helle wie die anderen – er war bei der Armee gewesen –, aber viel stärker. Er wurde für alle möglichen Arbeiten eingesetzt. Ob es nun darum ging, eine Antenne in der Krone eines Urwaldriesen aufzuhängen, ein Ameisennest in einem Baum auszuräuchern oder über stachlige Blätter zu kriechen, um eine undichte Stelle im Dach zu reparieren, Cobra packte alles mit der gleichen Begeisterung an.

Während wir Weißen uns abends erschöpft fallen ließen, obwohl wir den ganzen Tag nur im Boot gesessen hatten, begann Jean-Pierre Holz für das Lagerfeuer zu sammeln, Mawa suchte seine Töpfe und säuberte den Fisch, Cobra fegte Unkraut und Dreck zusammen und hackte Zweige und Baumwurzeln ab, damit wir unsere Zelte aufbauen konnten. Und das alles für den hier üblichen Tageslohn von ungefähr zehn Francs.

Genauso weit verbreitet und nicht weniger dumm ist die Meinung, dass die Weißen dem schwarzen Kontinent zum Wohle seiner Bewohner auf die Sprünge helfen wollten. Eine arrogante Behauptung, über die ich mich auch deshalb mächtig aufregen kann, weil der Durchschnittseuropäer von einem Schwarzen oft nicht mehr gesehen hat, als den nickenden Mohrenkopf auf dem Ladentisch des Tante-Emma-Ladens seiner Kindheit – es sei denn, er lebt in einer Stadt, die das Pech hat, politische Flüchtlinge aus Afrika aufnehmen zu müssen. Von daher war ich höchst überrascht, dass die Einheimischen, zumindest im Äquatorialwald, für eine Rückkehr der Weißen plädierten. „Die Belgier haben unser Land adoptiert und kennen uns durch und durch", hatte der Kneipenwirt Makisal in Basankusu gesagt. „Ein adoptiertes Kind ist in unserer Tradition nicht weniger wert als ein leibliches. Man weiß genauso gut, wie es atmet und warum es hustet. Deshalb sind die Zairer für eine Rückkehr der Belgier, nicht die staatlichen Machthaber, aber die Menschen."

Selbst sehr vorsichtige und indirekte Äußerungen, dass die ehemaligen Kolonialmächte vielleicht wieder in ihre alten Kolonien investieren sollten, werden momentan in Europa als neokolonialistisches Gerede niedergemacht. Die Meinung der Betroffenen wird dabei von oben herab übergangen.

„Wir werden zwischen dem schwarzen und dem weißen System aufgerieben," erklärte Mawa. „Früher lebten wir im Urwald in großen Familienverbänden oder kleinen Dorfgemeinschaften. Von dem, was dort gefangen oder gesammelt wurde, wurden alle satt. Daraus entwickelte sich das System, alles innerhalb einer Familie zu teilen. Die Größe eines Dorfes oder einer Familie wurde durch das vorhandene Angebot reguliert. Wenn das Angebot nicht ausreichte, nahm die Sterblichkeit zu. *C'était comme ça*."

Dann kamen die Weißen mit ihren Vertriebsnetzen. Große Warenmengen wurden in die entlegensten Winkel des Landes transportiert. Die Menschen arbeiteten und trieben Handel, und solange dies in einem ausreichenden Umfang geschah, machten die gesellschaftlichen Entwicklungen das familiäre Fangnetz überflüssig. Aber mit dem überstürzten und unorganisierten Abzug der Weißen brach das Vertriebssystem zusammen wie eine alte Lagerhalle, die man mit Dynamit in die Luft jagt.

„Jetzt versuchen wir mühsam, zwischen zwei Systemen zu balancieren", fuhr Mawa fort. „Wir haben inzwischen viel zu viele Arbeitslose. Und wer kein Einkommen hat, gerät wieder in die alte Abhängigkeit von den wenigen Besitzenden. Mittlerweile sind die Dörfer und Familien so groß geworden, dass das Jagen und Sammeln nicht mehr alle ernährt. Das ist jetzt unser größtes Problem. Aus diesem Grund kann ich auch kein Geschäft aufmachen. Wenn ich von meinem Lohn in einen großen Sack Salz und einige Kisten Seife investiere, geht der größte Teil davon für meine soziale Verpflichtungen drauf, noch bevor ich etwas verkauft habe. Darum kaufe ich lieber Schuhe für meine Frau. Und darum müssen die Weißen zurückkommen. Sie können die beiden Systeme miteinander versöhnen."

Es war spät, als alle in ihre Zelte oder unter die Moskitonetze krochen. Vor dem Schlafengehen stopfte ich Bonkini noch ein paar Stückchen Fisch in den Schnabel. Selbst für eine Eule war sie erstaunlich faul. Vollgefressen, vermutlich. Wie aus dem Nichts stand plötzlich Ellen neben mir. Ich hatte sie nicht kommen hören, hatte angenommen, dass sie schon schlief. „Wie macht sie sich?", fragte sie. Der Eule ging es gut, ich hoffte, dass sie den Monat im Camp überlebte und wir sie auf der Rückfahrt freilassen konnten. Ellen sah mich mit einem ernsten Blick an, den Kopf zur Seite geneigt, die Hände herausfordernd in die Hüften gestützt. Auf dem Boot hatte ich für einen kurzen Moment eine erotische Spannung gespürt. Als sie meinen Blick auf sich ruhen spürte, hatte sie mit einem kurzen Lachen und einem etwas schroffen, fragenden Kopfnicken reagiert.

Jetzt blieb sie stehen. Abwartend, ohne etwas zu sagen. Ich zögerte. Sollte ich sie küssen, vor den Augen der kleinen Eule? Meistens zögere ich nicht, wenn mir unterwegs eine schöne Frau begegnet, die ein interessantes Leben führt und Sinnlichkeit ausstrahlt. Aber an jenem Flussufer war ich verunsichert. Ich kannte sie erst ein paar Tage, wir standen am Anfang einer schwierigen Reise, und wir hatten eine große Gruppe im Schlepptau. Was, wenn ich mich irrte? Ich konnte sehr viel Porzellan zerschlagen. „Wir müssen morgen früh raus", sagte ich in einem Anflug von Originalität. „Ich gehe schlafen."

Noch bevor ich unter meinem Moskitonetz lag, bereute ich, dass ich nicht versucht hatte, sie zu küssen, aber als ich nochmals nach der Eule sah, war sie verschwunden. Ich fluchte und tat in dieser Nacht kein Auge zu. Ich hing meinen Träumen nach.

Am nächsten Nachmittag erreichten wir Bosoloma, ein Fischerdorf am Lomako, einem Nebenfluss des Maringa. Wir waren den Fluss am vorherigen Morgen im dichten Nebel hinaufgefahren. Er hatte sich mit der Zeit so verengt, dass wir schließlich zwischen zwei turmhohen grünen Wällen hindurchglitten. Die Fahrt hatte sich durch eine kurze Diskussion von Ellens Männern mit der Besatzung eines anderen Einbaums um die Transaktion einer Frau verzögert. Wie bei den Bonobos und Schimpansen sind es auch in den so genannten primitiven menschlichen Gemeinschaften meistens die Frauen, die zu einer anderen Gruppe überwechseln, um Inzucht zu vermeiden. Heirat ist wohl kaum das passende Wort. Ein Bündel Geldscheine und einige der schweren Kupfer- und Metallreifen, der so genannten *kongas,* wechselten das Boot und den Besitzer. Der Handel war perfekt. Früher wurden die Kongas den gekauften Frauen um die Fußgelenke gelegt, um sie an der Flucht zu hindern, heute gelten sie immer noch als Zahlungsmittel, da man fürchtet, dass ein ausschließlich auf Geld gründendes System einen Preisverfall mit sich bringen könnte. Man will nicht das Risiko eingehen, den Frauenhandel wegen Geldknappheit einstellen zu müssen.

Genau betrachtet war Bosoloma eine illegale Siedlung, denn im Prinzip war es verboten, im Regenwald Dörfer anzulegen. Unter dem Druck der Verhältnisse entwickelten sich jedoch aus den vielen kleinen Ansammlungen von Jägerhütten richtige Dörfer. Die lokalen Politiker erkannten die Notwendigkeit und förderten sogar ihren Ausbau. Jahr für Jahr klapperten sie die Niederlassungen ab, um Steuern einzutreiben. Auch für sie war das Leben nicht leichter geworden.

Der Häuptling von Bosoloma, der alte *Papa* Joseph, hieß uns feierlich willkommen. Genau wie der große Mobutu trug er eine Mütze aus Leopardenfell – zumindest behauptete er das, aber die Flecken waren viel zu klein, um von einem Leoparden stammen zu können. Wahrscheinlich war es das Fell einer gestreiften Zibetkatze, die einer großen, schlanken Hauskatze ähnelt und weitaus weniger beeindruckend ist. Biologen lassen sich eben nur schwer auf eine falsche Fährte locken. Aber wir hielten unseren Mund, wollten den Häuptling nicht in seiner Würde verletzen und überreichten ihm Zigaretten als Gastgeschenk für seine Frau, *Mama* Ariette. Sie war

43

die eigentliche Chefin von Bosoloma, eine distanzierte ältere Dame, die, einen räudigen Hund zu den Füßen, im Kreis ihrer heiratsfähigen Töchter auf einem Stuhl vor ihrer Hütte saß. Solange die Zigaretten reichten, rauchte sie und sprach kein Wort.

In Bosoloma mieteten wir Träger für den Fußmarsch durch den Urwald. Die Luftfeuchtigkeit war extrem hoch, und es herrschte eine drückende Hitze. Schon nach wenigen Minuten lief mir der Schweiß über den Rücken. Bonkini thronte auf meinem kleinen Rucksack und klammerte sich dort mit ihren schweren Krallen fest. Ich hatte meinen normalen Alltagsstress noch nicht abgelegt und vergessen, dass ich nicht mehr regelmäßig Sport trieb. Ellen hatte allerdings eingeplant, dass nicht alle urwalderprobt waren, und die vierstündige Tour in drei Etappen aufgeteilt. Zudem hatte sie eine zwar längere, aber bequemere Route gewählt – ein relativer Begriff, denn auch auf diesem Pfad gab es Tümpel und Schlammlöcher und dornige, sehr dornige Lianen.

Die erste Etappe führte uns nach Beila, das aus fünf Hütten bestand und von dem grimmigen *Papa* Pascale verwaltet wurde. Er fühlte sich auf die Zehen getreten, weil Ellen ihr Camp aus seinem Dorf in die Nähe ihrer Bonobos verlegt hatte. Nachdem ihm damit seine einzige Einkommensquelle abhanden gekommen war, legte er sich ständig quer. So hatte er Ellens Männern unter anderem verboten, in seinem Territorium besondere Blätter für das Dach des Camps zu pflücken. Am Tag unserer Durchreise gab er sich jedoch äußerst charmant. So viele Weiße hatte er seit der Unabhängigkeit 1960 nicht mehr in seinem Wald erlebt. Er lud uns in seine Hütte ein, in der eine unerträgliche Hitze herrschte. Als mir jemand zuflüsterte, dass hinter dem Dorf ein breiter Bach floss, warf ich alle guten Vorsätze in Sachen Gesundheit über Bord, stürzte mich in die Fluten und ließ mich minutenlang in dem kühlen Wasser treiben.

Die zweite Etappe war die längste und auch die schwerste. Als wir endlich das Dorf Toboy Makambo erreicht hatten, war ich so erschöpft, dass ich nur noch auf einen Stuhl sinken konnte, unfähig, noch einen weiteren Schritt zu tun. Aber man zeigte Verständnis, und nach einigen Scheiben Ananas und ein paar Schlucken Palmwein ging es mir wieder besser. In Toboy Makambo wohnten die Familien der Mitarbeiter des Projekts, weit genug vom Camp entfernt, um die Bonobos nicht zu stören. Das Dorf füllte sich mit Menschen, die Schirmmützen und T-Shirts von *Monsieur KB* trugen – so wurde der Hauptsponsor, die Belgische Kreditbank, von den Einheimischen genannt. Mit der Regelmäßigkeit eines tropischen Regengusses baten sie Ellen, sich bei *Monsieur KB* für eine Lohnerhöhung einzusetzen. Jeder setzte seinen Fußabdruck auf ein Stück Papier, das Ellen ihrem Wohltäter überbringen sollte, damit er ihnen die passenden Schuhe kaufen konnte. Ellen versprach immer wieder, alles zu tun, was in ihrer Macht stünde, wiederholte aber auch mehrmals, dass *Monsieur KB* ein ganz harter Brocken wäre.

In Toboy Makambo hielt ich eine kleine Ellen in den Armen, eine Tochter von Cobra, der sein Kind nach *Madame* benannt hatte. Auch Jean-Pierre war eines Tages mit der kurzen Mitteilung im Camp erschienen, dass er eine Tochter bekommen und auf den Namen Ellen getauft hätte. Einige Tage später tauchte er jedoch mit der „guten Nachricht" auf, dass er sich geirrt hätte. Das vermeintliche Mädchen war ein Junge. Aus war's mit Ellen 2.

Von Toboy Makambo war es nur noch eine Stunde bis zum Camp. Ein Albtraum. Meinen Rucksack plus Eule trug inzwischen jemand anders. Hatte ich auf der ersten Etappe immer zur Vorhut gehört, so war ich jetzt bei den Letzten. Das hatte zur Folge, dass die Bienen im Lager schon völlig irre geworden waren, als ich endlich dort eintraf, hysterisch von den vielen schwitzenden Körpern, die plötzlich das verlassene Camp bevölkerten. Ich hatte Bienen immer als nette Tiere erlebt, die von Blüte zu Blüte schwirren, um Nektar zu sammeln, Honig produzieren und anmutige Tänze aufführen, aber dieses idyllische Bild wurde jetzt innerhalb einer Minute zerstört. Tausende Bienen stürzten sich auf die wehrlosen Besucher, auf der Jagd nach einem Tröpfchen Schweiß. Salz ist im Urwald eine Seltenheit. Ich war von Kopf bis Fuß mit Bienen übersät, sie krochen in die Ärmel und liefen mir unter meinem klatschnassen T-Shirt über Brust und Rücken. Mutlos ließ ich mich auf einen Stuhl fallen. Fünf Wochen würde ich hier überleben müssen. Eine Zeit, die mir in diesem Moment wie eine Ewigkeit erschien.

Eine Armee starker Kiefer

Auf den ersten Blick schienen die Hühner in Ellens Lager ein fürstliches Leben zu führen. Die Idee des Freilandhuhns par excellence. Die Tiere konnten frei herumlaufen und sich ihr Futter selbst suchen. Notfalls flogen sie jemandem auf den Schoß, und wenn sie den richtigen Sitzplatz erwischt hatten, wurden sie zusätzlich gefüttert. Meistens hatten sie Glück. Sie fanden schnell heraus, wer ihnen wohlgesonnen war. Auch Hühner gelten in der zivilisierten Welt zu Unrecht als dumm, weil die meisten Bewohner der hoch entwickelten Industrieländer noch nie ein Huhn in einer Umgebung gesehen haben, in der es seine Fähigkeiten optimal entfalten kann.

Bei genauerem Hinsehen führten die Hühner in dem Lager jedoch ein Hundeleben. Obwohl sie sich im Grunde über den ganzen Wald ausbreiten konnten und außer einigen Perlhühnern und ein paar versprengten Frankolinen keine weiteren Nahrungskonkurrenten zu dulden hatten, fanden sie nur mit Mühe jeden Tag genügend Futter. Nicht nur für den Menschen, auch für das Huhn war das Überleben im Urwald ein unablässiger Existenzkampf. Zudem lauerten hinter jedem Baum tödliche Gefahren. Ellen hatte einen Hühnerstall gebaut, um die Tiere vor den nächtlichen Regengüssen zu schützen. Nachdem jedoch in einer der ersten Nächte ein Mungo in dem Stall Amok gelaufen war, übernachteten die Hühner lieber in der sicheren Höhe eines Baumes.

Auch tagsüber mussten sie ständig auf der Hut sein. Die Hähne hatten rasch gelernt, massive Bedrohungen zu erkennen und flohen bei dem geringsten Anzeichen einer möglichen Störung unter einem ohrenbetäubenden Gekreisch in den Wald. Eine wahre Folter für die Hühner war der seltene Langschwanzhabicht, der nur im dichten, immergrünen Regenwald vorkommt. Ich hörte tagtäglich sein klägliches Mauzen in den Wipfeln der Bäume rund um den Lagerplatz, aber ich konnte einem rufenden Vogel noch so nahe kommen, zu sehen bekam ich ihn nicht. Die Fachliteratur verliert nur wenige Worte über diese Vogelart, über sein Brutverhalten und seine Nahrungsbeschaffung ist nichts bekannt. Man weiß nur, dass er sich ab und zu Hühner aus den Urwalddörfern holt. Das hatten Ellens Hühner auch ohne Bücher verstanden. Offensichtlich sahen sie den Habicht viel öfter als ich, denn sie flatterten mit der Regelmäßigkeit eines Uhrwerks in Richtung Wald.

Der Schreck saß bei den Hühnern so tief, dass sie auch in den Wald stoben, wenn der ungefährliche Affenhornvogel über sie hinwegflog. Ich nannte ihn so, weil er häufig in der Gesellschaft von Affen war, um die Insekten zu fangen, die von deren Fell absprangen. Offiziell heißt er jedoch Weißschopf-Hornvogel. Mit seinem eigenartigen, schwarz-weiß gesprenkelten Kamm, der an einen Punk erinnert, könnte er der lebende Beweis dafür sein, dass der Schöpfer bei der Erschaffung der Erde ab und zu Lust verspürte, ein surrealistisches Gebilde in die Welt zu setzen. Der Hornvogel ist nicht viel größer als ein Habicht, und sein ebenso auffälliger Schwanz war für die Hühner schon Grund genug, überstürzt die Flucht nach vorn anzutreten. Eine endgültige Identifikation konnte den sicheren Tod bedeuten.

In noch größere Panik, ja Todesangst, versetzten das Hühnervolk jedoch die Bonobos. Nachdem wir in den Urwald ausgeschwärmt waren, startete eine Gruppe Bonobos, die zunächst beim Aufbau des Lagers zugeschaut hatte, einen Überraschungsangriff auf das Federvieh. Das Gackern und Kreischen war bis weit in den Urwald zu hören. Niemand war Zeuge dieses Überfalls gewesen, und es wurde anschließend auch kein Huhn vermisst, aber die hinterlassenen Spuren sprachen Bände. Bei den Hühnern hatte dieses Ereignis einen unauslöschlichen Eindruck hinterlassen. Das geringste Anzeichen einer möglichen Präsenz von Bonobos trieb die Tiere für Stunden in den Wald. Meistens kamen sie dann erst gegen Abend wieder äußerst vorsichtig zum Vorschein, um sich auf einem Baum sofort für die Nacht einzurichten. Für ein Huhn war der Bonobo kein friedliebender Affe, der sich von Früchten ernährte, sondern ein schwarzhaariges, fleischfressendes Ungeheuer, das eine ständige Bedrohung darstellte.

Ellen hatte eine besondere Beziehung zu ihren Hühnern. Die meisten waren Nachkömmlinge von zwei Küken, denen sie bei der Geburt das Leben gerettet hatte. Alle Hühner im Camp, einschließlich der neugeborenen Küken, waren seinerzeit einer merkwürdigen Krankheit zum Opfer gefallen. Nur zwei, die gerade noch nicht geschlüpft waren, blieben verschont. Ellen hatte die Schale ihrer Eier aufgestochen und die beiden nassen Waisenkinder auf die große Welt losgelassen. Nicht zuletzt ihr unbändiger Appetit auf Termiten erhielt sie am Leben und Ellen belohnte ihre Leute für jedes angeschleppte Termitennest mit zwei Zigaretten. Die Küken hatten eine so starke Bindung zu Ellen entwickelt, dass sie sie auch nach einem Jahr Trennung wieder erkannten. Wie Dian Fossey, die sich auf ihrem Vulkan um einen Affen, zwei Hunde und einige Hühner gekümmert hatte, projizierte auch Ellen ihre zärtlichen Gefühle in der Einsamkeit des Urwalds auf die lokalen Haustiere.

Ihr absoluter Liebling war Bombo Waliko, ein junger Klippdachs. Einer ihrer Männer hatte ihr das Tier, das sich mit seiner Pfote in einem Strick verfangen hatte, als Geschenk mitgebracht. Er hatte gedacht, dass ihr ein Haustier Spaß machen würde, zudem war der Verzehr dieser Tiere für die Einheimischen tabu. Die kurzbeinigen Klippdachse haben sehr viel Ähnlichkeit mit Murmeltieren, sind jedoch keine Nager. Aufgrund angeblich gemeinsamer Vorfahren wurden sie taxonomisch lange Zeit in der Nähe der Elefanten gebracht. Als die Taxonomen letztendlich nicht mehr weiterwussten, bekamen sie eine eigene Ordnung.

Man nimmt an, dass die Klippdachse vor dreißig Millionen Jahren sehr viel zahlreicher waren als heute. Vielleicht gehörten sie auch zu den allgemeinsten Grasern, aber leider haben sie vergessen, mit der Evolution Schritt zu halten oder zumindest den richtigen Weg einzuschlagen. Im Verhältnis zu ihrer Körpergröße ist ihre Tragezeit ungewöhnlich lang, ihre Jungen sind bei der Geburt relativ groß. Biologen vermuten deshalb, dass ihre Vorfahren größer waren, ihre Qualitäten jedoch im Laufe der Zeit erodierten und sie in Rückstand zu anderen Tieren gerieten. Jetzt machen sie sich vor allem nachts durch einen enorm lauten Ruf bemerkbar, der mich während meines gesamten Aufenthalts im Urwald verwirren sollte, da ich immer wieder meinte, eine große Eule zu hören.

Der Klippdachs brachte Ellen eine besondere Zuneigung entgegen, die sich darin äußerte, dass er sich tagsüber in ihren Schoß kuschelte. Nachts war er aktiv, aber er begehrte immer wieder Einlass in ihr Zelt, um ein kurzes Nickerchen bei ihr zu halten. Ellen störte das nicht.

Bombo Waliko zeigte seine Dankbarkeit auch, indem er alle anderen menschlichen Wesen im Camp anraunzte und hin und wieder kräftig biss. Damit machte er sich bei

Ellens Männern natürlich nicht gerade beliebt, und als Ellen für eine Woche in die bewohnte Welt musste, wurde das Tier so vernachlässigt, dass es kurz nach ihrer Rückkehr starb. Sein Tod ging Ellen sehr nahe, und sie stieg ihren betretenen Arbeitern mächtig aufs Dach. In einer etwas wehmütigen Stimmung zeigte sie mir eines Abends die Stelle, an der ihr Bombo Waliko begraben lag. Sie litt noch immer darunter, dass man das Tier so herzlos seinem Schicksal überlassen hatte.

Die Männer verstanden die Welt nicht mehr, als sie später mit einem jungen schwarzen Mangaben auftauchten und von *Madame* zu hören bekamen, dass mit dem Einfangen von Tieren nun endgültig Schluss sein müsse. Weil sie befürchtete, dass man ihr eine ganze Menagerie ins Camp bringen würde, bestand sie darauf, kein Interesse an dem Affen zu haben. Sie wurde ziemlich wütend, als die Männer sie fragten, ob sie den kleinen Mangaben nicht aufziehen wolle, damit sie ihn später verkaufen könnten. Im selben Moment begann das Tier, das sich an sie geklammert hatte, unruhig zu werden. Ellen begriff sofort, warum. Ganz in der Nähe waren die Laute einer Gruppe Schwarzer Mangaben zu hören. Auf bloßen Füßen rannte sie mit dem Affenkind in den Wald, um es seinen Artgenossen zu überlassen.

Aber sie fand die Affen nicht. Wahrscheinlich waren sie schon weitergezogen. Sie stieg auf einen hohen Termitenhügel, um die Bäume abzusuchen. Als sie nach einer Weile nach unten blickte, sah sie zu ihrem Entsetzen weniger als zehn Zentimeter entfernt eine riesige Viper. Diese hatte sich bis zu einem halben Meter aufgerollt und starrte sie nun vom höchsten Punkt aus mit ihren schwarzen Knopfaugen unverwandt an. Urwaldvipern sind äußerst giftig. Ein Biss ist tödlich. Aber zum Glück beißen manche Vipern nur im äußersten Notfall, wenn sie

Hunger haben oder getreten werden. Wahrscheinlich wollen sie ihr Gift, dessen Herstellung viel Energie kostet, nicht vergeuden. Eine evolutionäre Sparmaßnahme, die Ellen das Leben rettete.

Auch mein Haustier machte mir Freude, aber auf eine andere Art, als ich erwartet hatte. Bonkini war lebhaft, saß meistens auf ihrer Stange unter dem Dach des Camps und fraß vorbildlich, auch tagsüber. Bis eines Tages ein Verrückter auf die Idee kam, sie nachts im Hühnerstall einzuschließen. Sie muss sich dort nicht besonders wohl gefühlt haben, denn am nächsten Morgen herrschte in dem Hühnerstall ein Riesentohuwabohu, und die Eule war weggeflogen. Sie war noch nicht zurückgekehrt.

Erst gegen Abend ließ sie sich ein Stück außerhalb des Camps vernehmen. „Komm", sagte Ellen, „wir suchen sie." Gott sei Dank! Ich fand mich in dem Labyrinth von Pfaden noch nicht zurecht und hatte Mühe, mich zu orientieren. Ohne Ellen hätte ich mich in dem Halbdunkel hoffnungslos verlaufen. Als wir auf einem schmalen Pfad über einen umgestürzten Baum kriechen mussten, sahen wir die Eule von einem kahlen Ast auf uns herunteräugen. Leider war sie nicht zum Fliegen zu bewegen. Sie reagierte zwar auf unsere Rufe, blieb jedoch stocksteif sitzen. Es war zum Verzweifeln. Wir lehnten uns an den umgestürzten Baumstamm und sahen uns an. Ellen zuckte mit den Schultern, und ich küsste sie auf den Mund. Sie wich fast unmerklich zurück, schaute mich fragend, aber mit einem leichten Lächeln an, schlang ihren Arm um meinen Nacken und zog mich zu sich heran. Wir küssten uns leidenschaftlich unter der kleinen Eule, die unser Glück leider nicht lange überleben sollte. Wir bekamen sie nicht zu fassen. Als sie einige Tage nach unserem Kuss doch noch im Camp eintrudelte, konnte sie nicht mehr fressen. Ihre Nasenlöcher waren voller Fliegen, und sie war so geschwächt, dass wir beschlossen, ihrem Leben ein Ende zu machen.

Unser erster Kuss war ein denkwürdiges Ereignis, aber der letzte, den wir uns im Urwald gaben, war auch nicht ohne. Nach einem Jahr Dschungel für Ellen beziehungsweise fünf Wochen für ihre Besucher, gaben wir am Vorabend unserer Abreise für die Bewohner von Toboy Makambo ein Fest. Bei dem Fußballspiel zwischen den Teufeln und den Leoparden, sprich den Weißen und den Schwarzen, gingen Letztere, nicht zuletzt dank ihrer zahlenmäßigen Überlegenheit, als haushohe Sieger vom Platz. Gespielt wurde mit einem Ball, den die Einheimischen aus dem Latex von Lianen gemacht hatten, Fouls wurden ignoriert. Die Dorfbewohner feierten ihren Sieg gegen die Weißen mit derselben Begeisterung, als ob die *Zaire-Léopards* Fußballweltmeister geworden wären. Anschließend wurden drei Ziegen und zwei Enten geschlachtet. Linda und der Häuptling hatten eine Rede gehalten, man hatte ein wenig getrunken und um das Lagerfeuer getanzt. Mawa war zum allseitigen Erstaunen in einer eleganten weißen Hose und schneeweißen Dandy-Schuhen zu der Party erschienen, aber Cobra stahl allen die Show. Er bot mir die Wette an, dass er die Uferstrecke von Toboy Makambo nach Bosoloma schneller zurücklegen könne als ich. Für den Wettkampf galten zwei Bedingungen. Cobra bekam ein Paar gute Schuhe, die er behalten durfte, wenn er den Wettlauf gewann, und er musste einen Koffer von mindestens fünfundzwanzig Kilo auf dem Rücken mitschleppen, während ich ohne Gepäck lief. Jeder hielt das für einen fairen Deal. Ich hatte jedoch gewisse Zweifel und machte Cobra einen unehrenhaften Vorschlag. Ich versprach ihm die Schuhe und einige andere Sachen, wenn er mich gewinnen ließe. Meine Beziehung zu Ellen war der Balzphase noch nicht ganz entwachsen, und als echter Macho konnte ich mich nicht dem unbändigen Reflex entziehen, wie ein Hahn mit geblähter Brust umherzustolzieren oder wie ein Pfau unablässig Rad zu schlagen. Cobra war jedoch ein noch größerer Dummkopf, als ich gedacht hatte. Oder ein noch größerer Macho als ich, denn er lief auf der Stelle zu Ellen, um ihr meinen Vorschlag zu petzen. Was meinem Ansehen an diesem Abend mit Sicherheit nicht gut tat.

Zu dem Wettlauf selbst will ich nicht allzu viel sagen. Es war die Hölle. Wir legten die Strecke in zwei Stunden zurück, anderthalb Stunden durch den Urwald auf mehr oder weniger trockenem Boden und die letzte halbe Stunde durch den Uferschlamm, den *poto poto*. Auf einem Stück, wo wir bis zur Hüfte im Schlamm versanken, verschärfte Cobra das Tempo. Er schaffte es, seine Beine bei jedem Schritt aus dem Brei zu ziehen, als ob er keinen vollen Stahlkoffer buckelte, der mit Lianen auf seinem Rücken festgebunden war. Er zog auf und davon, ich sah ihn nicht mehr. Mit über drei Minuten Vorsprung kam er in Bosoloma an. Sein Ansehen erreichte den Zenit und hielt sich dort, dem Vernehmen nach, monatelang. Er sonnte sich in seinem Triumph.

Und ich genoss die Erkenntnis, dass mein Körper noch in der Lage war, sich innerhalb eines Monats an widrige Klima- und Arbeitsbedingungen anzupassen, ich genoss den wunderbar gekühlten Palmwein und mir schwindelte von dem Kuss, den ich von Ellen bekam, weil ich mich so bravourös geschlagen hatte.

Ellen hatte sich anfangs gegen den Besuch eines Journalisten gewehrt. Wohl, weil ich gefragt hatte, ob der Strom im Camp ausreichte, um regelmäßig einen Laptop laufen

zu lassen. „Der meint wohl, dass wir hier ein Hotel sind",
war ihre erste Reaktion. Als Linda ihr über Funk klarzu-
machen versuchte, dass die Aufmerksamkeit der Medien
dem Projekt nur gut tun könnte, hatte sie kurz und bündig erklärt, nicht die Absicht zu haben, jemandem entge-
genzukommen, der offensichtlich nicht wisse, worauf er
sich einließ. Letzteres stimmte zwar, aber niemand hatte
Ellen erzählt, dass ich Biologe war und reichlich Afrika-
erfahrung hatte. Journalisten waren in ihren Augen eta-
blierte Männer in schlecht sitzenden Anzügen mit nach-
lässig gebundenen Krawatten, die Zigaretten rauchen,
Kaffee trinken und ihrer Fangemeinde mit erhobenem
Zeigefinger deutlich machen, dass sie den absoluten
Durchblick haben und die Probleme der Welt schon
längst gelöst hätten, wenn sich nicht einige andere auch
noch damit beschäftigen würden.

Sie hätte natürlich die Analogie ihres Lebens mit dem
ihres großen Vorbilds respektieren können. Dian Fossey
hatte eine Beziehung mit dem ersten Vertreter der Medien angefangen, der ein echtes Interesse für ihre Arbeit
zeigte. Es war ein australischer Kameramann, der für die
National Geographic Society arbeitete. Er schaffte es, Fosseys Widerstand gegen das Medieninteresse zu brechen.
Jane Goodall war sogar mit einem (anderen) Kameramann der *National Geographic* verheiratet. Dazu ist es bei
Fossey nie gekommen, ihre Beziehung plätscherte dahin,
ihr Liebhaber war verheiratet und nicht bereit, sein normales Alltagsleben gegen den ständigen Aufenthalt in
einem kalten und feuchten Urwald auf einem Vulkan
einzutauschen. Letztendlich verlor sie ihn aus den Augen. Auch die Ehe von Goodall erlitt Schiffbruch.

Unsere Beziehung überstand zumindest den ersten gemeinsamen Monat, auch wenn das keineswegs selbstver-

ständlich war. Es ist ein sehr verbreiteter Irrtum, dass der tropische Regenwald ein Paradies auf Erden ist, wo reife, süße Früchte an den Bäumen hängen, die nur darauf warten, gepflückt zu werden, wo sich die delikatesten Tiere wie von selbst auf den Spieß reihen, die herrlichsten Kräuter ein wunderbares Duftbouquet verbreiten und kristallklare Bäche plätschern. Dieses Bild vom Schlaraffenland ist jämmerlich schief. Kräuter wachsen vierzig Meter über dem Boden, verborgen unter dem Laubdach, Bäume, die Früchte tragen, sind selten und weit verstreut, und die reifen Früchte werden auf der Stelle von Affen und Hornvögeln geplündert. Wer mit dem Urwald nicht vertraut ist, wird keine Tiere zu Gesicht bekommen, geschweige denn fangen. Ellens Männer waren gute Jäger, aber weil sie keine Fallen aufstellen durften, beschränkte sich unser Speiseplan auf ein Huhn, das ab und zu geschlachtet wurde.

Bäche plätschern überall, aber sogar ihr klares Wasser kann in den Tropen unangenehme Überraschungen bereithalten. Nach einem Aufenthalt im tropischen Regenwald kann die so gerühmte biologische Diversität des menschlichen Körpers durchaus um einige spektakuläre Arten reicher sein. Ellens Besuche im Antwerpener Tropeninstitut lösen jedes Mal wahre Begeisterungsstürme aus. Die Professoren geben die Hoffnung nicht auf, dass sie irgendwann einmal mit einem neuen parasitären Prunkstück zurückkommen wird. Nicht nur, weil sie allein und unter primitiven Bedingungen im Urwald lebt, sondern auch, weil sie mit Affen arbeitet.

Das Institut verfügt über eine reiche Erfahrung beim Aufspüren unbekannter Tropenkrankheiten. Seine Mitarbeiter entdeckten in den siebziger Jahren das geheimnisvolle Ebolavirus, das auch bei Affen, darunter Schimpansen und Bonobos, vorkommt, wobei die Krankheit bei ihnen nicht immer tödlich verläuft. Wo sich das Virus im Urwald versteckt hält, weiß man nicht.

Ellen hat diesen Forschungen noch keine neuen Impulse gegeben. Allerdings trennte sie sich schon von einem zwar langen, aber wissenschaftlich uninteressanten *Ascaris*-Wurm, den sie mit einer Vermoxpille zum Aufgeben zwang und eine Zeit lang in einem Glas aufhob. *Loa-Loa* krochen durch ihren Körper – Würmer, die bewegliche Höcker bilden können und sich manchmal an der Innenseite der Augen festsetzen, sodass der Betroffene sie zwar sieht, aber nicht wegwischen kann. Auch von einer *Giardia*-Infektion blieb sie nicht verschont. Das sind Einzeller, die sich im Verdauungstrakt einnisten, aber keine tödliche Erkrankung auslösen. Eine Zeit lang schlug sie sich mit einer hartnäckigen bakteriellen Infektion herum, die ihr die Haut wegbrannte und keine Krusten entstehen ließ. Irgendwann bekam sie von einer Nonne in Basankusu ein Fläschchen Eau de Cologne, gegen das die Bakterien nicht resistent waren. Sie hat einige bizarr geformte Vertiefungen an den Füßen, die nicht verschwinden wollen, und ab und zu zeichnet sich auf ihren Armen und Beinen ein Geflecht roter Punkte ab. Nichts Besorgniserregendes. Eigentlich war sie in all den Jahren ihres Urwaldlebens nur einen einzigen Tag wirklich krank, als sie nach einer Flussfahrt einen Sonnenstich hatte. Der Urwald hielt sie gesund. Aber die Antwerpener Virologen hoffen weiter. Ihr Projekt hat eine lange Laufzeit.

Das Lager Iyema übte auf die Urwaldbewohner eine magische Anziehungskraft aus, obwohl es aus nicht viel mehr als einer großen offenen Hütte bestand, die außer einer Sitzecke zum Essen, Lesen und Schreiben nichts zu bieten hatte. Die Kisten und Koffer mit dem Forschungsmaterial waren auf spärlichen Holzregalen gestapelt, um

sie gegen Feuchtigkeit zu schützen. Außer dieser Wohn-
hütte gab es noch einen kleinen verschließbaren Vorrats-
schuppen, eine primitive Toilette in Form eines ausgeho-
benen Erdlochs hinter einer Hecke, einen Hühnerstall,
eine Wäscheleine, einige kleine Zelte und einen Herd in
Form eines Eisenkoffers, der in einen Termitenhügel ein-
gegraben war. An einen Garten war nicht zu denken.
Alles, was angepflanzt wurde, verschwand in den Mägen
großer oder winzig kleiner Tiere.

Ein abgehackter Baumstamm in der Mitte der Wohn-
hütte, an dem wieder Blätter zu sprießen begannen,
diente als Zimmerpflanze. Für andere Verschönerungen
war wenig Platz und wenig Interesse. Der Urwald sorgte
für genügend Zerstreuung. Schwarze Mangaben kamen
zu Besuch, riesige Hornvögel überflogen laut lärmend
das Camp, und ingeniös konstruierte Käfer fielen einfach
vom Himmel.

Nur eine Kuckucksuhr wies darauf hin, dass die
Campbewohner aus einer anderen Welt stammten. Stärker noch als Fossey, die sich mit großer Hingabe ihren
Gorillas widmete, aber wenig Einfühlungsvermögen für
die einheimische Bevölkerung zeigte, war Ellen von der
dänischen Baroness Karen Blixen fasziniert. Die Verfas-
serin von *Out of Africa* hatte einen Trunkenbold und
Schürzenjäger geheiratet, der zwar kein Geld, aber einen
Adelstitel besaß. Mit ihrem eigenen Vermögen baute sie
in Kenia eine Plantage auf. Sie fand dort die Liebe ihres
Lebens – natürlich einen Abenteurer – die, wie das in solchen Fällen scheinbar üblich ist, zwar sehr aufregend,
aber nicht von Dauer war.

In der Mitte von Blixens Wohnzimmer stand eine
Kuckucksuhr, für sie das Symbol für die breite Kluft zwischen der europäischen und afrikanischen Kultur. Im
afrikanischen Hochland war eine Uhr ein vollkommen

nutzloses Artefakt. Die Menschen orientierten sich am Stand der Sonne, um die ungefähre Tageszeit zu bestimmen. Sie mussten niemals rechtzeitig an ihrem Arbeitsplatz sein oder einen Zug bekommen. Aber für Blixens Arbeiter verlor das Vögelchen, das zu jeder vollen Stunde aus seinem Häuschen schoss, zu keiner Zeit seine ungemeine Faszination. Dieselbe Wirkung hatte auch die Uhr in Ellens Camp. Jede Stunde versammelte sich die schwarze Gemeinschaft vollzählig vor dem Kleinod, um mit offenem Mund nach dem hölzernen Schreihals zu schauen. Nach nicht einmal einer Woche war der Mechanismus blockiert. Grabwespen hatten in dem Kuckuckshäuschen ihr rundes Nest gebaut. Der Urwald ließ keinen Winkel ungenutzt.

Fast täglich trafen Besucher aus Bolima, dem nächsten, etwa zwei Tagesmärsche entfernten Dorf, im Camp ein. Sie kamen, um etwas zu kaufen, zu verkaufen oder weil sie Hilfe brauchten. Manche waren zwei Tage unterwegs gewesen, nur um zwei Eier gegen eine Prise Salz oder eine Ananas gegen eine leere Konservenbüchse zu tauschen, aus der man eine Lampe basteln konnte. Oder um für einen Eimer Palmwein eine Whiskeyflasche mitzunehmen, die ich weggeworfen hätte, wenn Ellen mir nicht noch rechtzeitig gesagt hätte, dass im Urwald alles wieder verwendet werden kann – die leeren Flaschen, um Öl oder *lotoko*, ein starkes Getränk aus Mais, aufzubewahren. Manche boten Avocados oder Wurzeln an, aus denen man Pommes frites machen konnte, andere einen kleinen Kaiman, eine Schildkröte oder einen Korb, der mit den dicken Larven des Nashornkäfers gefüllt war – eine lokale Delikatesse.

Mawa entpuppte sich im Urwald als Koch. Er war groß und stark, aber seinen eigenen Worten zufolge für die anstrengende Arbeit im Urwald zu faul. Er kochte lieber, wusch gern und bügelte mit Hingabe. Tomatenpüree war seine absolute Obsession, er konnte nichts in den Topf werfen, ohne es nicht mit einer Büchse *sauce tomate* zu verfeinern. Für besondere Anlässe hatte er eine echte weiße Kochmütze in petto. Vom ersten Tag an schmeichelte er sich bei mir ein, indem er mir nach dem Aufstehen eine Tasse frisch gebrühten Kaffee servierte. Die anderen waren dann schon lange weg, auf der Suche nach Bonobos. Sie standen schon um vier Uhr morgens auf, um sich noch vor Tagesanbruch auf den Weg zu den Schlafnestern der Bonobos zu machen. Da ich kein Frühaufsteher bin und reichlich Zeit hatte, hielt ich mich in den ersten Tagen zurück.

Mawa war auch für den Einkauf zuständig. Meistens kaufte er alles, was die Leute brachten und was nicht aus dem Urwald stammte. Alles war eine willkommene Abwechslung zu dem ewigen Corned Beef, das mit Reis serviert wurde, wenn an dem betreffenden Tag keine Bonobos gesichtet worden waren, und mit Spaghetti, wenn es etwas zu feiern gab. Mittags wurde im Freien eine Büchse Sardinen geöffnet, morgens gab es Müsli oder Haferflocken, mit kleinen Rüsselkäfern gespickt, die ihren Weg zu den Tüten in den verschlossenen Koffern gefunden hatten. Wie alles andere im Lager wurden auch die Lebensmittel, Konserven, Bücher und wissenschaftlichen Unterlagen in schweren Koffern mit dicken Hängeschlössern aufbewahrt. Das Leben im Urwald degenerierte manchmal zu einem Albtraum voller verlorener Schlüssel und vergessener Codes.

Die Bienen- und Mückenplage war letztendlich nicht so schlimm wie befürchtet, vor allem, weil in einer Ecke der offenen Hütte ein ausladendes Moskitonetz hing, das schon bald in eine Art Salon umfunktioniert wurde – hier konnte man es sich ein wenig gemütlich machen. Am übelsten waren die Stiche der wespenartigen Lotofliege, die in flachen, dreieckigen Nestern lebt. Im schlimmsten Fall kann der Stich eines Soldaten einen Menschen töten. Glücklicherweise waren die Besucherinnen des Lagers in der Regel Arbeiterinnen auf Nahrungssuche. Ihre Stiche sind weniger aggressiv als die der Soldaten, die das Nest zu bewachen haben.

Aber die wahren Herrscher des Urwalds, die einzigen, die Menschen tatsächlich in die Flucht schlagen konnten und selbst die stärksten Tiere zur Verzweiflung brachten, waren die Ameisen. In ihnen manifestiert sich der Satz, dass Masse Macht bedeutet. In Peru fanden Wissenschaftler auf acht Hektar Regenwald sage und schreibe zweihundertfünfundsiebzigtausend verschiedene Arten. Ihre zahlenmäßige Stärke ist manchmal schwindelerregend. In einer Kolonne Wanderameisen können zwanzig Millionen Tiere marschieren, alles Töchter ein und derselben Königin, einer superproduktiven Eierlegmaschine, die extrem in Watte gepackt und für ihre Produktivität mit einem hundertfach verlängerten Leben belohnt wird. Wer meint, der Mensch sei allen anderen Kreaturen haushoch überlegen, müsste nur einmal in Ellens Lager einen Überfall von Wanderameisen erleben – er wäre eines Besseren belehrt.

Biologen, die sich mit Ameisen beschäftigen und infolgedessen voreingenommen sein können – Ameisenexperten verteidigen ihre Schoßkinder noch leidenschaftlicher als Bonoboforscher – behaupten, dass die Tiere, nach ihrer Biomasse berechnet, wichtiger sind als der Mensch. Ameisen sind uralt. Nach Angaben der Fachzeitschrift *Nature* gab es schon vor hundertdreißig Millionen Jahren Ameisen auf der Erde. Zu dieser Zeit wimmelte es noch von Dinosauriern. Schon die ältesten Ameisen standen möglicherweise in sozialen Kontakten zueinander. Das lässt sich aus Fossilien ableiten, auf denen man Spuren einer Drüse auf dem Hinterbein entdeckte, die Geruchssignale aussenden konnte.

Um die Allgegenwart und die Allmacht der Ameisen am eigenen Leib zu erfahren, brauchte ich nicht einmal das Camp zu verlassen. Ein etwas genauerer Blick – und man sah sie überall. Braune Ameisen, deren Bisse relativ harmlos sind, die aber einen bestialischen Gestank verbreiten, wenn man sie totschlägt; dicke Ameisen mit einem behaarten, goldbraunen Hinterleib, der an eine Biene erinnert, und schwarze Ameisen, deren Biss einen gesunden Menschen für mindestens drei Tage ausschalten kann.

Schwarze Ameisen leben in einer seltsamen Lebensgemeinschaft mit einer dünnen Akazienart. Auf unseren Touren wiesen Ellens Fährtensucher immer wieder auf diese Bäume hin, damit man sich nicht aus Versehen gegen ihre Stämme lehnte. Der Baum bietet den Ameisen über seine Blüten spezielle Ein- und Ausgänge, und über ein System von Gängen unter der Rinde können die Tiere den Stamm in seiner ganzen Länge kontrollieren. Die Ameisen revanchieren sich, indem sie den Baum gegen Pflanzenfresser verteidigen. Da sie ihre Nahrung von dem Baum beziehen, können sie so mächtig in ihr Gift investieren, dass die abschreckende Wirkung optimal ist. In ihrem Vertrag mit dem Akazienbaum ist eine Sonderklausel enthalten. Junge Pflanzen warnen die Ameisen mit einem chemischen Signal davor, ihnen zu nahe zu kommen, damit sie von Bienen und anderen Nektar suchenden Insekten befruchtet werden können. Die Natur denkt an alles. Gegen eine Zusammenarbeit ist so lange nichts zu sagen, wie sie nicht auf Kosten der Fortpflanzung geht.

Die schwarzen Ameisen erledigten ihre Aufgabe exzellent. Sie waren unglaublich wachsam. Ich setzte drei Tage meines Lebens aufs Spiel und trat gegen einen Ameisenbaum. Innerhalb einer Sekunde wimmelte es auf den Zweigen von gefährlichen Bewachern. Ihre Haltung strahlte Angriffslust aus – und die Bereitschaft, für die richtige Sache zu sterben.

Dieselbe Kampfbereitschaft spielte mir einen Streich, als ich einmal mitten in der Nacht von einem Jucken an meinem Bein aufwachte. Im Licht der Taschenlampe sah ich zu meinem Erstaunen, dass es in dem Zelt von Ameisen wimmelte – nicht von den braven braunen, die immer da sind, sondern von Wanderameisen. Einige Soldaten hatten sich in meinem Bein verbissen, fest entschlossen, nicht mehr loszulassen. Ihre Kiefer bissen sogar noch zu, nachdem ich Kopf und Körper auseinander gerissen hatte. Die Anatomie der Ameise war nicht nur darauf angelegt zu beißen, sondern immer weiterzubeißen. Ich wollte panikartig aus dem Zelt flüchten, als ich zu meinem Entsetzen sah, dass das ganze Camp von Ameisen übersät war – ein schwarzer Teppich, der sich bewegte. Ein Entrinnen war unmöglich, ich musste mich darauf konzentrieren, mein eigenes kleines Territorium zu säubern. Ich installierte seufzend meine Lampe auf dem Kopf und stellte mich, mit einem Schuh in der einen und einem Buch in der anderen Hand bewaffnet, dem Kampf. Es dauerte geschlagene vier Stunden, bis das Zelt mehr oder weniger ameisenfrei war. Die Wende kam, als ich entdeckte, dass die Soldaten einige Löcher in die Bodenplane gefressen hatten, durch die ständig Verstärkung anrückte. Erst nachdem ich diese Breschen in meiner Verteidigung geschlossen hatte, wurde es besser. Gegen Morgen konnte ich mich wieder beruhigt hinlegen.

Als ich nach dem Aufstehen meine Tasse Kaffee von Mawa bekam, waren die Ameisen noch immer nicht verschwunden. Sie taten sich zu langen Kolonnen zusammen, die in Richtung Urwald marschierten. Nur an den Töpfen und auf den Tellern blieben sie konzentriert hängen. Zentimeterdicke Ränder rotbrauner Ameisen machten sich raffgierig über die letzten Essensreste her, bewacht von großen Soldaten, die mit aggressiv aufgerichteten Kiefern die Arbeiterinnen beschützten. Ein bedingungsloser Einsatz für das große Ganze, den ein Mensch nie aufbringen würde, weil er nicht dazu gemacht ist, so dicht gedrängt zu leben. Bei der Vorstellung, permanent in körperlichem Kontakt mit anderen Menschen leben zu müssen, läuft es mir kalt über den Rücken. Ich werde schon ärgerlich, wenn mich jemand in der U-Bahn oder auf einem Konzert versehentlich von hinten anstößt.

Ich fragte mich, was eine Kolonne Wanderameisen auf dem Waldboden anrichten würde. Zweifellos eine Verwüstung, vergleichbar mit der Taktik der verbrannten Erde. Alles, was irgendwie brauchbar oder konsumierbar ist, wird zerstört, getötet oder konfisziert. Natürlich haben auch umherziehende Menschenarmeen, wie die mittelalterlichen Kreuzfahrer und die napoleonischen Truppen auf ihrem Weg nach Russland, eine Spur von Tod und Vernichtung gezogen. Aber diese Armeen waren sich ihres Handelns bewusst. Sie konnten dem Ganzen ein Ende machen und durch Vernunftehen oder modernere Formen der Diplomatie Probleme lösen. Das können Ameisen nicht. Sie tun nur das, was ihnen ihre Gene vorschreiben.

Ich verstehe nicht, dass so viele tiefgründige Geister immer noch nach Erklärungen für die Überlegenheit des Menschen suchen. Sie beharren darauf, dass der Mensch aufgrund seiner Vernunft über dem Tier steht, weil er Fugen komponiert, Liebesgedichte schreibt und prächtige Häuser baut, weil er rund um den Globus reist und auf dem Mond gewesen ist, weil er sich seiner selbst und der Tatsache bewusst ist, dass er sich – zum Beispiel – vom Bonobo unterscheidet. Aber diese großen Denker, diese aufgeklärten Geister, die mit Verachtung auf den größten Teil der Welt herabblicken und unzählige Seiten füllen, um die Menschheit von ihrer Einzigartigkeit zu überzeugen, diese weltfremden Egoisten begreifen nicht, dass dieselbe Argumentation mit genauso viel – oder wenig – Überzeugungskraft auf die noch viel gefährlichere Diskussion um die Überlegenheit der weißen Denkerrasse verlagert werden kann. Weiße haben die schönsten Fugen komponiert, die ergreifendsten Gedichte geschrieben und die prächtigsten Häuser gebaut. Weiße reisen rund um die Welt und fliegen zum Mond. Dem Weißen ist bewusst, dass er sich vom Bonobo unterscheidet. Für den Eingeborenen im Regenwald ist der Bonobo eine Art Mensch, wenn auch vielleicht eine weniger gelungene.

Aber der Weiße hat nicht nur Fugen und Liebesgedichte geschaffen, sondern auch Kinderpornos und *snuff movies*, er hat nicht nur Villen, sondern auch Gaskammern gebaut; er war nicht nur auf dem Mond, sondern zündete auch die Atombombe. Die Ameisen zerstören vielleicht das Leben dort, wo sie vorbeiziehen, aber ihr Zugriff auf den Wald ist längst nicht so dramatisch, als dass er ihr Lebensbiotop irreversibel zerstören könnte. Die Ameisen halten sich nicht für besser als andere. Sie sind einfach nur erfolgreich.

Den Teufel im Nacken

Papa Christin war der Häuptling des Jägerdorfes Bohua. Man konnte ihm nicht über den Weg trauen, überdies steckte er überall seine Nase hinein. Er nutzte jeden Anlass, um in Ellens Camp zu erscheinen und ihr irgendetwas abzuschwatzen. Er terrorisierte die Arbeiter seines Dorfes und strich die Hälfte ihres Lohns ein. Klammheimlich ließ er fette Hühner aus dem Camp gegen magere austauschen. Als Ellen ihm einmal für einen hohen Häuptling der Region einen *panja*, eine Art Wickelrock, als Geschenk mitgab, verhökerte *Papa* Christin den Stoff unterwegs für eine Ziege.

Für den *Papa* war Kinshasa der Gipfel der Verdorbenheit, ein Aidsherd, eine Geisel Gottes und die einfache Folge der Tatsache, dass die zivilisierten Männer ihre Frauen dort frei herumlaufen ließen. So etwas war in seinem Dorf undenkbar, da wurden die Frauen nicht aus den Augen gelassen. Notfalls griff er persönlich ein, um die Verhältnisse wieder geradezurücken. Als seine Tochter Afro starb, beschuldigte er einen Fischer, der sich geweigert hatte, ihm Fische zu geben, seine Tochter vergiftet zu haben – obwohl das Mädchen monatelang an einer schleichenden Krankheit gelitten hatte. *Papa* Christin ließ den Fischer gnadenlos durchprügeln. Als der Mann kurz danach verschwunden war, wanderte *Papa* Christin wegen Mordverdachts hinter Gitter. Bis sich herausstellte, dass der Fischer einfach nur die Flucht ergriffen hatte.

Auch Tshimanga, der sich als Erster in Ellens Urwald angesiedelt hatte, bekam *Papa* Christins Willkür zu spüren. Um seine Hütte war das Arbeiterdorf Toboy Makambo entstanden. Tshimanga war ein guter Freund von Cobra und Jean-Pierre, aber diese Freundschaft kühlte sich ziemlich ab, als ihn ein Zauberer auf Befehl von *Papa* Christin des Giftmords an einem jungen Mädchen beschuldigte. Dahinter steckte, dass *Papa* Christin es nicht ertragen konnte, dass Ellens Camp nicht auf seinem Grundgebiet lag. Tshimanga flüchtete damals Hals über Kopf. Von einem Zauberer beschuldigt zu werden, kommt im Urwald einem Todesurteil gleich; die Dorfbewohner hätten ihn zu Tode gesteinigt, wenn er ihnen in die Hände gefallen wäre. Also zog er in das fünf Tagesmärsche entfernte Boende, um sich an einen noch mächtigeren Zauberer zu wenden. Dieser kam zu dem Schluss, dass nicht Tshimanga das Mädchen ermordet hatte, sondern ein Bösewicht, der in seine Gestalt geschlüpft war. Das wurde als offizielles Urteil akzeptiert. Der Richter gab Tshimanga sogar ein kurzes Schreiben an Ellen mit, in dem er erklärte, dass man ihn vom Verdacht des Mordes freigesprochen hatte. Plötzlich waren auch all seine Freunde wieder zur Stelle. Und Tshimanga war überhaupt nicht nachtragend, sondern fand es vollkommen normal, dass sie ihn im Stich gelassen hatten.

Auch Tshimanga selbst schreckte nicht davor zurück, im Notfall die Geister zu bemühen. Ich wurde eines Morgens in aller Frühe aus dem Schlaf gerissen, weil jemand vor der Hütte eine flammende Rede hielt. Als ich durch mein Moskitonetz lugte, sah ich Tshimanga wie ein aufgeregtes Huhn mit den Armen flatternd auf dem umgestürzten Riesenbaumstamm stehen, der quer über dem Dorfplatz lag. Niemand schien ihm zuzuhören. Ich fragte die Jungen und Mädchen, die vor den Hütten am Rand des offenen Platzes herumlungerten, was los sei. „Er beschwört die Leute, dass sie nicht im Urwald jagen sollen, wenn er nicht da ist", antwortete Mawa, aber an seinem zögerlichen Ton spürte ich, dass das nicht stimmte. Um die Wahrheit zu erfahren, musste ich Jean-Pierre fragen. Jean-Pierre log nie. „Er sagt, vor seiner Hütte hätten sich heute Nacht Teufel herumgetrieben, die mindestens einen Meter groß waren", übersetzte Jean-Pierre, „und er droht, dass er in Basankusu einen mächtigen Zauberer engagieren wird, um die Schurken zu vergiften, die die Teufel herbeigelockt haben, um seine Frauen zu belästigen."

Mawa stand betreten daneben. Er schämte sich manchmal wegen der, wie er es nannte, „rückständigen Sitten" seiner Freunde. Dennoch behauptete er, dass auch er in dieser Nacht ein Teufelchen gesehen hatte. Er verstand Tshimanga. Es war wichtig, die Frauen unter Kontrolle zu haben.

Mawa wusste, wovon er sprach. Er hatte es nicht leicht mit seiner Frau. *Mama* Mbeko ließ nichts anbrennen, ihr Spitzname im Dorf war *mama colère*. Ich mochte sie gern; neben ihrem riesenhaften Mann wirkte sie fast winzig, aber sie war resolut und hatte ein lustiges Zwinkern in den Augen. Einmal hatte sie Mawa mit einer kräftigen Rechten ein blaues Auge verpasst. Tshimanga, der in dem Ehekonflikt vermitteln wollte, hatte auch seinen Teil abbekommen. *Mama* Mbeko kämpfte für Exklusivität, sie war fest entschlossen, die einzige Frau in Mawas Leben zu bleiben. Als ihr Gatte eines Tages mit der Nachricht nach Hause gekommen war, dass er eine andere Frau habe und mitsamt seinem Moskitonetz in eine andere Hütte zöge, ließ die *Mama* ihre Teufel tanzen. Mawa gab klein bei. Er war beeindruckt. Mit einer Teufelin wollte er sich lieber nicht anlegen.

Also blieb er bei seiner einzigen Frau – eine Ausnahme im Urwald, wo Vielweiberei an der Tagesordnung ist. Dennoch galt Mawa als eine gute Partie, nicht zuletzt wegen seines Moskitonetzes, das im Urwald als ein wichtiges Statussymbol gilt und aus einem Loser einen erfolgreichen Mann machen kann. Männer oder Liebhaber mit einem Moskitonetz und einem Bett werden in der einheimischen Dichtung als Helden besungen. So lautet zum Beispiel die Anfangszeile eines Gedichtes aus dem Jahr 1972: „Wie wundervoll ist die Hand, die das Moskitonetz aufhängt."

Ein weiteres Problem war, dass *Mama* Mbeko vier Töchter und einen Sohn zur Welt gebracht hatte. Da die Töchter an einen Mann aus einem anderen Dorf verkauft werden sollten, würde Mawa nur ein Sohn bleiben. Das war riskant, denn wenn dieser zu früh starb, hätte er niemanden, der sich im Alter um ihn kümmerte. Und es war keineswegs undenkbar, dass dem jungen Mann kein langes Leben beschieden war. Der Tod gehörte im Urwald zum Alltag. In einem Land voller Parasiten, wo es schwierig war, den Eiweißbedarf auch nur halbwegs zu decken, waren die Menschen anfällig für Krankheiten. Medizinische Versorgung war außer Reichweite. Ein Verwandter von Cobra wanderte einmal acht Stunden von seinem Dorf zum Camp, um sich Ellens Außenbordmotor zu leihen. Er wollte seine Frau in das nächstgelegene Krankenhaus bringen, die nach einer komplizierten Geburt schon seit zwei Tagen an unerträglichen Schmerzen litt. Es dauerte noch einen ganzen Tag, bevor man sie auf das Boot trug. Sie starb auf dem Weg zum Krankenhaus. Die Menschen reagierten gelassen.

„Auch wenn ich nur ein paar Wochen weg gewesen bin, frage ich mich, wer inzwischen nicht mehr lebt", erzählte Ellen. „Wenn Cobra nicht da ist, denke ich, dass schon wieder jemand gestorben ist, denn Cobra wird oft gebeten, ein Grab auszuheben. Ein Kind von Tshimanga wäre vor meinen Augen in den Armen seiner Mutter fast an Diarrhö gestorben, weil ich mir nicht sicher war, ob ich ihm Immodium geben konnte. Regelmäßig kommt jemand mit der Nachricht vom Tod eines Bekannten vorbei. Letztens ist der alte *Papa* Bofola gestorben. Er bewohnte mit einer ganzen Ziegenherde und vielen Frauen das luxuriöse Haus seines ehemaligen weißen Chefs. Einmal hat er mir die Medaillen gezeigt, die er von ihm bekommen hatte – und die kleine Glocke, mit der sein Chef ihn zu rufen pflegte. ‚Albeeert, komm heeer‘, meckerte er dabei mit zittriger Stimme. Dieser *Papa* war einer der wenigen aus meinem Bekanntenkreis, der wirklich alt geworden ist."

Mawas Angst vor seiner Frau ging allerdings nicht so weit, dass er sie nicht für seine Probleme verantwortlich machte. Er warf ihr vor, dass sie ihm vier Töchter aufgebürdet hatte, bevor sie ihm endlich einen Sohn schenkte. Einmal klagte er mir bei unserer morgendlichen Tasse Kaffee sein Leid. Ich fürchte, ich habe seinem Selbstvertrauen damals einen weiteren Schlag versetzt, auch wenn er von meinem Schnellkurs in Genetik wahrscheinlich nichts begriffen hat. Ich zeichnete mit einem Stock vier Kreise auf den Boden, die männliche und weibliche Samenzellen darstellen sollten. Ich erklärte ihm, dass das Y-Chromosom bestimmt, ob das Kind ein Junge wird, die Entscheidung also im Grunde beim Vater liegt. Mawa nickte bedächtig, stellte jedoch keine Fragen. Das gab mir zu denken.

Ellen schüttete sich aus vor Lachen, als ich ihr abends davon erzählte. „Ich denke, dass die Leute hier nicht einmal wissen, dass es so etwas wie Befruchtung gibt", sagte sie. „Es ist ihnen zwar klar, dass Kinderkriegen etwas mit Sex zu tun hat, aber sie haben so ihre eigenen Vorstellungen darüber. Sie sind davon überzeugt, dass ein Mann sehr viel Sex mit seiner schwangeren Frau haben muss, weil sein Samen Leben und Kraft in das Kind pumpt.

Klappt es, hat er sein Bestes getan, klappt es nicht, hat seine Frau versagt."

Die Menschen im Dschungel leben neben ihrer alltäglichen auch noch in einer zweiten Welt, die von ihren Ahnen, aber auch von Geistern und Teufeln bevölkert ist. Der Zugang zu dieser zweiten Welt liegt im Grab. Wenn jemand gestorben ist, hält die Familie eine Woche lang mit Gesängen die Totenwache. Die Leiche muss so verwest sein, dass man sie nicht mehr verzehren kann, denn Zauberer sind auch heute noch praktizierende Kannibalen – und Leichenfleisch verleiht ihnen zusätzliche Kraft. Einem menschlichen Körper, der angefressen ist, wird jedoch der Zugang in die zweite Welt verwehrt.

Obwohl die Jäger den Urwald und die Gewohnheiten der Tiere durch und durch kennen, fühlen sich viele dort fremd und absolut unwohl. Der Urwald ist kein Teil der menschlichen Welt; überall lauern kleine Teufel, um einen Jäger in die Falle zu locken. Selbst Jean-Pierre hatte einmal im Urwald völlig die Orientierung verloren. Ein kurzer Moment der Panik und es war passiert. Zu spät, um noch vor Einbruch der Dunkelheit der geheimnisvollen Welt zu entfliehen. Er hatte sich damals auf einem kräftigen Ast in fünf Metern Höhe aus einigen starken Lianen ein Nest geflochten, sodass er vor Wanderameisen, Leoparden und anderem Getier in Sicherheit war. Am nächsten Morgen machten die anderen ihn ausfindig. Zurück im Camp, sprang Cobra mit großen Schritten und weit ausgebreiteten Armen umher, um zu illustrieren, in welcher Verfassung sie Jean-Pierre angetroffen hatten. „Er war völlig ausgeklinkt", betonte er immer wieder. Jean-Pierre saß ein wenig verloren daneben. Er verstand nicht, was ihm passiert war. „Ich ging durch den Urwald und plötzlich saß mir ein Teufel im Nacken und ich verlor den Verstand", so seine Erklärung. „Und weil der Teufel einfach nicht weggehen wollte, musste ich im Urwald übernachten."

Die Waldläufer haben auch ihre eigene Biologie, die nicht die der exakten Wissenschaft ist. Ihre Biologie ist Teil ihrer Kultur. Wenn die Hühner krank wurden und starben, lag das nicht daran, dass sie einen Virus erwischt hatten, sondern weil ein verzauberter Baum in ihrer Nähe stand. Selbst wenn die Arbeiter den Baum nicht fanden, so gab es ihn doch – der Glauben an die Existenz einer zweiten Welt war unerschütterlich. Nilpferd und Krokodil waren nicht das Ergebnis einer natürlichen Evolution, sondern lebten durch die Gunst eines Geistes, der nachts in ihre Körper schlüpfte und ihre Taten lenkte.

Ellen erlebte eine lustige Geschichte, als sie einmal auf einer Flussfahrt Mawa fragte, ob sie an dem nächtlichen Lagerplatz ohne weiteres schwimmen könnte. Mawa hatte keinerlei Bedenken. Dass die anderen nicht ins Wasser sprangen, hatte sie nicht beunruhigt – die meisten Männer konnten nicht schwimmen. Als ihr Mawa allerdings viel später aufgeregt erzählte, dass ein Krokodil genau an ihrer Badestelle einen alten *Papa* unter Wasser gezerrt und ertränkt hatte, fuhr ihr nachträglich der Schrecken in die Glieder. Aber Mawa war nicht etwa so außer sich, weil Ellen in großer Gefahr gewesen war, sondern wegen des dummen und völlig überflüssigen Todes des alten Mannes – wie konnte jemand auf die Idee kommen, in einem Fluss zu schwimmen, in dem es von Krokodilen wimmelte? „Ja wusstest du denn, dass es dort noch Krokodile gab?", fragte Ellen erstaunt. Natürlich wusste er das, jeder wusste das. „Und warum hast du dann gesagt, dass ich dort schwimmen könnte?", wollte Ellen, leicht irritiert, wissen. Mawa war sichtlich enttäuscht über diese Wissenslücke seiner *Madame*: „Ach,

Mama Ellen, niemand wird es wagen, sein Krokodil eine Weiße angreifen zu lassen. Eine Weiße ist in einem Fluss mit Krokodilen vollkommen sicher."

Auch über den Bonobo wussten die Waldläufer spannende Geschichten zu erzählen. Für sie stammte der Affe vom Menschen ab. Eine einfache Mongo-Legende erzählt, dass der Mensch und der Bonobo – als dieser noch ein Mensch war – in Streit gerieten. Daraufhin stahl der Mensch dem Bonobo die Kleider, so dass er voller Scham in den Urwald flüchtete und dort Haare bekam. In einer etwas ausführlicheren Version geht es um eine Auseinandersetzung zwischen zwei Palmen, der *elaeis* und der *raphia.* Sie stritten darüber, welche von ihnen wohl am ehesten dazu tauge, dem Menschen Kleidung zu schenken. Alle Urwaldmenschen wussten, dass sich aus den Blättern der *raphia* viel besser züchtige Baströcke anfertigen ließen als aus den spindeldürren Halmen der *elaeis.* Aber der Bonobo mischte sich in die Diskussion ein und stellte sich auf die Seite der *elaeis.* Deshalb konnte er die Dienste der *raphia* nicht mehr in Anspruch nehmen und musste nackt in den Wald flüchten, wo er die ‚Allüren eines Tieres' annahm.

Mit der gestenreichen Ausdruckskraft, die viele Unterhaltungen mit den Schwarzen im Urwald zu einem wahren Theatergenuss machte, beschrieb *Papa* Christin einmal sein eindrucksvollstes Erlebnis mit den Bonobos. Er habe die Tiere einmal dabei überrascht, wie sie ein kleines Feuer machten, um einen Fisch zu grillen, ihn anschließend untereinander verteilten und mit spitzen Fingern genüsslich verzehrten. „Mit eigenen Augen gesehen", betonte er nach jedem Satz mit weit ausholenden Gebärden.

„Für uns ist der Bonobo kein Affe", erklärte Jean-Pierre. „Er hat wie der Mensch keinen Schwanz. Wir jagen ihn nicht, denn er ist der Bruder des Menschen. Mongo-Jäger, die aus Versehen einen Bonobo töten, trauern um ihn. Wir sind sehr wütend auf die Jäger des Ngombe-Stammes aus dem Norden, die bis zu uns kommen, weil sie in ihrem eigenen Urwald alle Tiere erlegt haben. Diebe sind das."

Jean-Pierre war auch unglücklich, weil Wilderer alle Elefanten in seinem Urwald abgeschossen hatten. „Die Tiere verschwinden in einem atemberaubenden Tempo", fand er. „Ich fürchte, dass wir nicht überleben werden, wenn der Dschungel leer geschossen und der Fluss leer gefischt ist. Deshalb müssen die Belgier und die anderen Europäer zurückkommen. Mit ihnen wird auch die Zivilisation zurückkehren. Dann müssen wir nicht mehr länger wie Tiere im Urwald leben. Und die echten Tiere werden wieder geschützt. Das ist wichtig, denn wie sollen meine Kinder jemals wissen, was ein Elefant ist, wenn sie niemals einen zu Gesicht bekommen? Wir haben keine Bücher mit Abbildungen so wie ihr. Aber dafür haben wir die wirklichen Tiere, und das muss auch so bleiben."

Jean-Pierre hatte Angst, dass der Bonobo dasselbe Schicksal erleiden würde wie der Elefant, wenn man den Ngombes freie Hand ließe. „Früher, als wir für ein Stück Seife noch nicht nach Basankusu mussten, waren die Bonobos gefährlich", erinnerte er sich. „Weil sie von den Jägern verschont wurden, waren sie zahlreich und ziemlich aggressiv. Sie saßen in den Bäumen und bewarfen jeden, der sich in ihr Gebiet wagte, mit Ästen. Aber nachdem sie gemerkt hatten, dass sie nichts zu fürchten hatten, gewöhnten sie sich schnell an die Anwesenheit von Menschen. Dennoch ist ihre Anzahl in den letzten Jahren durch die brutale Wilderei der Ngombes stark zurückgegangen. Das ist schade. Ein Urwald ohne Bonobos ist kein natürlicher Urwald mehr. Deshalb ist es so wichtig, dass Wissenschaftler und Besucher kommen, um etwas für den Schutz der Bonobos zu tun. Denn was einmal ausgestorben ist, kommt nie mehr zurück."

Ein Streifzug mit Jean-Pierre durch den Regenwald war von Anfang bis Ende voller Überraschungen. Immer wieder schnellte seine Machete in das Wasser des kleinen Flusses, der an Ellens Lager vorbeifloss und als Trinkwasserreservoir diente. Eine riesige Spinne hatte es sich unter dem primitiven Holzsteg an der Waschstelle bequem gemacht. „Die ist tödlich", sagte Jean-Pierre mit angstvoll aufgerissenen Augen und Entsetzen in der Stimme, als ich ihm die Spinne zeigte. „Die *lifofa* ist genauso giftig wie eine Schlange." Jean-Pierre, der immer barfuß durch den Urwald lief, war einmal auf eine solche Spinne getreten und prompt schwer erkrankt.

Auf jedem unserer Streifzüge mussten wir ein Stück bis zu den Knien durch den Fluss waten. Und jedes Mal nutzte Jean-Pierre die Gelegenheit, um mit seiner Machete auf Fischfang zu gehen. Mit jedem Hieb beförderte er einen betäubten Fisch oder eine Garnele an die Wasseroberfläche. Er fing sie ein, wickelte sie in ein Blatt und stopfte sie in seine Achselhöhle, um sie am Abend über dem Feuer zu grillen. Ich hatte dabei so meine Bedenken, denn Jean-Pierres Hemden rochen nicht immer frisch, auch wenn ich zugeben muss, dass er sich jeden Tag wusch – öfter als ich.

Jean-Pierre war Ellens bester Fährtensucher. Er hatte ein unglaubliches Gespür für die scheuen Bewohner des Regenwalds. Selbst im Dunkeln entdeckte er Tiere wie den Demidoffschen Zwerggalago, einen Halbaffen von der Größe einer Ratte, der als der kleinste der afrikanischen Primaten gilt. Wir sahen von ihm nur die Augen:

rote Warnleuchten, die atemberaubend schnell wie ein Laserstrahl an einem Baumstamm auf und ab schossen.

Zudem besaß er einen hervorragenden Orientierungssinn und fand selbst in der Dunkelheit zurück. Es war mir ein Rätsel, wie ihm das gelang. Ich folgte ihm blindlings auf der Suche nach Bonobos und anderen Tieren. Ich hatte mich dafür stark gemacht, die Suche nach den Bonobos vom frühen Morgen auf den Abend zu verlegen. Das ersparte mir den moralischen Kraftakt, mich zu einer unchristlich frühen Zeit aus dem Bett zu schleppen, und gleichzeitig machte ich mich für die Wissenschaft nützlich. Es war wichtig, dass die Forscher die Schlafnester der Tiere kannten, um morgens beim Aufwachen der Tiere zur Stelle zu sein.

Ich verlor im Dschungel binnen einer Viertelstunde jegliche Orientierung. Das Blätterdach war meist so hoch und dicht, dass man unmöglich den Stand der Sonne bestimmen oder in der Nacht den Sternenhimmel sehen konnte. Es gab keinen See, keinen Fluss und keine Stadt in der Nähe – keine imaginäre Bake auf der immensen Weite dieses grünen Ozeans. Der Urwald kennt keine Geraden oder spitzen Winkel, keine unverwechselbaren Merkmale: umgestürzte Baumstämme oder hohe Termitenhügel glichen sich wie ein Tropfen Wasser dem anderen, auch wenn sie nur eine halbe Minute voneinander entfernt waren. Jean-Pierre jedoch sah Spuren, erkannte bestimmte Bäume wieder, hörte das Plätschern eines Baches und wußte, wo er war. Für ihn waren die willkürlichen Formen der Termitenhügel ebenso unterschiedlich, wie es Reklameschilder oder Straßenecken für Stadtbewohner sind.

Ich ertappte mich dabei, dass auch ich meine eigene Welt auf das projizierte, was ich im Urwald erlebte. Ich hörte Vögel oder Insekten, deren Laute wie ein digitales

Uhrwerk klangen, wie eine springende Spiralfeder oder eine wahnsinnig irritierende Kreissäge, die sich endlos durch ein Stück Metall frisst. Ich hörte ein Tier, das perfekt die akustischen Ampelsignale für Blinde nachahmte, wie ich sie im Zentrum von Brüssel gehört hatte.

Jean-Pierre griff ein eigenartiges Trillergeräusch aus der Urwaldsymphonie heraus und zeigte mir einen bizarren kleinen Vogel, der auf einem Ast saß, plötzlich aufflog, einen Salto schlug und sich wieder auf seinem Ast niederließ – zweifellos, um bei einem Weibchen Eindruck zu schinden. Mit Feldstecher und Vogelführer kam ich dem dicken braunen Vogel mit dem breiten Schnabel und einem rotbraunen Fleck auf der Seite auf die Spur. Es musste ein Rotbrust-Breitrachen sein. Biologen zeigen bei der Namensgebung für ein Tier oft wenig Phantasie. Ich hätte ihn Saltoschläger genannt, aber wahrscheinlich ist der Vogel von einem Biologen in einem Museum voller staubiger, ausgestopfter Tierbälger beschrieben worden, der schon längst vergessen hatte, welch witziges Verhalten die lebenden Exemplare an den Tag legen.

Plötzlich stieß Jean-Pierre mich an. „Bonobo", flüsterte er – wie alles, betonte er auch dieses Wort auf der ersten Silbe. In weiter Ferne hörte ich einen hohen, langgezogenen Schrei. Es war später Nachmittag. Bonobos stoßen um diese Zeit oft Rufe aus, um sich vor dem abendlichen Nestbau zu sammeln. Jean-Pierre lief in die Richtung, aus der die Laute kamen, katzenartig und zielgerichtet, obwohl mir absolut schleierhaft war, wieso er sich dessen so sicher war. Jede Faser meines Körpers war angespannt. Endlich kam ich in die Nähe des vergessenen vierten Menschenaffen, der in Ellens Leben eine so große Rolle spielte und den so wenige Menschen jemals in Freiheit gesehen hatten.

Dennoch machte ich mir wenig Illusionen. Ich verursachte einen solchen Lärm, weil ich über Baumstämme fiel, in Wasserlöcher trat und dicke Äste streifte, sodass sich jeder Bonobo im kilometerweiten Umkreis für den Rest des Tages totenstill verhalten würde – davon war ich fest überzeugt. Während ich wie ein Elefant durch das Dickicht stampfte, bewegte sich Jean-Pierre fast lautlos. Ein erbärmlich schlechter Vergleich übrigens, der mit unserem Ausdruck vom Elefanten im Porzellanladen zu tun haben muss, denn ein Urwaldelefant macht keinen Lärm. Man hört und sieht ihn normalerweise erst, wenn er sich, erbost über die Störung, zum Angriff wappnet.

Jean-Pierre blieb so unvermutet stehen, dass ich gegen ihn prallte. Ich dachte, dass er mich tadeln würde, weil ich zu viel Lärm machte, aber er zeigte auf etwas zwischen den Bäumen. „*Litondo*", flüsterte er und kniete nieder, um besser sehen zu können. „*Batando*", sagte er dann, wiederum im Flüsterton. Mein erster Gedanke war, dass er die Bonobos gefunden hatte, aber plötzlich sah ich im Licht eines breiten Sonnenstrahls, der wie der Lichtkegel eines Scheinwerfers durch das dichte Grün fiel, einen der absoluten Stars des zairischen Regenwalds vor mir. In gut zwei Metern Höhe saß auf dem dicken Ast eines Feigenbaums ein männlicher Kongopfau mit seinem irisierenden grünen Gefieder und der funkelnden lilablauen Brust. Das Tier hatte seine Füße mit den langen Sporen fest auf den Ast verankert und blickte mit hoch erhobenem Kopf, auf dem sich der schwarz-weiße, quastenförmige Kamm keck aufrichtete, stolz und sogar ein wenig arrogant umher. Offensichtlich fühlte sich das Tier durch unsere Gegenwart nicht im Mindesten gestört, denn es verharrte minutenlang in dieser einstudierten Pose. *Litondo* war das Lingalawort für Kongopfau, lernte ich damals, und *batando* der Plural, denn etwas weiter weg saß auch das Weibchen, nicht ganz so auffällig, aber auch sehr schön, weil das Rotbraun von Kopf und Brust perfekt zu dem grünen Rücken passte. Das Weibchen schien unseren Besuch weniger zu schätzen, denn es flog unter großem Spektakel davon. Das Männchen blieb zum Glück so lange sitzen, bis Jean-Pierre, der schließlich nicht dafür bezahlt wurde, seine Zeit mit einem Kongopfau zu vertun, es für genug hielt und weiterging.

Mir blieb nichts anderes übrig, als ihm zu folgen, obwohl mir vollkommen bewusst war, dass ich einem der Wunder der afrikanischen Vogelwelt begegnet war, dem einzigen Vertreter der Pfauenfamilie auf dem schwarzen Kontinent, der im immergrünen Regenwald von Zaire nur sehr begrenzt vorkommt. Nur eine Handvoll Ornithologen kann sich rühmen, jemals einen Kongopfau in seinem natürlichen Biotop observiert zu haben. Anatomisch und physiologisch ist der Vogel stark mit dem asiatischen Pfau verwandt, der bei uns als Dachdekoration auf Bauernhöfen und Wochenendhäusern eine neue Nische gefunden hat. So weit hat es der Kongopfau nicht gebracht. Der Antwerpener Zoo hat einige Exemplare gesammelt, mit denen er ein Zuchtprogramm startete, aber der Vogel wurde nie so kommerzialisiert wie sein asiatischer Bruder. Die Menschen im Lomakowald fanden ab und zu Eier des Kongopfaus, die dann von den Hühnern in ihren Dörfern ausgebrütet wurden. Die Küken wuchsen selbstständig heran, die ausgewachsenen Tiere bereicherten die Speisekarte. Jean-Pierre hatte allerdings noch nie Kongopfau gegessen und konnte somit auch nichts über die Qualität seines Fleisches sagen.

Im zweiten Band des ornithologischen Standardwerks *The Birds of Africa* beschrieben Emil Urban, Hilary Fry und Stuart Keith die Entdeckung des Kongopfaus im Jahr 1936 als „eine der größten ornithologischen Sensationen des zwanzigsten Jahrhunderts, unter anderem deshalb, weil ein so großer und auffälliger Vogel in einem ornithologisch recht gut erforschten Gebiet so lange unentdeckt geblieben war." Ein versteckter Rüffel an die Adresse der belgischen Ornithologie. Vor allem Henri Schouteden, der Direktor des Königlichen Museums für Zentralafrika in Tervuren, der schon die Entdeckung des Bonobos verpasste, muss einige schlaflose Nächte verbracht haben, als sein amerikanischer Kollege James Chapin die beiden ausgestopften Exemplare auf einem Schrank stehen sah und sofort als etwas völlig Neues erkannte. Die Vögel waren notabene schon 1898 nach Belgien gekommen – ein Jahr nach Gründung des Museums und nach dem Dienstantritt von Schouteden. Selbst jemandem, der sich gern hinter der Tatsache versteckte, von Hause aus Entomologe – also Insektenkundler – zu sein, hätte der Kongopfau auffallen müssen.

Chapin hingegen war der glücklichste Mensch auf Erden. 1913 hatte er im Kongoinneren auf dem Hut eines Einheimischen eine Feder entdeckt, die auf den ersten Blick von einem Habicht oder einer Eule zu stammen schien. Die Federstruktur schloß eine solche Vermutung jedoch aus. Das Rätsel, das er fast ein Vierteljahrhundert lang mit sich herumgetragen hatte, löste sich plötzlich auf, als er in dem Museum zufällig den Raum betrat, in dem die Vögel auf einem Schrank standen. An den ausgestopften Körpern hing ein Schild mit der wissenschaftlichen Bezeichnung des gewöhnlichen Pfaus und der Bemerkung, dass es sich um ein junges Tier handelte, obwohl die Sporen des Männchen über drei Zentimeter lang waren. Ein wissenschaftlicher Lapsus, der zweifellos einem Halbblinden unterlaufen war. Letztendlich konnte sich Chapin die Feder stolz an den eigenen Hut heften.

Eine gute Viertelstunde nach unserer Begegnung mit den Pfauen legte Jean-Pierre auf einem umgestürzten Baumstamm eine Pause ein. Wie immer inspizierte ich den Stamm gründlich auf beißende Ameisen, giftige Spinnen, gefährliche Tausendfüßler und krank machende Raupen, bevor ich mich setzte. Sogar Bonobos hinken tagelang, wenn sie auf eine Raupe getreten sind, hatte Jean-Pierre mir erzählt. Er selbst zog vorsichtig etwa ein Dutzend Wanderameisenköpfe aus seinen Fußsohlen, um dann zu dem Heft zu greifen, in dem er in mühsam geformten Buchstaben seine Beobachtungen in einem phonetischen Französisch eintrug. Er hatte erst Französisch gelernt, nachdem er Ellen kannte. Selbst seine Begegnung mit dem Teufel hatte er notiert. Es begann zu dämmern, als er immer noch schrieb. Wir waren weit vom Camp entfernt und ich fragte mich, wie lange er dort noch sitzen bleiben würde. Die Aussicht, durch den stockdunklen Urwald zurücklaufen zu müssen, begeisterte mich nicht unbedingt. Ich strauchelte dann noch öfter als am Tage und sah nicht, woran ich mich klammerte – es konnte also durchaus auch eine dornige Liane sein, die meine Hand tagelang anschwellen ließ, oder der Baum mit den schwarzen Ameisen, die mich krank machen würden.

Ich wollte ihn gerade fragen, als ich weniger als fünfzig Meter entfernt in den Wipfeln der Bäume ein Krachen hörte. Jean-Pierre steckte gelassen Heft und Bleistift ein und stand auf. „Bonobos", sagte er. „Sie machen ihr Nest." Er versetzte mich immer wieder in Erstaunen. Obwohl das Geräusch weit entfernt gewesen war, hatte er sich genau an der richtigen Stelle niedergelassen. Die Tiere hatten die ganze Zeit dort gesessen, vielleicht hatten sie uns sogar beobachtet, aber auch sie mussten schlafen gehen. Ich nahm mein Fernglas. Jean-Pierre wies zwischen den Zweigen auf einen dunklen Fleck unter dem

Laubdach. „Bonobo." Mir wurde vor Aufregung noch heißer. Kongopfau und Bonobo an einem Abend, das war zu schön, um wahr zu sein, ich konnte mein Glück nicht fassen.

Die Bonobos legten sich tatsächlich schlafen. Zwei ausgewachsene Tiere bereiteten ein Nest aus zusammengeklaubten Zweigen, die sie glattstrichen und arrangierten. Ab und zu prüften sie, ob das Gebilde weich genug war. Eines war ein Weibchen mit einem Jungen, das spielerisch über einen Ast lief und fröhliche Rufe ausstieß. Als wir uns näher heranschlichen, pfiff die Mutter ihren Sprössling ins Nest zurück – wahrscheinlich war sie etwas beunruhigt. Der zweite Bonobo warf einen kurzen Blick nach unten, um sich dann desinteressiert auf dem Rücken in sein Nest zu legen. Wie ein fauler Tourist in einem Liegestuhl am Strand ließ er einen Arm lässig über den Nestrand baumeln. Auch wenn sich nichts Spektakuläres tat, verstärkte sich bei dieser ersten Begegnung mit den Bonobos in ihrem Regenwald mein Gefühl, ein anderes menschliches Wesen vor mir zu haben. Die Blicke und die Reaktionen der Affen waren wirklich menschlich.

Ich nahm mir fest vor, die Tiere am nächsten Morgen beim Aufwachen zu beobachten. Ellen hatte festgestellt, dass Bonobos in der Natur sexuell wesentlich weniger aktiv waren als im Zoo. Allerdings musste sie zugeben, dass sie die meisten Aggressionen und sexuellen Besänftigungsakte wahrscheinlich verpasste, da sie selten die Gelegenheit bekam, Begegnungen zwischen zwei Gruppen zu beobachten. „Aber sie treiben es oft morgens vor dem Aufstehen", erzählte sie. „Meistens erhebt sich der Mann als erster und stolpert zum Nest eines Weibchens. Normalerweise wird dann kopuliert, anschließend dösen sie noch eine Weile vor sich hin, bevor sie sich mühsam aufraffen, um den Tag zu beginnen." Ein Ablauf, der mir bekannt vorkam. Aber am nächsten Morgen schaffte ich es selbst ohne Sex nicht, rechtzeitig aus meinem Zelt zu kriechen, um das Erwachen meiner Bonobos mitzuer-leben.

Der Mensch von gestern

Das Königliche Museum für Zentralafrika im belgischen Tervuren ist ein imposantes Gebäude. Es wurde 1897 auf Befehl König Leopolds II. gebaut, zu einer Zeit also, in der Könige noch verschwenderisch sein konnten, ohne dass das Volk aufbegehrte. Unter großem Aufwand ließ er durch den schönsten Teil des Waldgebietes um Brüssel eine tiefe Bresche schlagen und eine breite Straße anlegen. An ihrem Ende wurde eine Reihe riesiger Gebäude errichtet, die mit biologischen und kunsthistorischen Schätzen aus den annektierten Gebieten Zentralafrikas vollgestopft werden sollten. Später schenkte er sie seinem Land – eine edle Geste und eine Folge der hohen Staatskredite, die er für die Ausbeutung und Verwaltung seiner Kolonie hatte aufnehmen müssen.

Dennoch war sein Kongo gar nicht einmal so kostspielig, er war nur ungeheuer groß. „Ein Negerdorf kostet nicht mehr als eine Flasche mittelmäßiger Branntwein", soll der König gesagt haben. „Man verhandelt mit dem Häuptling und kauft das ganze Dorf, das Arbeitskräfte liefert und ansonsten den Mund hält." Mit dem Geld, das seine Untergebenen aus dem Kongo herausholten, finanzierte Leopold große städtische Projekte, um sich und der Nachwelt ein Denkmal zu setzen.

Auch noch hundert Jahre nach seinem Bau wird das Museum mit historischen und naturgeschichtlichen Schätzen vollgestopft. Sammler sind hartnäckige Menschen. In demselben Raum, wo hundertfünfzig Bonoboschädel aufgereiht in den Schubfächern eines hohen Schrankes liegen, hat man auf langen Tischen Berge von

84

Krokodilen und Schlangen in allen Stadien der Präparierung angehäuft; getrocknete Tiere, präzise zusammengesetzte, halbe Skelette, aufgerollte Häute. Massive Stoßzähne ragen zwischen Stapeln kleiner Elfenbeinskulpturen hervor, in umgedrehten Schildkrötenpanzern stecken Beutel mit kleineren Exemplaren und an den Wänden hängen Garderobenhaken, die durch ihr gewagtes Design bestechen: Hörner jeglicher Art, im Wechsel mit gekrümmten Unterkiefern, an denen hin und wieder etwas anderes baumelt – das Museum hat mit Platzmangel zu kämpfen. In den Fluren stehen ausgestopfte Tiere in Lebensgröße: ein Gorilla mit weit ausgebreiteten Armen, ein halb unter einer Plastikfolie verborgener Büffel, eine Pferdeantilope, um deren dicke Lippen ein seliges Lächeln spielt.

Wissenschaftler neigen dazu, zu messen und Durchschnittswerte mit einer statistischen Abweichung zu errechnen. Das morphologische Wissen über den Bonobo stammt zum großen Teil aus der – weltweit größten – Kollektion in den Schränken dieses Museums. Die einzelnen Schädel sind äußerst unterschiedlich, neben wunderbar regelmäßigen Bonobogebissen liegen solche mit halb verfaulten Zähnen. Manche Schädel weisen ein großes Loch im Kiefer auf, das wahrscheinlich von einem Abszess stammt. Aufgrund der unterschiedlichen Konservierungsmethoden ist die eine Hälfte der Schädel gelblich weiß, während die andere solariumgebräunt wirkt. Das Museum hat auch siebzehn vollständige Skelette in seinem Besitz, die von Morphologen unterschiedlicher Provenienz studiert wurden; unter anderem von Ellenbogenspezialisten, Knieliebhabern, Wirbelexperten und Thoraxfachleuten.

Am eigenartigsten sind die in Alkohol konservierten Tiere. Vollkommen unversehrte Körper wurden in Glasbehälter gepresst, die mit einer braunen oder grünen Flüssigkeit gefüllt sind, darunter kleine Affen mit geschlossenen Augen, geöffnetem Maul und halb heraushängender Zunge, die als letztes Zeichen des Widerstands gegen ein endloses Leben als Leiche ihre Hände zu Fäusten ballen. Verschrumpelte Bonobobabys wurden in schmale Gefäße gezwängt. Ein weißer Plastikbehälter von drei mal zwei mal anderthalb Metern ist bis an den Rand mit Affen gefüllt. Ein in Spiritus getränktes Urwaldbiotop: Mangaben, Mantelaffen, Schimpansen, Gorillas, Bonobos – und ein versprengter Orang-Utan. Fünf ausgewachsene Bonobos treiben im Alkohol. Einem von ihnen hat man das Fell abgezogen, sodass die hellrosa Muskulatur sichtbar wird. Menschen werden nur in Spiritus konserviert, wenn sie aus medizinischer Sicht anomal sind, Bonobos, weil sie keine Menschen sind.

Es ist ein Rätsel, warum der vierte Menschenaffe erst gegen Ende der zwanziger Jahre in der Fachliteratur auftaucht. Es sind viele alte Fotos in Umlauf, die einen Bonobo und einen Schimpansen zusammen zeigen – natürlich in Gefangenschaft. Die Unterschriften lassen erkennen, dass manche Fotografen schon damals die Vermutung hatten, dass es sich um zwei unterschiedliche Arten handelte. Der älteste dokumentierte Zweifel stammt wohl von dem niederländischen Zoobiologen Anton Portielje. Er hat schon 1916 in einem Führer zum Amsterdamer Zoo Artis unter ein Foto des sehr beliebten Affen Mafuca geschrieben, dass dieses Tier durchaus zu einer unbekannten Art gehören könne.

Noch eigenartiger wurde die Sache, als der britische Schimpansenexperte Reynolds 1967 in der Fachzeitschrift *Folia Primatologica* die Vermutung äußerte, dass der erste Menschenaffe, der nach Europa gebracht wurde, wohl ein

Bonobo gewesen sei. Der auf Rembrandts Gemälde „Anatomie des Doktor Tulp" verewigte niederländische Anatom Nikolaas Tulp beschrieb 1641 ein schimpansenartiges Tier, das aus dem heutigen Angola stammte. Eine genaue Untersuchung der Originalgravuren Tulps von der sezierten Leiche verleitete Reynolds zu der Behauptung, dass dem Mann ein Bonobo unter das Messer geraten war.

Angesichts unserer kolonialen Vergangenheit und der ungeheuren Masse an vollständigen oder zerstückelten Bonoboleichen im Museum von Tervuren, musste der Bonobo fast zwangsläufig in Belgien entdeckt werden. Der Museumsdirektor Dirk Thys van den Audenaerde fasste 1982 auf dem ersten Bonobo-Symposion die Geschichte zusammen. Er machte keinen Hehl daraus, dass ihm schleierhaft war, wie man den Bonobo als Art so lange übersehen konnte. Vor allem, weil der ehemalige Direktor van Schouteden mehrere Expeditionen in das Gebiet südlich des Kongostroms geleitet hatte, wo es zu jener Zeit relativ viele Bonobos gegeben haben muss.

Einem Freund van Schoutedens, dem Deutschen Ernst Schwarz, ging im Herbst 1928 hingegen ein Licht auf. Nachdem er in Tervuren einige Schädel vermessen hatte, stellte er in einem Artikel für die museumseigene *Revue de Zoologie et de Botanique Africaines* eine neue Schimpansenart vor, den „Zwergschimpansen". Seine Abhandlung erschien am 1. April 1929. Schwarz wählte diesen Namen, weil der Schädel, auf den sich seine Forschungen hauptsächlich stützten, kleiner war als der eines durchschnittlichen Schimpansen. Als man Jahre später herausfand, dass die Maße des Zwergschimpansen stark mit denen der kleinsten der drei bekannten Schimpansenunterarten übereinstimmten, wurde dies nuanciert.

Auch aus diesem Grund wurde die Bezeichnung Zwergschimpanse allmählich durch Bonobo ersetzt, ein

Name, der zum ersten Mal von Heinz Heck, dem Direktor des Münchner Zoos Hellabrunn, benutzt wurde. Heck veröffentlichte 1939 in der Zeitschrift *Das Tier und Wir* einen Artikel unter der Überschrift ‚Die Bonobos‘, in dem er beschreibt, wie er die ersten Bonobos für seinen Zoo fand. Anfang 1936 war ihm zufällig zu Ohren gekommen, dass im Antwerpener Hafen ein Dampfer aus dem Kongo mit sechs Schimpansen an Bord anlegen sollte, die zum Verkauf bestimmt waren. Er machte sich unverzüglich auf den Weg nach Belgien und fand die Ladung: Kisten voller Papageien, Antilopen, Krokodile, Schildkröten und Schlangen.

Aus einer der Kisten waren plötzlich Affenlaute zu vernehmen, wie Heck sie noch nie gehört hatte. Wie sich herausstellte, saßen in der fraglichen Kiste vier „Schimpansenbabys", aber Heck sah auf den ersten Blick, dass zwei der Tiere mit Sicherheit keine Schimpansen waren. „Die beiden kommen vom Ubangi", hatte der Händler gemeint. „Es sind Bonobos! Als ich damit in Leopoldville [dem heutigen Kinshasa] ankam, wollte man sie mir wegnehmen. Ich brauchte für ihren Transport eine Sondergenehmigung des Gouverneurs." So fiel an einem ganz normalen Montag im Frühjahr des Jahres 1936 auf dem Zwischendeck eines Schiffes im Hafen von Antwerpen zum ersten Mal der Name Bonobo.

Zu der Namensgebung hat Heck später Folgendes gesagt: „Den Namen Bonobo kann ich nicht erklären. Ich habe ihn damals von dem Händler übernommen, aber zu fragen vergessen, ob er etwas bedeutet. Ich habe mich im Laufe der Zeit bei etlichen Leuten, die Dutzende von afrikanischen Dialekten beherrschen, erkundigt, aber niemandem war das Wort jemals untergekommen. Vielleicht war es einfach nur der Rufname eines der Affen, die ich gekauft habe. Ich weiß es nicht und werde es wahrscheinlich nie herausfinden. So oder so ähnlich hat es sich in der Zoologie mit Tiernamen immer verhalten. Sie entstehen in der Regel aus einheimischen Bezeichnungen, die von Reisenden oder Matrosen falsch verstanden oder ausgesprochen wurden. Aber schließlich ist Bonobo kein schlechterer Name als Gorilla oder Schimpanse."

Gegenwärtig ist man der Überzeugung, dass Bonobo eine Verballhornung von Bolobo ist, einem Städtchen am Kongostrom, von wo aus ziemlich viele Bonobos nach Kinshasa verschifft wurden. Auf einer Kiste soll statt Bolobo versehentlich BONOBO gestanden haben. Belegen lässt sich diese Geschichte allerdings nicht.

Schwarz ließ seine spektakuläre Entdeckung nach 1929 ruhen. 1933 erhob der Amerikaner Harold Coolidge den Bonobo nach ausführlichen Studien zu einer eigenen Art. 1982, also ein halbes Jahrhundert später, präsentierte er auf dem Bonobo-Symposium die dramatische Geschichte von der wissenschaftlichen Geburt des vierten Menschenaffen: „Ich werde nie vergessen, wie ich an einem Spätnachmittag im Herbst 1928 in Tervuren zufällig einen Schädel aus einer Schublade nahm, der eindeutig von einem jungen Schimpansen südlich des Kongostroms zu stammen schien. Zu meinem Erstaunen stellte ich jedoch fest, dass seine Fontanelle völlig geschlossen war." Das bedeutete, dass der Schädel von einem ausgewachsenen Tier stammen musste – Jungtiere haben eine offene Fontanelle. Er zeigte einem ‚höchst interessierten' Schouteden seinen Fund. Laut Coolidge soll Schouteden seinen Freund Schwarz zwei Wochen später informiert haben. „Blitzschnell griff der zu Papier und Bleistift, vermaß einen kleinen Schädel und verfasste eine kurze Beschreibung. Er bat Schouteden, diese umgehend in einer der nächsten Ausgaben der Museumszeitschrift zu publizieren. Er war mir taxonomisch zuvorgekommen."

Der Bonobo hatte einen ersten Streit auf dem Gewissen. Es sollte nicht der letzte sein.

Die Art blieb in Museumssammlungen eine Seltenheit. Auch in Gefangenschaft war sie nicht häufig zu beobachten. Selbst heute leben in allen Zoos weltweit nur etwa hundert Bonobos. Der Bonobo führte lange Zeit ein Leben in Anonymität. Es dauerte bis in die siebziger Jahre, bevor Wissenschaftler den Mut fanden, ihn in seinem natürlichen Umfeld aufzusuchen. 1974 begaben sich Alison und Noel Badrian, ein junges irisch-südafrikanisches Paar, in den Urwald von Lomako. Nach einigen Umwegen begannen sie mit einem Forschungsprojekt, das etwa acht Stunden von Ellens heutigem Camp entfernt lag.

Ihre Arbeit wurde von einem amerikanischen Forscherteam fortgesetzt. Zu ihm gehörte erneut ein Paar, Nancy Thompson-Handler und Richard Malenky, das sich jetzt in Uganda den Berggorillas widmet. Ellen und ich haben ein paar Tage mit ihnen auf ihrem Hügel im Bwindi Impenetrable Forest verbracht und stundenlang geredet, ein bisschen über Berggorillas und sehr viel über Bonobos. Richard fertigte in seiner Freizeit wunderschöne Silberbroschen in Form von Menschenaffenköpfen an. Ich habe Ellen einen kleinen Bonobo gekauft. Das Paar war froh, dass mit Ellen endlich eine angenehme Person in der Bonobowelt mitmischte. „Primatologen sind Streithähne", behauptete Nancy. „Niemand will seine Affen mit anderen teilen, wahrscheinlich, weil sie so menschlich sind. Primatologen liegen sich mehr in den Haaren als die Affen, mit denen sie sich beschäftigen. Aber sie ziehen niemals die richtigen Schlüsse aus dieser Erkenntnis."

Anfang der neunziger Jahre ließ sich ein deutsches Forscherpaar im Lomakowald nieder: Gottfried Hohmann und Barbara Fruth. Sie machten es sich leicht, indem sie dieselbe Bonobogemeinschaft studierten wie die Amerikaner. Da sie schlicht und einfach das amerikanische Forschungsgebiet besetzten, ersparten sie sich die jahrelange Mühe, die Tiere an ihre Anwesenheit zu gewöhnen. Zum zweiten Mal gingen Deutsche und Amerikaner wegen der Bonobos in den Clinch. Das Ganze führte zu der absurden Situation, dass zwei Forschergruppen unabhängig voneinander – und sogar ohne miteinander zu reden – dieselben Tiere beobachteten.

Hohmann war zäh und ließ sich nicht vertreiben. Er profitierte von dem Umstand, dass ihm die Unruhen in Zaire weniger anhaben konnten als den meisten anderen Forschern – er war über die Berliner Mauer in den Westen geflohen. Da sein Team länger als die Amerikaner im Lomako geblieben ist, hat seine Besetzung inzwischen einen halboffiziellen Charakter bekommen.

Die wichtigsten Forschungsergebnisse der Badrians und der Amerikaner erschienen 1984 zusammen mit den anderen Vorträgen des ersten Bonobo-Symposiums in Buchform unter dem Titel *The Pygmy Chimpanzee. Evolutionary Biology and Behavior.* Das Buch besteht zur Hälfte aus einer viel beachteten morphologischen und anatomischen Analyse der Sammlung von Tervuren. Coolidge hatte bereits 1933 die Vermutung geäußert, der Bonobo stünde dem gemeinsamen Vorfahren des Menschen und Schimpansen näher als jeder andere lebende Affe. Damals gab es jedoch zu wenige Exemplare, um diese These erhärten zu können.

Die amerikanische Anthropologin Adrienne Zihlman hatte diese Möglichkeit später durchaus. Bis zum heutigen Tag sorgen ihre Skizzen für Aufregung. Ihr gelang der Nachweis, dass die Bonobos anatomisch viel mehr als der moderne Mensch oder die anderen Menschenaffen an den *Australopithecus* anschließen, den Vorläufer des Menschen, der vor drei Millionen Jahren aus den afrikanischen Urwäldern in die Savanne zog, um ganz zum Menschen zu werden. Zihlmans Ergebnisse stützten sich auf Berechnungen des relativen Gewichts von Armen und Beinen gegenüber dem Kopf und dem Rumpf. Ihr Studienobjekt hieß Anne Marie und war als Jungtier in den Zoo von Antwerpen gekommen. Anne Marie hatte nur etwas schwerere Arme und leichtere Beine als Lucy, das weltberühmt gewordene Fossil des *Australopithecus*.

Belgische Biologen arbeiten daran, diese Erkenntnis zu nuancieren. Der Morphologe Peter Aerts von der Universität Antwerpen gab in ein Computerprogramm seines britischen Kollegen Robin Crompton aus Liverpool detaillierte Messdaten von fünf Bonobos aus dem Tierpark Planckendael ein. Das Programm konstituiert ein Modell des Skeletts von Lucy, das sich in seinem digitalen Biotop bewegen kann und mit jedem Schritt etwas dazu lernt. Die Tests wurden mit Daten des modernen Menschen, des Schimpansen, des Gorillas und des Bonobos durchgeführt. Nur wenn die digitale Lucy Parameter des Bonobo erhielt, lief sie fröhlich weiter. Sonst fiel sie um.

Der Bonobo gilt jetzt als das beste Surrogat für den Menschen von gestern, als dieser noch vollkommen an ein Leben im Urwald angepasst war. Manche Beobachter meinen, dass er sich im Laufe der Evolution weniger als der Schimpanse von dem Bild entfernt hat, das wir von unseren Urwaldvorfahren haben. Mit seinem schlanken Körper, seinem offenen Gesicht und dem schwarzen Kopfhaar mit Mittelscheitel wirkt er wesentlich eleganter als der kompakte Schimpanse. Die eigenständige Entwicklung des Menschen begann vor ungefähr fünf bis sechs Millionen Jahren. Bonobos und Schimpansen be-

gannen vor zwei bis drei Millionen Jahren getrennte
Wege zu gehen.

Das genetische Material von Bonobo und Schimpanse
stimmt zu fast neunundneunzig Prozent mit dem des
Menschen überein. Das ist viel. Wir sind nicht so einzig-
artig, wie wir denken. Hier und dort eine neue Anordnung in der Spirale des Lebens, eine andere Aminosäure
als Baustein eines Eiweißes, und wir verloren den größten Teil unserer Körperbehaarung, bekamen die Knorpel
in unserer Kehle, die eine artikulierte Sprache ermöglich-
ten, und hielten uns die Option auf eine größere Komple-
xität des neuronalen Netzwerks in unserem Gehirn offen.
Es wird sich zeigen, ob wir es in der Evolution weit damit
bringen werden. Leckgeschlagene U-Boote mit atomaren
Sprengköpfen, resistente Viren, die in wehrlosen Körpern
wüten, die permanente chemische Keule auf die Atmosphäre – in unserer Arroganz stellen wir unser Überle-
bensglück auf eine harte Probe. Ein paar Gegenschläge
und der Mensch wird sich nach biologischen Normen
schnell in Vergessenheit gebracht haben.

Bonobos und Schimpansen können miteinander ge-
kreuzt werden. In der Natur ist das nicht zu beobachten,
da die beiden Arten nirgendwo zusammen vorkommen.
Schimpansen leben nördlich des Kongo, Bonobos südlich, und der Fluss ist zu breit, um ihn ohne Hilfsmittel
überqueren zu können. Dass eine biologische Vermi-
schung möglich ist, zeigte sich nach einem Besuch des
Kurators des Antwerpener Zoos, Bruno van Puyenbroek,
bei einem französischen Wanderzirkus, zu dessen Menagerie auch ein Bonobo gehörte. Van Puyenbroek kam
dem Tier durch eine Anzeige auf die Spur, auf der ein Bonobo in einem Menschenanzug Reklame für Kleidung
machte. Da er befugt war, illegal gefangene Bonobos zu

93

konfiszieren, suchte er die Zirkusfamilie in ihrem Pariser Winterquartier auf.

Der Zirkus-Bonobo hieß Congo. Es war ein junges Männchen, das gut in die Familie integriert war. Van Puyenbroek verzichtete darauf, das Tier mitzunehmen. Die Familie hatte zwei Kinder, die an einer tödlichen Muskelerkrankung litten und im Rollstuhl saßen. Der Bonobo schob den Rollstuhl durch die Wohnung und hielt den Kopf der Kinder, sodass sie den Gesprächen folgen konnten. Congo war ein hingebungsvoller Krankenpfleger.

Zu dem Zirkus gehörten auch drei weibliche Schimpansen. Der Bonobomann schlief regelmäßig in ihrem Käfig. Die Weibchen wurden schwanger. Einige Jahre nach van Puyenbroeks Besuch machten sich Ellen und ihre Freundin Hilde im Frühling auf den Weg zu dem Zirkus, der seinerzeit durch die Provence tourte. Sie sahen Congo in seinen Kleidern auf einem Minifahrrad durch die Manege flitzen, mit einem Mädchen aus dem Publikum tanzen und erfuhren, dass mittlerweile drei Hybriden zwischen Bonobo und Schimpanse geboren worden waren: ein dreijähriges Jungtier und zwei Babys, die mit der Flasche aufgezogen wurden. Die drei lebten mit der Familie in einem Wohnwagen. „Sie erinnerten mich sofort an Bonobos", sagte Ellen. „Mit einem Schimpansen hatten sie wenig Ähnlichkeit. Es wird interessant sein, ihre Entwicklung zu verfolgen und zu beobachten, wie sie sich verhalten und miteinander kommunizieren."

Congo war bei dem ersten Besuch fünfzehn Jahre alt. Als Artist war er an den Umgang mit Menschen gewöhnt. Er ließ zu, dass jemand zu ihm in den Käfig kam. „Ich bin einfach zu ihm hineingegangen", erzählte Ellen. „Das war allerdings noch, bevor ich in Planckendael von einem Bonobo gebissen wurde, der mich an den Haaren gepackt hatte und nicht mehr loslassen wollte. Seitdem bin ich etwas vorsichtiger. Es war nett in Congos Käfig. Wir haben uns so lange gegenseitig gelaust, bis es etwas zu nett wurde. Er bekam eine solche Erektion, dass ich den Käfig dringend verlassen musste. Sonst hätten wir neun Monate später vielleicht einen anderen Hybriden studieren können. Es ist schon ein reizvoller Gedanke, einmal zu testen, ob Bonobos und Menschen gemeinsame Kinder bekommen können, um den letzten Rest menschlicher Einmaligkeit in Frage zu stellen."

Das genetische Material von Mensch und Bonobo unterscheidet sich weniger als das von Pferd und Esel, und die schaffen es problemlos, Maulesel oder Maultiere in die Welt zu setzen – auch wenn diese Tiere steril sind. Hilde wusste, dass man in Forscherkreisen hinter vorgehaltener Hand von einem Experiment italienischer Wissenschaftler spricht, die ein Schimpansenweibchen mit menschlichem Sperma künstlich befruchtet hatten, den Embryo dann aber nach vier Monaten aus ethischen Gründen abtrieben.

Im Kongo machen hartnäckige Gerüchte über ein Dorf die Runde, in dem angeblich eine Familie von Hybriden zwischen Menschen und Bonobos lebt, die etwas behaarter sein sollen als echte Menschen. Ellens Arbeiter behaupteten, dieses Dorf läge in der Nähe von Bongandanga, das für den Bau besonders großer Boote bekannt ist. Soweit wir wissen, gibt es für diese Geschichte jedoch keine zuverlässigen Quellen.

Die bisher längste Feldstudie über Bonobos läuft in der Nähe des Dorfes Wamba, weit östlich vom Lomakowald. Allerdings legte das Chaos in Zaire die Forschungen in den neunziger Jahren fast vollständig lahm. Der Japaner Takayoshi Kano machte sich 1972 per Rad auf den Weg durch die Provinz Equateur, um einen guten Platz für ein

Bonobo-Forschungsprojekt zu finden. In Wamba stieg er vom Fahrrad und stampfte dort 1974 eine Forschungsstation aus dem Boden. Die Japaner wandten eine Technik an, die Jane Goodall bei ihren Schimpansen eingeführt hatte, um sich die Arbeit wesentlich zu erleichtern. Sie fütterten die Tiere auf ihrem Forschungsterrain. Sie rodeten ein Waldstück und streuten dort große Mengen Zuckerrohr aus. Damit lockten sie die Bonobos auf ein offenes Gelände, wo sie die Tiere besser und häufiger beobachten konnten. „Sie haben die Tiere bestochen", geiferten fanatische Ökologen, die für den langen Weg der Habituation plädierten, also für die allmähliche Gewöhnung der Tiere an die Anwesenheit von Forschern in ihrem natürlichen Lebensraum.

Mit ihrer Methode konnten die Japaner rasch einzelne Tiere wiedererkennen und ihre sozialen Interaktionen verfolgen. Sie sind bisher die Einzigen, die solide Langzeitdaten über das Leben des Bonobos in seinem Regenwald veröffentlicht haben. Kano publizierte 1986 ein Buch, das 1992 in einer englischen Übersetzung unter dem Titel *The Last Ape. Pygmy Chimpaneze Behavior and Ecology* erschien. An diesen Aufzeichnungen fällt unter anderem die Hartnäckigkeit ihres Verfassers auf, die weibliche Dominanz in der Bonobogesellschaft näher zu erläutern – auch wenn seine eigenen Forschungsergebnisse dies unumstößlich belegen. Er begnügt sich mit der kurzen Anmerkung, dass die Bonoboweibchen im Mittelpunkt der Sozialstruktur stehen und von den Männchen nicht notgedrungen aufgrund ihres höheren Ranges, sondern aus Zuneigung respektiert werden. Noch vor kurzem tat Kano in einem Interview die kryptische Äußerung, dass Männchen und Weibchen bei den Bonobos ko-dominant seien, „obwohl die Männchen doch auf eine gewisse Weise dominant erscheinen, außer, wenn es um die Nahrung geht". Dem japanischen Forscherteam fehlt dringend eine Frau mit Hoden.

Die Arbeit der Japaner hatte großen Einfluss auf die Beobachtungen von Bonobos in Gefangenschaft. Verhaltensforscher waren zunächst davon ausgegangen, dass die Affen so auffällig sexuell aktiv sind, weil sie sich langweilen oder in einem zu kleinen und zu unnatürlichen Lebensraum zusammengepfercht werden. Aber als die Ergebnisse der Feldforschung auf dem Tisch lagen, konnten die Verhaltensbeobachtungen in den Zoos zutreffender interpretiert werden. Sie förderten ein komplexes System sozialer Interaktionen zutage. Die intensivsten Studien wurden im Zoo von San Diego gemacht, unter den Augen des niederländischen Primatologen Frans de Waal, der 1997 mit dem bekannten Naturfotografen Frans Lanting den prachtvollen Bildband *Bonobo: The Forgotten Ape* herausgegeben hat. Das Buch enthält eine Fülle an wissenschaftlichen Informationen. Die Fotos zeigen vor allem Tiere in Gefangenschaft – oder in der halbnatürlichen Bonobowelt der Japaner.

Die Bonoboforschung deckte eine äußerst merkwürdige Sozialstruktur auf. Und ein lebhaftes Sexualleben. Ebenso wie bei den Schimpansen und bei großen menschlichen Familienverbänden im Urwald verlassen die Töchter die Gruppe, in die sie hineingeboren wurden. Bei den Bonobos geschieht das im zehnten oder elften Lebensjahr. Herumziehende junge Weibchen suchen Anschluss an eine Gruppe, indem sie sich an ältere Weibchen wenden, um ihre sexuellen Dienste anzubieten. Die Söhne bleiben in der Gruppe ihrer Mutter, zu der sie ihr Leben lang eine enge Bindung haben. Der Status eines Männchens wird durch den seiner Mutter mitbestimmt. In einer Gruppe sind die Weibchen dominant. Sie bilden Koalitionen gegen die viel stärkeren Männchen, um deren Machoverhalten im Zaum zu halten oder um sich den Zugang zu den besten Nahrungsquellen zu sichern. Söhne dominanter Weibchen stehen in der Männerhierarchie weit oben und paaren sich häufig, hin und wieder auch auf Anweisung ihrer Mutter. Ein junger Bonobo, der seine Mutter früh verliert, führt eine traurige Außenseiterexistenz.

Söhne sind in einer Gruppe natürlich auch Väter, obwohl dies in der Welt der Bonobos ein sehr relativer Begriff ist. Man geht davon aus, dass kein einziges Tier weiß, wer sein Vater ist oder wen es selbst gezeugt hat. Die Weibchen verbergen ihre Fruchtbarkeit sorgfältig und lassen regelmäßig innerhalb kurzer Zeit alle Männer, die ihnen geeignet erscheinen, für eine kurze Paarung zu. In einem solchen System einer anonymen Vaterschaft ist die konsequente Migration eines der Geschlechter die einzige Möglichkeit, Inzest zu vermeiden. Durch ihren Weggang verhindern die jungen weiblichen Tiere, dass sie von ihrem unbekannten Vater befruchtet werden.

Sex gehört bei den Bonobos zur alltäglichen Routine. Kopuliert wird ständig und überall, kurz und heftig und mit jedem, Babys inbegriffen. Menschen, denen bei dem Gedanken an Pädophilie ein Schauer über den Rücken läuft, sollten sich niemals in das Sexualverhalten der Bonobos vertiefen, es sei denn, sie sind flexibel genug, um die besondere Rolle zu erkennen, die der Sexualität im Gesellschaftssystem der Bonobos zukommt. Wenn zwei Gruppen zum ersten Mal aufeinander treffen, dient der Sex dazu, sich kennen zu lernen oder die erste Kontaktaufnahme zu entkrampfen. Als der Zoo im niederländischen Apeldoorn sechs Bonobos aus Kinshasa bekam und sie mit zwei zugereisten Exemplaren aus dem Antwerpener Zoo zusammenbrachte, wurde kopuliert und masturbiert, dass es eine wahre Lust war.

Es ist nach wie vor nicht klar, ob die Tiere Sex als angenehm empfinden. Ein möglicher Orgasmus hat mit Sicherheit kein Hollywood-Format, sondern wirkt eher etwas hausbacken. Bei Schimpansenweibchen haben Wissenschaftler rhythmische Kontraktionen der Gebärmutter festgestellt, die bei Menschenfrauen mit einem Orgasmus einhergehen. Hilde ist sich nach ihren langen Beobachtungen in Planckendael absolut sicher, dass das Bonoboweibchen Hortense orgasmusfähig ist. Sie konnte hin und wieder verfolgen, wie Hortenses ganzer Körper zuckte und sie Lustschreie ausstieß.

Jedenfalls übertreffen die vielseitigen und variantenreichen Sexspiele der Bonobos bei weitem die künstlich inszenierten Acts, die uns in den kommerziellen Fernsehserien als Erotik verkauft werden. Sie kommen durchaus in die Nähe einfallsreicher menschlicher Phantasien – wie die der Schriftstellerin Anaïs Nin, die eine gute Bonobofrau abgegeben hätte. Bonobos kennen viele Formen des Küssens und Masturbierens und kopulieren in allen möglichen Positionen, inklusive der allseits bekannten Missionarsstellung – wobei mir keiner der Pater, mit denen ich in Kongo/Zaire gesprochen habe, erklären konnte, was es mit diesem merkwürdigen Ausdruck auf sich hat.

Der Bonobo ließ die ‚wet dreams‘ von Forschern wie der amerikanischen Primatologin Sarah Hrdy konkrete Wirklichkeit werden. Sie verdankt ihren Ruf dem feministischen Touch, den sie ihren Forschungsergebnissen gab. Dass Menschen- wie Bonobofrauen während des ganzen Menstruationszyklus sexuell bereit sind, ist außergewöhnlich – die meisten Säugetiere, Schimpansen inbegriffen, paaren sich nur in der fruchtbaren Periode der Weibchen. Männliche Biologen, an ihrer Spitze der durch den *Nackten Affen* bekannt gewordene Desmond Morris, interpretieren diese Abkoppelung der sexuellen Bereitschaft von den Perioden der Fruchtbarkeit als einen physiologischen Fakt, der die Frau an den Mann binden und die Paarbeziehung verstärken soll. Sexuelle Lust soll die Partner einander näher bringen. Vor allem die Frau soll sich durch die „immense körperliche Belohnung eines Orgasmus" ihrem Partner bedingungslos hingeben.

Hrdy zog gegen diese männliche Arroganz zu Felde. Mit einer ebenbürtigen wissenschaftlichen Autorität trat sie mit einer anderen Erklärung an die Öffentlichkeit, scharfzüngig kommentiert von der Männerfraktion, die nichts mehr fürchtete, als ihre Kontrolle über das Sexualleben der Frauen zu verlieren. Hrdy behauptete kurz und bündig, dass die Trennung von Eisprung und sexueller Bereitschaft ein freizügiges Verhalten der Frau ermögliche. In der Tierwelt kann eine anonyme Vaterschaft auch deshalb nützlich sein, weil nicht wenige Primatenmännchen schonungslos über die Kinder ihrer Widersacher herfallen. In Machtkämpfen ist Kindermord keine Ausnahme. Die Aggressoren liquidieren die Kinder ihrer Vorgänger, um selbst genetisch zum Zuge zu kommen, denn Frauen, die ihren Nachwuchs verlieren, werden schneller wieder fruchtbar. Die Möglichkeit, unter Umständen den eigenen Nachwuchs zu töten, verringert die Wahrscheinlichkeit eines solchen Gemetzels.

Hrdy verlagerte die sexuelle Macht vom Mann auf die Frau. Der Bonobo ist die perfekte Illustration der möglichen Konsequenz: eine sexbetonte, relativ gewaltfreie Welt, in der die Frauen die Macht haben. Sex als Waffe für ein friedvolleres Miteinander der Geschlechter. In dem undurchdringlichen Grün von Ellens Regenwald verbirgt sich der lebende Beweis, dass es auch anders zugehen kann als in der männlich dominierten Menschenwelt. Schade, dass der Weg dorthin so schwierig ist.

Geschäfte mit Misthaufen

Tag der offenen Tür bei den Bonobos in Planckendael, ein Grund zum Feiern. Bei schönem Frühlingswetter öffneten sich die Tore nach draußen. Nach dem langen Winter im Affenhaus, wo es nur Stroh und tote Äste und viele Menschengesichter hinter der Glasscheibe gegeben hatte, ging es jetzt auf die Affeninsel, ins Grüne und in die Sonne. Alle elf Tiere der Gruppe erkundeten das Gelände, einschließlich der beiden Neugeborenen Zomi und Zamba, die sich an die Brust ihrer Mutter klammerten. Hortense beugte sich interessiert nach vorn und griff mit ihren langen Fingern ins Gras. Die kleine Unga trottete mit ihrem kurzen schwarzen Körper hinter ihr her und betrachtete fasziniert die auffälligen Schwellungen am Hinterteil. Frech steckte sie einen Finger hinein. Als Hortense nicht reagierte, zog sie den Finger wieder heraus, um prüfend daran zu riechen. Offensichtlich war das Ergebnis nicht besonders spannend, denn sie lief weiter, um mit ihrem Spielkameraden Vifijo in den Seilen zu schaukeln. Affen lieben es, draußen zu sein.

Hortense war Ellens erklärter Liebling. Sie war von den drei ausgewachsenen Frauen der Gruppe am wenigsten dominant, eine brave Mutter, nicht allzu schlau und leicht behindert, sie sah nur auf einem Auge. Aber sie war lieb zu ihren Kindern und sagte Ellen immer freundlich guten Tag, wenn diese das Bonobohaus betrat. Sie hängte sich dann an die Gitter der Innentür, um Ellen zu begrüßen, und pinkelte vor Vergnügen – zur Freude des jungen Redy, der sich in ihrem Urin duschte. Jede Ablenkung war willkommen.

Bonobos sind intelligente Tiere, die beschäftigt werden müssen, um psychisch gesund zu bleiben, und die Pfleger lassen sich einiges einfallen, um etwas Spannung und Abwechslung in ihr Leben zu bringen. So verstecken sie zum Beispiel morgens das Fressen im Affenhaus unter frischen Strohballen oder in Astlöchern, aber die Tiere sind routinierter im Aufspüren der Früchte als ihre Pfleger im Verstecken. Beschäftigungstherapie bleibt ein schwacher Ersatz für die Herausforderungen der Natur.

Dennoch lassen sich auch aus der Beobachtung gefangener Tiere nützliche Erkenntnisse über ihre Biologie gewinnen. „Ich habe einmal gesehen, wie Dzeeta, das älteste und dominanteste Tier aus der Gruppe, unter Beweis stellte, dass sie das Problem eines anderen Gruppenmitglieds antizipieren kann", erzählte Ellen. „Hortense hatte Streit mit einem der Pfleger. Sie wollte morgens nicht in ihre Frühstücksecke, so dass die Pfleger das Haus nicht sauber machen konnten. Meistens bekommen die Tiere dort ein kleines Frühstück aus Äpfeln und Bananen. Sie bleiben dort etwa eine Stunde, bis das Affenhaus gereinigt ist. Um Hortense auf Trab zu bringen, sahen die Tierpfleger keine andere Möglichkeit, als ihr kein Fressen zu geben. Dzeeta hatte jedoch etwas gemacht, was sie sonst nie tat. Sie hatte eine ganze Stunde lang eine Banane aufbewahrt, die sie Hortense nach der Rückkehr ins Affenhaus spontan zuwarf – zum Entsetzen der Pfleger, die ihre Aushungerungstaktik durchkreuzt sahen. Obwohl Dzeeta Hortense von ihrem Verschlag aus nicht sehen konnte, wusste sie offensichtlich, dass sie ohne Frühstück im Affenhaus zurückgeblieben war. So weit vorauszudenken und aktiv das Fressen zu teilen, kommt selten vor, aber es beweist, dass die Tiere mental weiter entwickelt sind, als viele Menschen geneigt sind zu glauben."

Dzeeta erlernte auch schnell die elementaren Prinzipien des Tauschgeschäftes. Hilde benötigte für ihre Diplomarbeit Urinproben und Mist von den drei weiblichen Tieren, um Hormone herauszufiltern, mit denen sie unter anderem ihre Eisprungzyklen verfolgen wollte. Anfangs fing sie nur den Urin auf, der in eine Abflussrinne floss, und schob die Misthaufen mit einem Stock an den Rand des Affenhauses. Innerhalb kürzester Zeit witterte Dzeeta hier ein Geschäft. Sie begann den Urin nach dem Pinkeln auf dem Boden zu verreiben und schleppte ihren Mist in den entlegensten Winkel des Geheges. Nur im Tausch gegen einen Keks bekam Hilde, was sie wollte. Nach einer Weile trieb Dzeeta den Preis nach oben. Sie hinterließ nur ein paar Tropfen und forderte jedes Mal einen Keks oder bot nur den Bruchteil eines Misthaufens zum Tausch an. Von einem großen Haufen trennte sie sich nur für ein hartgekochtes Ei. Sie war zweifellos nicht sehr begeistert, als die Zeit der Probeentnahmen vorbei war und ihre lukrativen Geschäfte zum Erliegen kamen.

Hilde wollte die Theorie überprüfen, nach der die auffallend geschwollenen Schamlippen der Bonoboweibchen den Zeitpunkt des Eisprungs verbergen. Während des vierwöchigen Menstruationszyklus schwellen ihre Schamlippen zwei Wochen lang zu einer unappetitlichen Größe an. Einen Tag nach dem Eisprungs entwickeln sie sich wieder zurück. Nach der Theorie wird dadurch die Ovulation verborgen und eine eventuelle Vaterschaft zur Spekulation. Für die Weibchen ist es auch ein Mittel, um männliche Aggressionen einzudämmen. Ihre Lippen sind so lange angeschwollen, dass selbst ein dominanter Mann es sich nicht erlauben kann, die ganze Zeit über ein augenscheinlich fruchtbares Weibchen unter Kontrolle zu halten und vor seinen Konkurrenten abzuschirmen. Die Folge sind weniger tätliche Auseinandersetzungen und Spannungen innerhalb der Gruppe.

Wahrscheinlich synchronisieren die Weibchen ihre Schwellungen auch, um die ausschließliche Aufmerksamkeit der Männchen von sich abzuwenden. Bei Schimpansenweibchen ist dies mit Sicherheit der Fall. Bei ihnen schwellen die Schamlippen nicht so stark an, sie bleiben viel kürzer sichtbar als bei den Bonobos und sind somit ein viel besserer Indikator ihrer Fruchtbarkeit. Die aggressiven Schimpansenmachos liefern sich heftige Kämpfe um die Befruchtung. Dabei ziehen die Schimpansenweibchen regelmäßig den Kürzeren, schließlich ist es weniger riskant, eine Frau zu schlagen, als sich mit einem anderen Mann zu messen. Mütter synchronisieren ihre Schwellungen sogar mit ihren Töchtern, vielleicht, um zu verhindern, dass ein junges Mädchen gleich bei seinem ersten Eisprung von den Männern aufs Korn genommen wird.

Hilde entdeckte in Planckendael, dass von einer Schwellung sehr unterschiedliche Signale ausgehen können. Dadurch wurde es natürlich schwieriger, sich ein genaues Bild von dem Zyklus zu machen – sowohl für die männlichen Bonobos als auch für die weiblichen Wissenschaftler. Aber auch die Reaktionen der männlichen Tiere waren keineswegs einheitlich. Der junge Redy schlug zu, wann immer sich eine Gelegenheit bot, aber als einziger Sohn von Hortense hatte er bei Dzeeta und Hermien, dem dritten Weibchen, sozusagen eine Freikarte. Desmond, das älteste Männchen, war für Bonobobegriffe sehr asexuell, vielleicht, weil er als Kind lange bei Menschen gewohnt hatte. Er bekam vor allem dann eine Erektion, wenn ihm eine Biologin über den Weg lief.

Kidogo hingegen studierte die Frauen sehr genau, bevor er sich gezielt mit einer von ihnen einließ. Für ihn, den am wenigsten dominanten Mann, war das wahr-

104

scheinlich die beste Taktik, um zum Zuge zu kommen. Er versuchte sich vor allem dann zu paaren, wenn die Schamlippen am ausgeprägtesten waren, und nutzte auf diese Weise seine Chancen auf eine (anonyme) Nachkommenschaft optimal. Er schien sogar zu erahnen – oder besser gesagt, zu riechen – wenn sich ein Weibchen dem Zeitpunkt des Eisprungs näherte. Ähnliches ist im Übrigen auch beim Menschen zu beobachten. Forschungen haben gezeigt, dass Männer Frauen während der Ovulationsphase unbewusst attraktiver finden – ein Phänomen, das der Wirkung eines Pheromons zugeschrieben wird.

Kidogo musste vor dem weiblichen Geschlecht ständig auf der Hut sein. Ellen hatte sich während ihres Studiums in Planckendael mit den Lauten beschäftigt, die Bonobos während der Nahrungsaufnahme von sich geben und die wahrscheinlich ein Ausdruck ihrer Zufriedenheit sind. Sie fragte sich, ob die Tiere diese Laute unterdrücken würden, wenn sie versteckte Nahrung fänden, um keine Aufmerksamkeit zu erregen und ihre Vorräte für sich zu behalten. Und in der Tat neigte Kidogo als untergeordneter Mann dazu, eine solche Entdeckung geheim zu halten. Da er jedoch in dem begrenzten Raum des Affenhauses die anderen niemals straflos würde hintergehen können, stopfte er sich meistens in Windeseile das Maul mit Datteln oder Chicorée voll und stieß dann seine kleinen Schreie aus, um nicht als Betrüger entlarvt zu werden. Meistens durfte er sich mit den Weibchen paaren, die ihm sein Essen wegnahmen. Sex gegen Nahrung: ein klassisches Tauschgeschäft in der Welt der Bonobos, in Zoos ebenso wie in dem manipulierten Biotop der Japaner.

Nach menschlichen Begriffen wird in der Bonobogruppe von Planckendael mächtig herumgemacht, gebumst und onaniert. Dennoch misstrauen die Tiere einander mehr, als Wissenschaftler anzunehmen scheinen. In einem deutschen Zoo hat ein Bonoboweibchen in einem Wutanfall den Penis eines Männchens durchgebissen. „Viele Forscher skizzieren ein sehr friedvolles Bild vom Bonobo, der ihrer Meinung nach ein bedingungsloser Anhänger der Love-and-Peace-Ideologie ist", so Hildes Kommentar. „Allerdings lässt sich eine solche Behauptung nicht durch Fakten belegen. In unserer Gruppe terrorisieren die drei Frauen wirklich die Männer. Desmond, den Ältesten und Stärksten, lassen sie meistens in Ruhe, ebenso wie Redy, den Jüngsten, um keinen Streit mit seiner Mutter zu bekommen. Toleranz ist unter Bonoboweibchen eng mit der Mutter-Sohn-Beziehung verknüpft – das ist auch in der Natur zu bemerken. Aber Kidigo und Ludwig werden manchmal so aggressiv angepackt, dass sie vor Stress Durchfall bekommen. Wenn das Essen verteilt wird, schaufeln sie schnell eine Hand voll zusammen und flüchten damit auf den höchsten Punkt des Affenhauses. Dort schlingen sie alles herunter, ohne die Frauen auch nur einen Moment lang aus den Augen zu lassen."

Es ist ein biologisches Rätsel, warum sich Weibchen derart intensiv aufeinander beziehen und regelrechte Bündnisse schließen, auch wenn sie nicht miteinander verwandt sind. „Von nicht verwandten Tieren wird behauptet, dass sie sich sehr individualistisch, ja sogar egoistisch verhalten, weil sie keine gemeinsamen Erbmerkmale haben", erklärte Hilde. „Sie teilen also nichts, was biologisch relevant wäre. Durch ihre Allianzen gelingt es den Weibchen natürlich, die stärkeren Männchen zu dominieren. Wenn Hermien mit Desmond allein ist, kann sie ihn nicht vom Fressen abhalten, aber wenn Dzeeta in der Nähe ist, beherrscht sie ihn. Diese erzwungene Kooperation führt aber auch zu Spannungen. Es kommt vor, dass die Weibchen einander in die Quere kommen. Das macht sie nervös, und Hortense beginnt dann beispielsweise, heftig an ihren Brüsten zu reiben, und lädt die Angreiferin zu einer gemeinsamen Onanie-Session ein. Anschließend umarmen sie sich und starten eine gemeinsame Attacke gegen eines der Männchen. Die Aggression der weiblichen gegenüber den männlichen Tieren hat offensichtlich die Funktion, Spannungen innerhalb der Frauenclubs abzubauen."

In der Natur geht es friedfertiger zu. Da die Tiere selbst in einem geräumigen Affenhaus viel enger aufeinander hocken als im Urwald, kommt es viel häufiger zu Aggressionen und Interaktionen. „Im Urwald gibt es nur bei großen Gruppen hin und wieder aggressive Ausbrüche", stellte Ellen fest, „auch unter den Männchen, was bisher kaum beschrieben wurde. Ich habe Bonobomänner um die Gunst der Weibchen kämpfen sehen. Gruppen, in denen ein Weibchen mit auffallend geschwollenen Schamlippen war, zogen im Allgemeinen mehr Männer an. Im Großen und Ganzen verlaufen die Interaktionen der Tiere jedoch kaum sichtbar. Sie sitzen die meiste Zeit in gehörigen Abständen auf einem Baum und gehen ihrer Hauptbeschäftigung, dem Fressen, nach. Und sie lieben die Ruhe, Bonobos sind absolute Faulpelze. Ein Problem für den Biologen, für den Inaktivität gleichbedeutend mit Zeitverlust ist, weil er daraus wenig lernen kann. Manchmal bauen Bonobos sich ein Tagesnest für eine Siesta, manchmal dösen sie stundenlang auf einer Astgabel vor sich hin. Die Interaktionen, die ich beobachten konnte, bestanden überwiegend aus gegenseitigem Flöhen, das in erster Linie dazu dient, enge Kontakte zu signalisieren oder zu pflegen. Die Bonobos registrieren sehr genau, wer sich mit wem gut versteht. So hatte ich zum Beispiel nicht den Eindruck, dass sich jeder in der Gruppe locker paaren konnte, wie das die Beobachtungen in den Zoos und bei den Japanern zu zeigen schienen. Das wollte ich verifizieren. So ertappte ich mich dabei, dass ich im Grunde den sexuellen Konkurrenzkampf zum Schwerpunkt meiner Beobachtungen machte."

Ellen notierte genau die geschlechtsspezifische Zusammensetzung der einzelnen Gruppen. Im Unterschied zu den Schimpansen, wo männliche und weibliche Tiere meistens getrennt umherziehen, waren ihre Gruppen zu fünfundachtzig Prozent gemischt. „Bei einem Schimpansenweibchen schwellen die Schamlippen nur alle vier Jahre an", erklärte sie, „und zwar immer während des Eisprungs, nachdem das letzte Junge groß genug geworden ist. Die Männchen würden also kostbare Zeit verlieren, wenn sie immer bei derselben Frau blieben. Bei den Bonoboweibchen im Regenwald schwellen die Schamlippen zwar nicht so schnell und auch weniger stark an als in Gefangenschaft, aber trotzdem kommt es schon ein Jahr nach der Geburt eines Babys zu einem erneuten Anschwellen. Kein Männchen weiß also mit Sicherheit, wann das Weibchen wieder einen Eisprung haben wird – meistens geschieht das auch erst nach etwa vier Jahren. Von daher ist es für die Männchen nützlich, ständig in Kontakt zu den Weibchen zu bleiben."

Ellen war in den Urwald gegangen, um die sozialen Interaktionen der Bonobos unter absolut authentischen Bedingungen zu erforschen. Die Tiere mussten die Möglichkeit haben, sich vollkommen natürlich zu verhalten. Anfangs ging sie davon aus, dass sie nur ihre Rufe aufzeichnen müsse, um später das reichhaltige Material der Sonogramme auszuwerten. Aber entgegen ihren Erwartungen bekam sie die Bonobos viel mehr zu sehen als zu hören. So drehte sie den Spieß einfach um und belauerte die Affen, wenn sie hoch oben in den Bäumen saßen oder auf dem Boden herumliefen, und sprach ihre Beobachtungen anschließend auf Band.

Die Feldforschung verlief hektisch. Ellens Arbeitstage zogen sich über vierzehn Stunden und länger hin; sie stand um vier Uhr morgens auf, brach noch bei Dunkelheit auf, um das Aufwachen der Bonobos nicht zu verpassen, verbrachte den ganzen Tag im Urwald und machte sich gegen sechs Uhr abends auf die Suche nach neuen Schlafnestern. Anschließend musste sie meistens noch über eine Stunde in der Dunkelheit zurück ins Lager laufen. „Oft war es damit aber noch nicht getan", seufzte sie. „Manchmal erwarteten mich schon einige *Mamas,* um einen Korb Eier oder Ananas zu verkaufen. In schöner Regelmäßigkeit gab es Probleme mit den Arbeitern: Cobra hatte sich am Fuß verletzt, Jean-Pierre brauchte Medikamente für sein Kind. Einmal habe ich einen Arbeiter dabei erwischt, wie er sich seine Beobachtungen im Urwald zusammenphantasierte. Der Mann musste entlassen werden, es gab ein Riesentheater. Hin und wieder versuchte mir ein verärgerter *Papa* Geld abzuzocken, zum Beispiel, weil sich eine unserer Ziegen angeblich über die Gemüsebeete in seinem Dorf hergemacht hatte. Es gab Tage, die einfach nicht zu Ende gehen wollten. Nur die Sonntage waren frei. Dann buk ich ein Brot und beschriftete die Tonbänder, auf die ich im Laufe der Woche meine Beobachtungen gesprochen hatte."

Anfangs war die Arbeit frustrierend. Manchmal übernachteten die Bonobos weniger als dreihundert Meter vom Camp entfernt, aber weil es keine Wege gab, gestaltete sich die Suche zu einem wahren Höllentrip – für dreihundert Meter durch dichtes Unterholz braucht man im Dschungel etwa eine Stunde. „Wir ließen die Arbeiter nach dem Kompass drei Kilometer lange Schneisen in den Busch schlagen, die ein kreuzförmiges Muster bildeten, sodass wir fast nicht mehr verloren gehen konnten", erklärte Ellen. „Diese Pfade waren phantastisch. Ich fand mich im Urwald fast blindlings zurecht und entdeckte mit der Zeit, wie abwechslungsreich und vielfältig dieser Lebensraum war."

Der nächste Schritt war die Gewöhnung der Bonobos. Sie mussten erkennen, dass sie sich trotz der Anwesenheit von Beobachtern weiterhin normal verhalten konnten. Eine derartige Gewöhnung ist ein äußerst langwieriger Prozess. Jane Goodall sah erst nach acht Monaten den ersten Schimpansen, der sich nicht gleich aus dem Staub machte, als er sie bemerkte. Andere Schimpansenforscher brauchten fünf Jahre, bevor sie einem Tier folgen konnten. „Im Lomako ging es alles in allem schnell", fand Ellen. „Die Bonobos kannten keine Weißen. Ihr Erstaunen galt in erster Linie dem Auftauchen eines weißen Affen in ihrem Lebensraum. Wenn sie sich in unsere Nähe wagten, stießen sie laute Alarmrufe aus oder warfen mit abgestorbenen Zweigen. Sie verhielten sich vorsichtig und ängstlich zugleich, von Neugier und Imponiergehabe getrieben. Ich stelle mir vor, dass die ersten Begegnungen zwischen weißen Entdeckungsreisenden und den einheimischen Bewohnern nach einem ähnlichen Muster verlaufen sind. Das waren die besten Momente, um Fotos zu machen, aber ich habe sie nie genutzt. Das zarte Band des Vertrauens hätte Schaden nehmen können, wenn man plötzlich mit so einem Apparat vor den Tieren gestanden hätte. Wenn sie erst einmal habituiert sind, kommen sie nicht mehr. Schlecht für den Fotografen und gut für den Forscher, der an einem ungezwungenen Verhalten interessiert ist."

Nach einem guten Monat unterbrachen die Tiere ihre Mahlzeiten nicht mehr oder flohten sich weiter, wenn Ellen unter ihrem Baum erschien. „Anfangs habe ich so getan, als würden sie mich nicht interessieren. Ich habe auf dem Boden nach Pflanzen gesucht und sie mir in den Mund gestopft. Wenn die Tiere den Baum verließen, um weiterzuziehen, bin ich ihnen nicht gefolgt, wiederum, um sie nicht auf die Idee zu bringen, ich wäre wegen ihnen da. Außerdem tolerieren sie einen sitzenden Menschen offensichtlich viel eher als einen laufenden. Ruhe geht ihnen über alles."

Genau wie Menschen mögen Bonobos offene Plätze. Sie lieben es, sich mit angezogenen Beinen auf einem Termitenhügel ausgestreckt zu sonnen. „Ich habe einmal fünfundzwanzig Tiere gesehen, die sich auf einem umgestürzten Baum in der Sonne gegenseitig flohten", erinnerte sich Ellen. „Drei Jungtiere spielten in der Nähe. Sie gingen so sehr in ihrem Spiel auf, dass sie mich fast umgerannt hätten. Als eine andere Gruppe dazukam, freuten sich die jungen Bonobos über neue Spielkameraden. Das war eine sehr schöne Beobachtung. Es macht auch Spaß zu sehen, wie gut die Mütter für ihre Kinder sorgen. Wenn sich die Kleinen in den Haaren liegen, gehen sie dazwischen; ist ein Kind ängstlich, unruhig oder müde, wird es unverzüglich an Mamas Brust getröstet; bricht eine Gruppe auf, ruft eine Mutter sofort ihr Kind, um es mitzunehmen."

Bonobos hangeln sich niemals von Ast zu Ast. Sie laufen wie Menschen am Boden und klettern nur auf Bäume, um dort Früchte zu essen oder sich ein Nest zu bauen. „Nach einer Weile ging ich der Einfachheit halber davon aus, dass etwas Großes, das von einem Baum hinunterkletterte, ein Bonobo sein musste," erzählte Ellen kichernd. „Bis ich eines Tages einem Leoparden Auge in Auge gegenüberstand, der sich aus einem Baum herabgelassen hatte und furchteinflößend knurrte. Wir legten beide einen Sicherheitsabstand zwischen uns. Seitdem bin ich vorsichtiger geworden. Zu Anfang habe ich mich auch öfter zum Narren halten lassen. Ich hörte zwar ihre Rufe, musste mich aber eine Stunde durch das Dickicht arbeiten, um ungefähr an die Stelle zu kommen, wo sie sich meiner Einschätzung nach befanden. Normalerweise blieb es dort still, und wenn sie sich lautlos verhalten, lassen sie sich in dem dichten Laub kaum ausmachen. Wenn ich sie dann wieder hörte, waren sie meistens einige hundert Meter weitergezogen, und ich musste mich erneut durch die Lianen kämpfen. Erst später wurde mir klar, dass diese Rufe ein Zeichen zum Aufbruch sind. Folglich hatte es keinen Sinn, ihnen zu folgen.

Ellen hatte jedoch auch einige Nackenschläge zu verkraften. Es gab Tage, an denen alles schief ging. Dann watete sie bis zur Hüfte durch einen Fluss, stapfte mit nassen Schuhen durch den Urwald, kämpfte sich durch einen dichten Lianenvorhang oder durch eine Wolke lästiger Schweißfliegen, um die Schlafnester der Bonobos zu erreichen, die gleich nach dem Aufstehen spurlos in dem grünen Dickicht verschwunden waren. Manchmal wanderte sie einen ganzen langen Tag schweißüberströmt und mit schmerzenden Füßen durch den Busch, ohne auch nur auf die geringste Spur eines Bonobos zu treffen. „Aber es gab auch ganz tolle Tage", erzählte sie. „Manchmal passierte ungeheuer viel, ich sah eine Herde Pinselohrschweine, einen bunten Scincus in seiner Erdhöhle oder eine Python, die im Wasser eine Antilope verschlang. Manchmal konnte ich die Bonobos sieben Stunden lang beobachten. Das waren spannende Tage. Eine Zeit lang hatte ich auch einen jungen Bonobo zum Freund, der sehr an mir interessiert war, von seinem Baum herunterkam und sich bis auf zwei Meter Abstand zu mir setzte. Es war ein unbeschreibliches Gefühl, einen derart intimen Kontakt zu einem wilden Tier zu haben. Anfangs war ich für ihn eine Herausforderung, denn er wimmerte vor Angst, wenn er auf mich zukam. Aber bei jeder unserer Begegnungen begrüßte er mich, er lief mit mir mit, manchmal legte er sich sogar faul auf den Rücken neben mich. Nachdem jedoch eines Tages Wilderer aufgetaucht waren, habe ich ihn nicht mehr gesehen, ein schlechtes Zeichen. Ich bin mir immer noch nicht sicher, ob es vernünftig ist, bei den Beobachtungen einheimische Arbeiter einzuschalten, denn die Wilderer sind auch schwarz und könnten somit ebenfalls von unseren Integrationsversuchen profitieren. Vielleicht unterscheiden die Bonobos aber auch zwischen Weißen und Schwarzen und fliehen nur vor den Schwarzen."

Ellen lernte von ihren Fährtensuchern, die kleinsten Details zu deuten. Sie konnte den Bonobos anhand ihres typischen Mist- und Uringeruchs folgen. Aus einem abgenagten Stengel schloss sie, dass an der betreffenden Stelle drei Tage zuvor Bonobos vorbeigezogen waren. Ein Biss in einer auf dem Boden liegenden Frucht zeigte ihr, dass ein Affe vorsichtig davon gekostet und sie fallen gelassen hatte, weil sie noch nicht reif war. Die Fährtensucher kannten die Bäume, auf denen reife Früchte wuchsen. Sie wussten, welche Lianen giftig waren und welche Kräuter eine – wenn auch begrenzte – heilende Wirkung hatten. Wahrscheinlich haben Bonobos diese Kenntnisse auch, denn von Schimpansen und Gorillas weiß man, dass sie manchmal Pflanzen fressen, die bitter schmecken und nicht sehr nahrhaft sind. Chemische Analysen haben ergeben, dass diese unter anderem Stoffe enthalten, die schmerzstillend wirken und Parasiten abtöten.

Schimpansen und Gorillas sind schon so intensiv erforscht, dass auch diese subtilen Einzelheiten ihres Lebens erhellt werden konnten. Bonobos hielt man bis vor kurzem noch für Vegetarier. Ellens erste authentische Wahrnehmung der Tiere in freier Natur überraschte sie komplett. Sie sah, wie drei Weibchen in einem Baum genüsslich eine junge Antilope verspeisten. Bonobos waren also offensichtlich Fleischfresser. Und Fleisch, vor allem rotes Fleisch, wird vom Menschen mit Blut und folglich Aggression assoziiert.

Vielleicht hatten die Bonobos das junge Tier tot gefunden. Vielleicht waren Bonobos keine Fleisch-, sondern Aasfresser, aber das würde ihrem Ruf in der breiten Öffentlichkeit sicherlich nicht zuträglich sein. Einige Zeit später saß Ellen ruhig in ihrem Urwald gegen einen Baum gelehnt und las, als plötzlich Bonobos links und rechts an ihr vorbeidonnerten. Sie waren einer Antilope auf den Fersen. Das Tier stieß Angstschreie aus, konnte aber entkommen. Ein anderes Mal hörte sie, wie ein Ducker [eine Antilopenart] vor Todesangst schrie. Sie lief in die Richtung, aus der die Laute kamen, und sah, wie ein großes Bonobomännchen einen ausgewachsenen Ducker, der ohne weiteres zehn Kilogramm wiegen kann, mit aller Kraft zu Boden drückte. Die Beute war nicht tot, sie lebte noch genau dreißig Minuten. Der Bonobo blieb völlig ruhig, während er das Fleisch in Stücken von den Knochen riss. Damit war deutlich, dass Bonobos echte Jäger sind. Und Jäger können in unserer Gesellschaft etwas mehr Respekt erwarten als Aas fressende Schnorrer.

Bonobos sind Feinschmecker. Es gibt nur wenige Produkte des Urwalds, die ihnen wirklich schmecken und von denen sie sehr abhängig sind. Viele Affenarten gleichen Alpenkühen; sie ziehen von Baum zu Baum und grasen unterwegs Blätter und kleine Früchte. Die chemischen Stoffe in ihren Mägen sind stark genug, um auch unreife Früchte schnell verdauen zu können. Bei Menschen und Bonobos funktioniert das nicht. Die Bonobos im Urwald von Lomako ernähren sich von den gleichen Dingen wie die Sammler der lokalen Dorfgemeinschaften. Als Gemüse akzeptieren sie nur die Lauchblätter des *bofili.* Auf ihren Streifzügen oder bei Nahrungsknappheit pflücken sie die Stengel der *haumania,* die einer Zimmerpflanze ähnelt, und fressen das Mark und die jungen Blätter. Am liebsten sind ihnen jedoch, genau wie den Menschen, die süßesten Früchte.

Nur die echten Urwaldriesen tragen reichlich Früchte. Einer dieser Giganten ist der *parinaria,* an dem die *bompombo* wächst. Diese kiwiartige Frucht muss noch zwei Tage am Boden reifen, bevor sie den zuckersüßen und duftenden Geschmack bekommt, der sie so lecker macht. Ein Bonobo stopft sich eine solche Frucht ins Maul, zerkaut sie, saugt den Saft heraus und spuckt den verbliebenen Faserball auf den Boden, manchmal weit entfernt von der Fundstelle. Damit sorgt er gleichzeitig für ihre Verbreitung. Eine weitere Nahrungsquelle ist die *antiaris* aus der Familie der Feigen, die eine Unmenge kleiner kugelförmiger Früchte, die sogenannten *linkokos,* hervorbringt. Ellens Lieblingsfrucht ist die länglich geformte *bonenge* des *anandium,* deren dreißig Kerne aufgereiht wie an einer Perlenschnur in das mangogelbe, zarte Fruchtfleisch eingebettet sind. „Das Beste, was ich jemals gegessen habe", behauptete sie. Aber leider haben wir während meines Aufenthalts keine gefunden.

Hin und wieder müssen die Bonobos von einem Fruchtbaum zum anderen kilometerweit laufen. Echte Urwaldriesen sind selten, weil sie die begehrten Edelhölzer liefern. Von daher macht auch die Forderung der Ökologen nach einer ‚selektiven Abholzung' der wirtschaftlich profitabelsten Bäume keinen Sinn. Sie trifft genau die Bäume, die für das Überleben vieler Tierarten von lebenswichtiger Bedeutung sind, und bringt somit das Ökosystem aus dem Gleichgewicht. Flüchten aus ihrem Teil des Regenwalds können die Bonobos nicht; auch in der Bonobowelt werden Flüchtlinge eher attackiert und vertrieben, als dass man sie dulden würde.

Um Bäume mit reifen Früchten zu finden, spalten sich Bonobofamilien in kleine Gruppen auf, eine Taktik die im Jargon der Primatologie als *fission-fusion* bezeichnet wird. Etwa zu fünft streifen die Affen durch den Urwald. Wenn sie einen Baum mit reifen Früchten entdecken, klettern sie bis in die Krone und lassen ihre typischen Rufe ertönen, um die anderen anzulocken. Die Urwaldriesen tragen meistens so viele Früchte, dass kein Futterneid entstehen kann. Selbst für eine vollzählige Bonobofamilie, die aus bis zu fünfzig Mitgliedern bestehen kann, ist das Angebot mehr als reichlich. Sie kann tagelang von einem Baum zehren.

„Manchmal pflücken sie stundenlang *linkoko*", sagte Ellen. „Dann sitzen sie völlig lautlos auf einem dicken Ast und ziehen die Zweige zu sich heran. Ab und zu bewegen sie sich einen halben Meter weiter. Ich habe einmal eine geschlagene Stunde unter einem Baum auf die Bonobos gewartet, als ich plötzlich einen sah. Bei näherem Hinschauen stellte sich heraus, dass mindestens zehn Tiere über mir saßen. Sie waren mir absolut nicht aufgefallen." Ein Beobachter erlebt wahre Glücksmomente, wenn er den Bonobos bei ihrem Früchtepicknick zusehen kann. In diesen Augenblicken kann man sich sehr nah an sie heranwagen und spannende Beobachtungen machen. So sah Ellen des Öfteren, wie sich sozial untergeordnete Tiere die Arme mit *bompombo* voll luden und mindestens zwanzig Meter weiterliefen, um ungestört außerhalb der Reichweite der anderen fressen zu können. „Sie liefen immer auf zwei Beinen und aufrecht wie ein Mensch", sagte sie. „Je öfter ich das sah, desto mehr wuchs bei mir die Überzeugung, dass der aufrechte Gang des Menschen dadurch entstanden ist, dass er alles mitnehmen wollte."

Durch den aufrechten Gang werden die Hände für andere Dinge frei. Nach einer gängigen Theorie sollen die ersten Menschen in der Savanne aufrecht gelaufen sein, um über dem Gras nach Raubtieren Ausschau zu halten. Auf diese Weise konnten sie ihre Hände für etwas Nützliches gebrauchen. Schimpansenforscher ziehen dieses Savannen-Modell allerdings in Zweifel. In der Fachzeitschrift *Evolutionary Anthropology* berichteten sie in einer vergleichenden Studie über den Werkzeuggebrauch bei Schimpansen in einem Savannen- und in einem Urwaldbiotop. Es zeigte sich, dass die Gruppen im Urwald ein breiteres Spektrum an Werkzeugen verwenden als ihre Brüder in der Savanne. Schimpansen machen alles, sie angeln mit einem Stock nach Termiten und Honig, benutzen Blätter als Schwamm oder Serviette, knacken Nüsse mit einem ‚Holzhammer' auf einem besonders großen Stein. Die Natur kennt kulturelle Vielfalt. Gemeinschaften, die weit voneinander entfernt leben, verwenden unterschiedliche Kniffe und Tricks.

Die Bonobos setzen scheinbar selten Werkzeuge ein, aber sie wurden bisher auch noch nicht so intensiv erforscht. Ellen verteidigt ihre Tiere rückhaltlos: „Nüsse knacken auf Schimpansenart halte ich für ziemlich schwierig, denn ich habe in all den Jahren im Regenwald keinen einzigen Stein gefunden, der sich als Amboss geeignet hätte. Aber ich habe einen Bonobo beobachtet, der sich im Regen ein großes Blatt als Schirm über den Kopf hielt. Meistens sind Bonobos bei Regenwetter sehr bedrückt und lethargisch. Einmal sah ich einem Bonoboweibchen bei einem Regentanz zu. Es hüpfte ausgelassen auf einem Ast herum und schüttelte die Blätter. Ich sage

Regentanz, weil Jane Goodall diesen Begriff benutzt hat, um ein ähnliches Verhalten bei ihren Schimpansen zu beschreiben. Sie interpretierte es als eine Ehrenbezeigung gegenüber der mächtigen Natur."

Ellens Enthusiasmus angesichts ihres harten Lebens im Urwald war erstaunlich. Es fiel ihr schwer, diese Faszination zu erklären. Sie hatte einfach nur den Wunsch, tief in die Welt der Bonobos einzudringen. Aber ein Leben ohne jeglichen Komfort in einem menschenfeindlichen Dschungel, ohne Sozialversicherung oder ein anständiges Gehalt, ohne Kontakt zu Freunden und Verwandten – und das monatelang? Sie hatte keine Erklärung dafür: „Außer meinem wissenschaftlichen Material habe ich im Urwald nichts. Ich kann dort nichts kaufen, außer hin und wieder einen Fisch oder ein Huhn. Meine einzigen Nachbarn sind die Bonobos. Und trotzdem ist es für mich das Paradies. Ich lerne, ohne fremde Hilfe zu überleben. Ich trinke aus einem zusammengerollten Blatt Wasser aus kristallklaren Bächen. Zum Abendessen pflücke ich Nüsse und Champignons. Ich finde überall ein passendes Blatt und eine Liane, um ein Päckchen zu schnüren; ich suche mir die leckersten Früchte für meine Wegzehrung. Das ist doch phantastisch."

Ich verstand sie etwas besser, als sie am Tag unserer Abreise den folgenden kleinen Brief aus dem Urwald schrieb: „Außer Bienen und Fliegen findet man im Urwald auch das vollkommene Glück. Ein Glück, das nicht an Besitz gebunden ist. Das freie, sorglose Leben. Man darf Entdeckungsreisender sein und alles bestaunen, was man sieht. Morgen beginnt ein anderes Leben. Das komplexe Menschenleben, auf das man sich auch freuen kann. Hier hat man doch schon hin und wieder das Gefühl, das wirkliche Leben zu verpassen, auch wenn mir das jedes einzelne der fünfzig Bonobowesen im Regenwald wert ist. Eigentlich ist es ein ungeheures Privileg, zwei spannende Leben führen zu können."

Und ich verstand sie noch besser, als ich die Bücher von Alfred Wallace las, dieses britischen Selfmade-Biologen, der in der Mitte des letzten Jahrhunderts auf seinen jahrelangen Reisen durch die tropischen Regenwälder aus seinem enormen Fundus an geschossenen Vögeln, gefangenen Schmetterlingen und konservierten Käfern die ersten Umrisse der Evolutionslehre aufschimmern sah. In seinem Reisebericht *The Malay Archipelago* ist die Besessenheit des Wissenschaftlers zu spüren, der sich der Faszination der Natur nicht entziehen kann. Trotz widrigster Umstände verlor Wallace nicht seinen Humor und genoss die glücklichen Momente. Über das prachtvolle Exemplar eines neuen Schmetterlings schrieb er: „Die Schönheit dieses Insekts ist unbeschreiblich, und nur ein Naturforscher kann das intensive Glücksgefühl nachempfinden, das sich meiner bemächtigte, als ich es endlich gefangen hatte. Als ich den Schmetterling aus dem Netz holte und die prachtvollen Flügel öffnete, begann mein Herz zu hämmern, das Blut stieg mir zu Kopf, und ich fühlte mich einer Ohnmacht näher als in all den Momenten, wo ich in Lebensgefahr geschwebt hatte. Den Rest des Tages hatte ich Kopfschmerzen, so groß war die Aufregung über etwas, was den meisten Menschen kaum etwas bedeuten würde."

Selbst das Wenige, das Wallace über die Motive seiner Abenteuerlust preisgibt, zeigt, wie unkonventionell er gewesen sein muss. Er schrieb einen äußerst scharfen Brief an seinen Schwager, der es gewagt hatte, ihn zu ermahnen, nach Hause zu kommen, da Wallace' Schwester um seine Gesundheit und sein Leben fürchtete. Der Schwager hatte ihn einen „Schwärmer" genannt, und das hatte Wallace in den falschen Hals bekommen. „Es ist für mich eine Ehre und Auszeichnung, so genannt zu werden. Wer hat jemals etwas Großartiges oder Gutes vollbracht, ohne ein Schwärmer zu sein? Die meisten Menschen können sich nur dafür begeistern, wie sie am besten und schnellsten reich werden. Diese Leute machen anderen den Vorwurf, Schwärmer zu sein, nur weil diese zu denken wagen, dass es auf der Welt vielleicht etwas Besseres gibt, als Geld zu scheffeln. Es kommt mir so vor, als stünde die Macht oder Fähigkeit eines Menschen, Reichtum anzuhäufen, in einem umgekehrt proportionalen Verhältnis zu seinem Reflexionsvermögen und in direkter Beziehung zu seiner Schamlosigkeit. Vielleicht ist es in Ordnung, reich zu sein, aber es ist bestimmt nicht gut, reich zu werden oder immer nur dem Geld nachzujagen. Und nur wenige Menschen sind schlechter disponiert, reich zu werden, als ich es bin."

Barbie bei den Bonobos

„Die Dame ist wohl ungewöhnlich schlank", meinte die Verkäuferin bei Benetton, wo ich mit einem grasgrünen Minirock in der Hand unschlüssig herumstand und mich fragte, ob ich Ellens Größe getroffen hatte. Ich bildete mir ein, ihren Körper ganz genau zu kennen, aber jetzt, wo sie einen Viertelmeridian von mir entfernt in einem unwirtlichen Dschungel zwischen ihren Affen saß, war ich mir plötzlich nicht mehr sicher. Sie war Anfang 1997 zum dritten Mal zu ihrem Camp im Lomakowald aufgebrochen, nun in Begleitung von Kathleen Verstraete, einer Biologin, die gerade ihr Studium abgeschlossen hatte. Diese wollte die eingefahrenen Gleise verlassen und hatte sich ehrenamtlich für eine Reise angeboten, die spannend zu werden versprach.

Einige Monate zuvor war die Diktatur von Präsident Sese Seko Mobutu nach fünfunddreißig Jahren ins Wanken geraten. Ein auf den ersten Blick zunächst unbedeutender Aufstand einer Minderheit weit im Osten des Landes hatte die Schwäche seiner Armee und somit auch seiner Machtposition gnadenlos entblößt. Die Truppen des Rebellenführers Laurent Désiré Kabila, die von ruandischen Soldaten ausgebildet und von ugandischen unterstützt wurden, drangen bis in die Kivuregion vor, ohne auf nennenswerten Widerstand zu treffen. Manche Dörfer wurden von nur zwei Soldaten auf einem Motorrad eingenommen, die mit nichts anderem als einem Speer und einem Gewehr bewaffnet waren. Die Nachricht, dass die Rebellen im Anzug waren, reichte schon aus, um die Proforma-Verteidiger in die Flucht zu schlagen.

An dem Tag, als Ellen und Kathleen von Kinshasa ins Landesinnere flogen, rückten die Truppen Kabilas bis in die Stadt Kisangani vor, die nur zweihundert Kilometer Luftlinie vom Lager Iyema entfernt war.

Da die Benetton-Verkäuferin selbst ausgesprochen vollschlank war, misstraute ich ihrem Urteil und rief vom Laden aus Ellens Mutter an, aber auch das brachte mich nicht weiter. Nach einigem Zögern – ich hasse Unentschlossenheit – gab ich klein bei und entschied mich für eine Nummer größer. Falsch, wie sich später herausstellte, ich hätte es wissen müssen. Mit ihrer Modelfigur, den langen goldblonden Locken, ihren ausgeprägten Backenknochen und dem vollen Busen, der schmalen Taille und den schlanken Beinen hatte Ellen mehr von einer Barbiepuppe als von einer Bonobofrau.

Eigentlich sollte dieses Buch *Barbie bei den Bonobos* heißen. Ich finde den Titel immer noch klasse, aber Ellen hatte ihr Veto eingelegt. Gar nicht barbiemäßig trug sie fast nie Röcke, geschweige denn Miniröcke – schade um ihre wohlgeformten, langen Beine. Ich hielt die Gelegenheit jedenfalls für günstig, sie mit einem Geschenk aus Belgien, das ihr ein Botschafter im Urwald überbringen sollte, umzustimmen. Vielleicht würde sie den Minirock aus Nostalgie, ein bisschen Heimweh und viel Liebe tragen, wenn die Bienen, Mücken und beißenden Fliegen einen Moment von ihr abließen. Zwei geballte Fäuste passten noch zwischen Rock und Körper, ließ sie mich später beiläufig wissen.

In einem Anflug von Romantik kaufte ich auch eine parfümierte Seife aus dem Body Shop in Form eines lila Elefanten. Ellen fand es furchtbar, dass alle Elefanten in ihrem Urwald von Wilderern abgeschossen worden waren. Kathleen meinte, dass die Seife nach billigen Süßigkeiten stank, die zu lange in einem Schaufenster gelegen hatten. Eine beleidigte Ellen zog mit dem Geschenk zu Mawa, der sich zum *chauffeur international* ihres Boots mit Außenbordmotor hochgearbeitet hatte und fast über Bord fiel, als er die Seife sah. Nicht etwa, weil ihn der Duft betäubt hätte, sondern weil diese seltsamen Leute in Europa Seife in Form eines Elefanten herstellten und dieser Elefant zu allem Überfluss auch noch lila war. Die Leute aus Mawas Dorf waren froh, wenn sie hin und wieder ein Stück Gap-Seife ergattern konnten, einen quadratischen, braungrünen Klumpen, der pur nach Seife roch. Ellen ließ sich jedoch nicht beirren. Die Seife kam von ihrem Liebsten, also roch sie gut.

Sie schickte mir eine lange goldblonde Locke. Seitdem Ellen zwischen zwei Expeditionen bei mir eingezogen war, stapelten sich in meiner Wohnung die Urwaldsouvenirs. Im Dschungel kam sie ohne Erinnerungen an die Heimat aus, aber zu Hause umgab sie sich mit kleinen Skulpturen von Bonobos und anderen Tieren, mit Hochzeitskongas, Totenmasken und sogar einem über zwei Meter großen Feigenbaum. Ich hängte die Locke über ein großes Foto, das von unserer ersten gemeinsamen Reise stammte, und stellte eine Rose dazu. Frauen, die lange von zu Hause weg sind, weil sie eine Schwäche für Affen haben, müssen sehr intensiv angebetet werden.

Ellens Wiedersehen mit den Bonobos nach einem Jahr der Trennung war ergreifend. Ganz offensichtlich erkannten die Tiere sie wieder. Sie schauten aus den Wipfeln ihrer Bäume und kamen zu dem Schluss, dass die Welt in Ordnung war. Von weißen Frauen mit langen Haaren hatten sie nichts zu fürchten. In unseren ersten Gesprächen über Funk klang Ellen ausgelassen. Der Urwald war phantastisch, die Bonobos waren noch da, die Einheimischen freuten sich über die Rückkehr der Biologen, und Kathleens Gesellschaft war angenehm. Auch die Techniker von Radio Ostende, die die Verbindung zwischen Ellens Radio und meinem Telefon herstellten, kamen auf ihre Kosten. Radiofonsex! Die Enttäuschung war spürbar groß, als Kathleen einmal mit ihren Eltern sprechen wollte und keine Intimitäten über den Äther gingen. Man hatte die Kollegen ganz umsonst herbeigetrommelt.

Das letzte Gespräch mit Ellen über Funk hatte allerdings nichts Amüsantes mehr. In Zaire hatte sich die Lage in kurzer Zeit zugespitzt. Kisangani schien viel eher in die Hand der Rebellen zu fallen, als alle für möglich gehalten hatten. Zudem hatten die Einheiten von Kabilas Armee die Wege zum Fluss im Norden der Stadt abgeschnitten, so dass den Soldaten Mobutus nur noch der Fluchtweg durch den Dschungel in Richtung Westen blieb. Sie würden zwangsläufig in die Nähe von Ellens Camp kommen. Tagelang zerbrach ich mir den Kopf darüber, ob es nicht besser wäre, Ellen und Kathleen zurückzurufen. Sie fühlten sich sicher in ihrem Urwald, völlig abgeschnitten von der Welt, ohne Tuchfühlung zur Realität und zum aktuellen Tagesgeschehen. Sie waren die einzigen Weißen im Äquatorialwald, und kein einziger Soldat würde seine Zeit damit vertun, nach zwei weißen Frauen zu suchen – das sagten sie sich immer wieder.

Kisangani fiel am 15. März; ich war an diesem Tag auf einer nicht sehr gelungenen Familienfeier und erlebte eines der schlimmsten Wochenenden meines Lebens. Ich steckte in einem absoluten Dilemma. Kam Ellen zurück, während in der Region nichts passierte, verlor sie viel Zeit. Blieb sie dort, während die Situation immer bedrohlicher wurde, lief sie Gefahr, monatelang eingeschlossen zu werden – falls die Soldaten sie dann überhaupt ungeschoren davonkommen ließen.

Da ich mit meiner Weisheit am Ende war, setzte ich mich mit Philip ('Flop') Heuts in Verbindung. Er war der ehemalige Leiter der belgischen Kooperation an der Botschaft in Kinshasa und hatte das Bonoboprojekt administrativ und logistisch unterstützt. Er sorgte auch ständig für frischen Nachschub und packte immer eine kleine Überraschung dazu: eine Flasche Martini, ein Sechserpack Primusbier, ein Brettspiel, einmal auch zwei Bonoboskulpturen, die ein befreundeter Künstler geschnitzt hatte.

Flop war in schwarzen wie weißen Kreisen von Kinshasa beliebt – wegen seiner freundlichen Art, seiner Fliege, seinen ausgelassenen Trinkgelagen. Und wegen seines gastfreundlichen Hauses mit Pool. In dem Pool durften sowohl die Pudel eines Mitarbeiters baden als auch ein schmutziger alter Pater aus dem Landesinneren, der dank einer göttlichen Eingebung immer zu wissen schien, wann einige Damen ein Sonnenbad im Garten nahmen. Außerdem war Flop ein vorbildlicher und unkonventioneller Diplomat mit einem echten Interesse für das Land, in dem er tätig war, und für die Projekte, die er unterstützte. Zudem tat er Dinge, die für einen Diplomaten überraschend naiv waren.

So unternahm er zu einer Zeit, wo kein Weißer Kinshasa zu verlassen wagte, mit Ellen eine zweitägige Exkursion zu einer Grotte im Landesinneren, in der sein Vater einmal blinde Fische entdeckt hatte. Eine biologische Anpassung, die illustriert, dass die Natur überflüssige und energetisch kostspielige Organe wegselektieren kann – in einer Grotte müssen Fische nicht sehen können. Flop und Ellen ließen sich an einem langen Seil in die Grotte hinab und verirrten sich dort. Aber sie fanden sowohl die Fische als auch den Weg zurück.

Flop fand Ellens Bonoboprojekt phantastisch, eine Möglichkeit, aus Zaire auch einmal etwas Gutes zu be-

125

richten. Im Flur seines Hauses hing ein großes Schwarz-weiß-Foto von Ellen, auf dem sie an einem natürlichen Makkaronistengel nagte. Auch Bonobos fressen so etwas, wenn sie wenig Früchte finden. Er kaufte ihr ein Auto, eine rote Ente, an der er ein Nummernschild des *Corps Diplomatique* anbringen ließ (mit der – Zufall oder nicht – 09 des Militärattachés). Damit wollte er vor allem den damaligen Botschafter ärgern, der selbst nach diplomatischen Maßstäben außerordentlich kontaktgestört war und die Meinung vertrat, ein Diplomat dürfe nicht in einer Ente herumfahren. Dieser hatte es geschafft, während seines vierjährigen Aufenthalts kein einziges Mal das Landesinnere zu besuchen, er wußte nicht einmal, wo die Rue de Commerce, die Hauptgeschäftsstraße von Kinshasa, lag. Trotzdem war er fest davon überzeugt, dass das Zaire von Mobutu die Fähigkeit besaß, ein ‚demokratisches Paradies' zu werden. Die Fakten sollten seine mangelnde Einsicht gnadenlos entblößen.

Flop war auch der Meinung, dass es besser wäre, Ellen und Kathleen zurückkommen zu lassen. Die Situation wurde zu riskant. Als ich sie endlich erreicht hatte, spürte ich durch das Telefon, wie kühl Ellen auf diesen Vorschlag reagierte. Noch bevor ich ihr etwas erklären konnte, sagte sie, dass sie nicht daran dächte, ihre Bonobos im Stich zu lassen. In der Region trieben sich keine Soldaten herum, es waren keine Militärs im Anzug und sie hatte Funkkontakt mit den Patern der nahe gelegenen Missionsstationen in Baringa und Basankusu. Auch die hatten ihr versichert, dass Ruhe herrsche und sie auf ihren Posten bleiben wollten. Warum also sollte sie sich aus dem Staub machen? Sie war in ihrem Urwald viel sicherer als die Pater in ihrer Missionsstation.

Ich redete fast eine Stunde auf sie ein, aber ohne Erfolg.

„Wenn es nötig sein sollte, tauche ich im Dschungel unter", sagte sie beschwörend. „Niemand wird mich finden, ich kenne hier jeden Quadratmeter. Ich kann mich von dem ernähren, was auch die Bonobos fressen, damit kann ich mich problemlos eine Weile über Wasser halten. Du brauchst dir wegen mir wirklich keine Sorgen zu machen." Dann legte sie auf.

Noch am gleichen Abend hörte ich, dass die flüchtenden Soldaten Mobutus die Stadt Ikela geplündert hatten und auf dem Weg nach Boende waren, das nur fünf Tagesmärsche von Ellens Camp entfernt war. Mich packte die Verzweiflung. Ich konnte sie nicht erreichen. Wenn sie sich nicht mit mir in Verbindung setzte, gab es keine Verständigungsmöglichkeit. Und sie nahm keinen Kontakt auf.

Nach unserem Gespräch brauchte Ellen drei Tage, um doch zu dem Entschluss zu kommen, den Urwald zu verlassen. Den Ausschlag hatten ihre einheimischen Arbeiter gegeben, die sich Sorgen um ihre Sicherheit machten. Dass dies eine Art göttlicher Fügung war, wurde ihr klar, als sie mit ihrem Boot in Basankusu ankam. Alle Pater und Schwestern aus der umliegenden Region waren hier zusammengeströmt, um das letzte Flugzeug zu nehmen. Für viele der Pater war es nicht der erste Aufstand, wohl aber das erste Mal, dass sie flüchteten. Vielleicht verloren sie auf ihre alten Tage ihre mentale Widerstandskraft gegen die unvorhersehbaren Entwicklungen eines Landes, das zum x-ten Mal am Rande des Abgrunds balancierte.

In Basankusu erfuhr Ellen, dass Boende schon von meuternden Soldaten geplündert worden war. Amtspersonen, zu denen sie Kontakt hatte, waren ermordet. Man hatte die Missionsstation von Baringa angegriffen, in Brand gesetzt und alle Kühe abgeschlachtet. Unter der Bevölkerung von Basankusu, der nächsten Station der

Deserteure, war Panik ausgebrochen. Wichtige Persönlichkeiten, wie der Bischof, tauchten im Urwald unter. Die Flucht der Pater verstärkte die Unruhe unter der Bevölkerung. Es war das erste Mal, dass die Missionare die Menschen im Stich ließen.

Viel später sollte Ellen von ihren Arbeitern erfahren, dass Mobutu-Soldaten aus Basankusu das Camp nur wenige Wochen nach ihrer Abreise geplündert hatten. Sie hatte viele Koffer mit Material im Urwald versteckt, aber die Soldaten hatten ihre Arbeiter unter Drohungen dazu gezwungen, die Koffer wieder auszugraben. Alles war weg. Ellen konnte wieder bei null anfangen. Genau wie seinerzeit Dian Fossey. Durch ein identisches Szenario im selben Land wurden auch für sie die Uhren zurückgestellt.

Aber im Gegensatz zu Fossey konnte Ellen nicht das Land wechseln, um ihre Bonobos zu studieren. Sie musste abwarten, bis sich die Lage wieder stabilisiert hatte. Inzwischen hatte sie genügend Zeit, um nachzudenken und zu lesen. Und um abenteuerliche Pläne zu schmieden.

Es war ein spontaner Einfall gewesen, ins *Sire Pynnock*, eines der besten Restaurants in meiner Gegend, zu gehen. Ich hatte einfach Lust, auszugehen und Geld auszugeben, und es war ewig her, dass ich gut gegessen hatte. Ellen ging mit. Wie üblich lehnte sie es ab, sich ein wenig in Schale zu werfen, aber zum Glück waren die Restaurantbesitzer nicht borniert und hatten kein Problem damit, dass eine Feldbiologin in einem weiten Sweat-Shirt und engen Jeans zwischen der akademischen und lokalpolitischen Prominenz saß. Sie wirkte keineswegs deplatziert, sie war einfach zwanzig Jahre jünger als der Rest der Gesellschaft.

Genauso gut hätten wir allerdings auch zu McDonald's gehen können. Trotz des hervorragenden Sechs-Gänge-Menus, des erlesenen Weins und des aufmerksamen Obers ist uns von diesem Abend nur in Erinnerung geblieben, dass wir statt Gänseleber eine andere Vorspeise bestellt hatten – wir wussten nicht einmal mehr, was. Wir hatten uns zu intensiv über Ellens neueste kühne Idee unterhalten. Schon beim Aperitif hatte mich Ellen scharf gemustert, ihr Rücken war noch gerader als sonst, und sie hatte diesen entschlossenen Zug um den Mund, der normalerweise wenig Gutes versprach.

Sie hatte sich in den Kopf gesetzt, in den Salonga Nationalpark zu fahren, der 1970 zum Schutz der Bonobos eingerichtet worden war. Sein Inneres war immer noch wissenschaftliches Neuland. Zuletzt hatte sich der niederländische Elefantenforscher Allard Blom Ende der achtziger Jahre dort aufgehalten. Seinem Bericht ist unter anderem zu entnehmen, dass er den angeforderten militärischen Schutz gegen die zahlreichen Wilderer nicht erhielt. Möglicherweise, weil die meisten Wilderer gleichzeitig Armeeangehörige waren. Er berichtete auch, dass er an dem gleichnamigen Fluss unter Beschuss genommen wurde und einen zweiwöchigen Fußmarsch zurücklegen musste, weil Wilderer sein Boot mit Gewehrkugeln durchsiebt hatten. Er hatte weite Gebiete von Zaire bereist, aber der Salonga war für ihn der gefährlichste Ort, an dem er jemals gearbeitet hatte. 1996 war der Kameruner Papageienforscher Roger Fotso den Salonga hinaufgefahren, kurz vor der Mündung jedoch auf ein großes Boot mit schwer bewaffneten Wilderern gestoßen, das Riesenstapel Elfenbein transportierte. Einheimische hatten ihm erzählt, dass die Wilderer unterwegs Dörfer überfielen, um sich mit Proviant zu versorgen. Auch Roger Fotso hatte sicherheitshalber kehrtgemacht.

In dieses irdische Paradies sollte also Ellens nächste Expedition gehen. Zaire hieß inzwischen wieder Kongo. Nachdem die Armee Mobutus Kinshasa am siebzehnten Mai geräumt hatte, waren die Soldaten Kabilas aus der entgegengesetzten Richtung einmarschiert. Das Land hatte noch keine Zeit gehabt, um seinen x-ten Umsturz zu verdauen. Aber Ellen wurde ungeduldig von dem, was sie als Herumsitzen in Belgien bezeichnete. Sie wollte weg. Sie wollte wissen, ob es im Salongapark Bonobos gab, und wenn ja, wie viele. Sie behauptete, dass es keinen Sinn habe, die Tiere zu erforschen, ohne sie irgendwo zu schützen. Und niemand vermochte mit Sicherheit zu sagen, ob das der Fall war. Sollte es so sein, musste das Gebiet unbedingt als Park verwaltet werden, sollte es nicht so sein, mussten andere Schutzreservate gefunden werden. In beiden Fällen drängte die Zeit.

Noch vor dem Nachtisch hatte ich ihr nicht nur Recht gegeben, sondern auch in einem Anflug von Machismo versprochen, mitzukommen. Selbst ein Abenteurer verflucht sich dafür in einem nüchternen Moment, aber Ellen konnte sehr überzeugend sein. Ihr Plädoyer hatte mich so beeindruckt, dass ich nicht einmal mehr den Betrag auf der Rechnung registrierte.

In den darauf folgenden Wochen filterte Ellen aus diversen Berichten bestürzende Fakten heraus. Mit Brasilien und Indonesien gehört der Kongo zu den wenigen Ländern, die noch ausgedehnte Regenwälder besitzen. Mehr als zwölf Prozent des weltweiten Regenwaldbestandes befindet sich im Land der Bonobos. Aber allein in Zaire/ Kongo gingen in letzter Zeit eine Viertelmillion Quadratkilometer Wald unwiderruflich verloren. Es bleiben noch fast eine Million Quadratkilometer zusammenhängender Regenwald, von denen zehn Prozent stark gefährdet

sind. Von dem Rest werden sechzig Prozent als Rodungs-
flächen angesehen.

Der neue kongolesische Präsident Kabila, der als Re-
bellenführer in den siebziger Jahren vier Studenten von
Jane Goodall aus ihrer Forschungsstation kidnappen ließ
und monatelang bis zur Zahlung eines hohen Lösegelds
als Geiseln hielt, träumte laut von einer ertragreichen
Holzindustrie an den Flüssen der Provinz Equateur. Ausländische Unternehmen – neben US-amerikanischen und
europäischen auch asiatische – zeigten Interesse, etwas
gegen die bisherige mangelnde Ausbeutung der natürlichen Reichtümer zu tun, die in ihren Augen nichts anderes als pure Verschwendung war.

Mein Idol Wallace hatte in seiner Zeit eine Vision: „Wir
können mit Bestimmtheit vorhersagen, dass der zivili-
sierte Mensch, sollte er jemals bis in diese fernen Regionen vordringen und den sittlichen, intellektuellen und
physischen Fortschritt in die letzten Winkel der unberührten Urwälder tragen, das wunderbare Gleichgewicht zwischen organischer und anorganischer Natur in
einem solchen Ausmaß zerstören wird, dass genau die
Wesen verschwinden und letztendlich aussterben werden, deren prächtige Formen und Schönheit nur er allein
würdigen kann." Prophetische Worte, die ein Jahrhundert später eine größere Bedeutung haben als je zuvor.
Die tropischen Regenwälder gehören zu den letzten
Überbleibseln einer nicht menschlichen Natur, aber wie
lange noch? Jedes Jahr werden weltweit hundertdreiund-
vierzigtausend Quadratkilometer tropischer Regenwald
vernichtet – ein Gebiet, das fünfmal so groß ist wie Belgien. Und noch einmal die gleiche Fläche ist massiv bedroht.

Ein Wald ist schnell gerodet. Seine Regeneration ist ein
langwieriger, wenn nicht unmöglicher Prozess, vor allem

angesichts der gern praktizierten Technik des Kahlschlages, die sich kurzfristig als die rentabelste erwiesen hat. Zwischen fünfzig und neunzig Prozent aller Pflanzen und Tiere auf der Welt sind auf den Wald angewiesen, um überleben zu können. Drei Viertel aller Säugetiere, zwei Drittel aller Reptilien, die Hälfte der Amphibien und fast fünfzig Prozent der Vögel sind durch die kontinuierlichen Angriffe auf das Regenwaldbiotop existenziell bedroht. Vor allem große Tiere haben es schwer, da sie viel Raum brauchen, um lebensfähige Populationen zu unterhalten.

Weltweit gibt es etwa zweihundert verschiedene Affenarten, momentan ist mindestens ein Drittel von ihnen vom Aussterben bedroht. Der Bonobo ist eine der am stärksten gefährdeten Tierarten des Regenwalds. Anfang der neunziger Jahre hat der WWF vorgeschlagen, einen Teil des Lomako zur Schutzzone zu erklären, aber diese Initiative musste aufgrund der Probleme in Zaire auf Eis gelegt werden. Inzwischen wurde der Einwand laut, dass das Land mit dem Salonga bereits einen Nationalpark besäße, um nicht nur den Bonobo, sondern auch den Kongopfau, den Urwaldelefanten und andere bedrohte Arten zu schützen.

Die Sorge um das Schicksal spektakulärer Tierarten ist nicht neu. Schon 1925 hatte der belgische König Albert I. im damaligen Belgisch-Kongo einen ersten Nationalpark geschaffen, um „Elefanten und andere Tiere" vor einer unüberlegten „Ausrottung" zu schützen. Sein Nachfolger, König Leopold III., sprach sich 1957 nach einem kurzen Besuch für einen Park im Regenwald am Äquator aus. Aber erst 1970 wurde der Salonga offiziell als Nationalpark und zugleich größtes Regenwaldreservat der Welt ins Leben gerufen. 1984 wurde er von der UNESCO als Weltnaturerbe anerkannt.

Der Park wurde so angelegt, dass möglichst wenig Menschen umgesiedelt werden mussten. Man orientierte sich dagegen nicht an der auffallenden Präsenz endemischer und anderer seltener Tiere und Pflanzen. Die eifrigen Sammler der ausgestopften Tiere in den Museen hatte es übrigens nie auf den Salonga und die anderen Flüsse des Parks verschlagen. Feldforscher, die sich für den Bonobo interessierten, mussten erst noch kommen. Die ersten Wissenschaftler waren vom Salonga wenig begeistert. Die Badrians notierten 1977 in ihrer ersten Veröffentlichung, im Park keine Bonobos gesehen zu haben. 1979 wurde dies von dem Japaner Kano bestätigt. Beide Aussagen beruhten auf Informationen der einheimischen Bevölkerung. Kano hatte den Park nicht einmal betreten, sondern sich immer nur am Rand aufgehalten. Noch 1984 schrieb der Amerikaner Randall Susman in dem ersten Buch über den Bonobo, dass es im Salonga Nationalpark keine Bonobos gäbe.

Die Wende kam 1987. Deutsche Forscher wanderten drei Tage an der Nordgrenze des Parks entlang, wo sie Spuren und Schlafnester von Bonobos fanden und drei erwachsene Tiere in einer Baumkrone entdeckten. Sie veröffentlichten ihre Beobachtungen in der Zeitschrift *Primate Conservation*. Der Wissenschaft genügte das, um den Spieß umzudrehen. So schrieb Frans de Waal in seinem Bonobobuch, dass Bonobos im ganzen Salongapark vorkommen, wahrscheinlich jedoch nirgends in großer Dichte. Obwohl er seine Informationsquellen in der Regel präzise angab, fehlt hier jeglicher Nachweis. In der 1997er Ausgabe des *Kingdon Field Guide to African Mammals* ist – ebenfalls ohne Quellenangabe – zu lesen, dass der Bonobo im Salonga relativ selten ist.

Nur in dem 1995 erschienen *Action Plan* für den Bonobo von Nancy Thompson-Handler, Richard Malenky und

Gay Reinartz finden sich einige detaillierte Beobachtungen. Allerdings erwiesen sie sich als wenig haltbar. Im Mai 1988 reiste der Belgier Jean-Pierre D'Huart im Auftrag des WWF zum Salonga, drang jedoch nicht bis in den Park vor. Seine Angaben zu den Bonobos stammen ausschließlich von Wildhütern. 1989 berichtete der Elefantenzähler Blom, der Bonobo wäre überall in dem Park anzutreffen, obwohl er selbst kein einziges Exemplar zu Gesicht bekommen hatte. Französische Wissenschaftler, die zu Beginn der neunziger Jahre an der Nordgrenze des Parks tätig waren, sahen nur ein einziges Mal Bonobos, behaupteten jedoch, dass Arbeiter einige Kilometer von ihrem Lager entfernt ,regelmäßig' in Kontakt mit den Tieren kämen. Sie hielten es nicht für nötig, diese Aussagen zu verifizieren.

Handfeste Daten über den Bonobo sind jedoch bitter nötig. Man schätzt, dass nicht mehr als zehn- bis zwanzigtausend Bonobos überleben würden – ein eklatanter Unterschied zu den angenommenen zweihunderttausend für die Schimpansenpopulation. Die Verfasser des Aktionsplans gehen sogar von insgesamt weniger als fünftausend überlebenden Bonobos aus. Eine lächerlich geringe Zahl – so viele Zuschauer kommen zu einem Fußballspiel der Regionalliga, ein durchschnittliches westeuropäisches Dorf hat mehr Einwohner, und eine Demonstration von fünftausend Leuten wird selten ernst genommen. Nur ein Bauer, der so viele Schweine in seine Ställe zwängen kann, ist zufrieden – oder ein flämischer Autor, der so viele Exemplare von seinen Büchern verkauft.

Der Sturz eines Diktators

Es war noch stockfinster, als Ellen mich aus dem Bett warf. Da der Generator ausgefallen war, musste ich im Dunkel die Taschenlampe suchen, die in oder neben das Bett gefallen war. Ich hörte, wie der dicke Körper eines Nachtfalters gegen das Gazefenster klatschte, aber ich konnte nicht erkennen, ob das Tier hinein oder hinaus wollte. Ich fand die Lampe und leuchtete nach meinem Taschenmesser, an dem mein Kofferschlüssel hing. „Ohne Fernglas, feste Schuhe und eine Regenjacke gehe ich nicht nach draußen", knurrte ich Ellen an, die sich über den Morgenmuffel amüsierte. „Keine Sorge", sagte sie beruhigend, „es ist vielleicht nass, aber wir werden Schimpansen sehen, ohne dabei von Mücken oder Ameisen belästigt zu werden. Für viele Insekten ist es hier zu kalt."

Wir wurden von Babette Fahey abgeholt, einer Australierin asiatischer Abstammung, die zu dem Team des amerikanischen Schimpansenexperten Richard Wrangham gehörte. Babette war leider überpünktlich und ebenfalls schon ziemlich munter. In einem weiten, weißen Hemd und kurzen, grünen Stiefeln kam sie den Weg zu unserem Haus herauf. Die beiden Menschenaffendamen verloren keine Zeit. Sie wollten die Show nicht verpassen. Ich trottete schlecht gelaunt hinter ihnen her. „Alles nur wegen ein paar blöder Affen", maulte ich, aber ich durfte kein Verständnis erwarten. „Schimpansen sind keine Affen, sondern Menschenaffen, wie oft muss ich dir das noch sagen", höhnte Ellen ohne einen Funken Mitleid. Affenfrauen können hart sein. Vor allem am frühen Morgen. Aber sie hatten keine andere Wahl. Sonst hätten sie einen ganzen Tag auf ihre Lieblinge verzichten müssen.

Wir wanderten zu einem kleinen Dorf, in dem die Fährtensucher wohnten. Auf Babettes Pfiffe kam ein großer Mann namens Siekie aus einer der Hütten zum Vorschein. (Erst viel später sollte ich erfahren, dass dies die Anfangsbuchstaben seines Namens, C. K., waren.) Siekie war der beste Fährtensucher des Teams. Er folgte schon seit zehn Jahren einer Schimpansengruppe im Kibale Nationalpark im Westen Ugandas. Sieben Tage in der Woche stand er noch vor dem ersten Hahnenschrei auf und war meistens erst nach Einbruch der Dunkelheit wieder zurück. Aber die langen Arbeitstage machten ihm nichts aus. Er wurde nach Stunden bezahlt und konnte sich so manches nebenbei verdienen. Zum Beispiel, wenn er die Schlafnester der Tiere fand.

Am Abend zuvor hatte Siekie inmitten einer hügeligen Bananenplantage am Rand des Parks in drei großen Bäumen einige Schimpansennester gefunden. Im Gegensatz zu der gängigen Auffassung fressen Schimpansen in der Natur keine Bananen, sondern nur das Mark aus dem Stamm. Sie zerren an den Stauden und schleudern sie zu Boden. Die Bauern sind wütend, weil die Affen ihre Pflanzungen zerstören. Die um den Park ansässige Bevölkerung war nicht gut auf die Schimpansen zu sprechen und forderte, dass die Affen in ihrem Reservat bleiben sollten. „Dann müssen die Menschen auch aus dem Park verschwinden", meinte Siekie. Trotz der Bewachung und der Anwesenheit von Forschern wurde dort gewildert. Die meisten Schlingen waren aus Kabeln für Fahrradbremsen gemacht. So partizipierte auch die lokale Wilderei am Fortschritt.

Manchmal gerieten auch Schimpansen in die Schlingen. Nicht alle Tiere kamen mit dem Leben davon, auch wenn einige gelernt hatten, sich aus einer Schlinge zu befreien, ohne dabei eine Hand zu verlieren. Sie behielten dann tiefe Wunden und Narben zurück. In Kibale zahlten sie es dem Menschen mit gleicher Münze heim. Die Schimpansen fressen nicht nur ihre Artgenossen, wie den Roten Mantelaffen, sondern entpuppen sich bei Gelegenheit auch als Menschenfresser. Mindestens zwei Mal hatten sie sich ein Baby aus einem Dorf gegriffen und wie einen Affen in Stücke gerissen – im Prinzip eine normale Sache, wenn man die biologische Messlatte hoch genug anlegt. Die örtlichen Behörden fürchteten, dass die Dreistigkeit, mit der die Schimpansen Plantagen und Dörfer überfielen, eine Folge ihrer Gewöhnung an die Forscher war, die ihnen tagelang folgten, ohne sie zu stören. Die Überfälle auf die Plantagen schienen immer häufiger zu werden. Möglicherweise wurde der Urwald zu klein, um den Schimpansen ein bequemes Leben zu bieten, sodass sie gezwungen waren, ab und zu auch außerhalb der Park- und Urwaldgrenzen auf Nahrungssuche zu gehen. In Uganda verliefen diese Grenzen parallel, hier war der nicht geschützte Urwald fast gänzlich verschwunden.

Babette machte sich Sorgen, weil das dominante Männchen ihrer Untersuchungsgruppe, Big Brown, schon drei Monate nicht mehr gesehen worden war. Vielleicht hatte er mit seinen Kumpanen ein benachbartes Territorium angegriffen. Jane Goodall beschrieb einmal eine kriegerische Auseinandersetzung zwischen zwei Schimpansengruppen, in deren Verlauf die eine Gruppe niedergemetzelt wurde. Wahrscheinlich wirbelte diese Beobachtung vor allem deshalb so viel Staub auf, weil man immer davon ausgegangen war, dass nur der Mensch das Phänomen des Krieges kennt. Aber die Schimpansen scheinen dem Menschen noch verwandter zu sein, als man bisher dachte.

Forschungen in Gabun zeigten, dass ein Krieg zwischen Schimpansengruppen die Folge eines Biotopverlustes sein kann – ein demografischer Faktor, der unter anderen Vorzeichen und Gegebenheiten auch beim Völkermord in Ruanda eine Rolle gespielt haben könnte. Der Urwaldbestand ging jedenfalls so weit zurück, dass die Tiere notgedrungen in ein anderes Territorium ausweichen mussten. Schimpansen scheinen im Umgang mit Wirtschaftsflüchtlingen weniger flexibel zu sein, als Menschen das hin und wieder sind. Politische Flüchtlinge gibt es in der Schimpansenwelt nicht, und gestürzte Götter werden nicht verstoßen.

Auch Schimpansen sind keine Frühaufsteher, stellte ich an dem besagten Morgen zwischen den Bananenstauden befriedigt fest. Erst als der Morgen dämmerte, begann sich in den Nestern endlich etwas zu regen. Ein Arm reckte sich empor, um wieder schlapp über den Nestrand zu fallen. Eines der Tiere drehte sich um, warf einen kurzen Blick nach unten, sah, dass ihm schon wieder Publikum auf den Pelz gerückt war, und legte sich wieder hin. Ein kleinerer Affe lief über einen Ast zu einem anderen Nest, um darin zu verschwinden, vielleicht ein Kind, das sich vor dem Aufstehen noch kurz bei seiner Mutter ankuscheln wollte. Aus dem größten Nest prasselte ein Urinstrahl herab, der Grund, warum Babette so früh aus den Federn musste. Mit einer Pipette saugte sie unter den Nestern Urinproben an. Sie untersuchte die genetische Verwandtschaft und Unterschiede innerhalb von Schimpansengruppen. Nach und nach erhoben sich die Tiere und kletterten in die Plantage hinab, wo sie einen Stamm umknickten und erst einmal etwas zu sich nahmen. Die Affen konnten zumindest frühstücken, bevor sie aufbrachen. Ein noch nicht ganz ausgewachsenes Männchen machte einem Weibchen Avancen, das nach Meinung Babettes fruchtbar war. „Der kann sein Glück nicht fassen", flüsterte sie, „es ist nämlich kein einziger dominanter Mann in der Nähe."

Als letzter verließ Starkey sein Nest, der bis vor kurzem das Familienoberhaupt gewesen war. Er war von Big Brown vom Thron gestoßen worden und die soziale Stufenleiter ganz weit heruntergepurzelt, obwohl er trotz seines Alters immer noch stärker war als die meisten anderen Tiere seiner Gruppe. Siekie schmunzelte, als ich ihn auf die Gemeinsamkeit zwischen seinen Schimpansen und den Menschen hinwies. Auch bei uns können Diktatoren tief fallen. Aber er wollte keinen Kommentar dazu geben. Kein Ugander sprach gern über den erst Fleisch und dann fett gewordenen Dämon Idi Amin oder über Milton Obote, dessen zweite Schreckensherrschaft in den frühen achtziger Jahren das Schlimmste war, was die ugandische Bevölkerung jemals erdulden musste.

Ellen und ich besuchten Babette auf einer langen Reise im Herbst 1997, auf der wir zuerst bei Schimpansen und Gorillas Station machten. Ellen wollte sehen, worin sich das Verhalten der beiden Affenarten unterschied. Unser zweites Etappenziel sollte die Provinz Equateur sein, wo sie sich ein Bild davon machen wollte, wie geschützt die Bonobos in ihrem Lebensraum waren. Das zwanzig Kilometer vom Kibale Nationalpark gelegene Fort Portal war in nichts mit den kongolesischen Dschungelstädtchen zu vergleichen und eine Überraschung für den, der regelmäßig in Afrika unterwegs ist. Die Soldaten an den Straßenabsperrungen waren freundlich. Sie ließen sogar die einheimische Bevölkerung in Ruhe. Die Kontrolle (ausschließlich männlicher) Passanten verlief korrekt. Weiße brauchten nicht zu zahlen, um passieren zu können. Die Barrikaden dienten dem Zweck, Rebellen der *Allied Democratic Forces* ausfindig zu machen, die aus den Ruwenzoribergen an der Grenze zum Kongo blitzartige Überfälle auf die umliegenden Dörfer inszenierten.

Selbst in den kleinsten Restaurants von Fort Portal gehörte Butter zu einem Omelett mit Brot. Die etwas besseren Etablissements prunkten mit einem Billardtisch oder einer Toilette mit Wasserspülung. Die Marktfrauen trugen Lockenwickler im Haar. Fahrende Apotheker priesen mit schnatternder Stimme Mittelchen gegen Kopfschmerzen und Erkältung an und verdienten sich damit eine goldene Nase. Männer mit schmuddeligen Füßen sammelten in Handkarren den Müll ein. Das Fleisch kam frisch aus der Schlachterei. „Wetten, dass es hier Tiefkühlhühner gibt", sagte ich provozierend zu Ellen, als wir an dem Supermarkt *Andrew & Brothers* vorbeiliefen. Ellen erklärte mich für übergeschnappt, lud mich jedoch fünf Minuten später zu einem Tusker-Bier ein. In dem Laden war einfach alles zu haben. „Und er wird von Ugandern betrieben", betonte der Bauunternehmer Sam Ntungwa, der gerade mit dem Bau eines Restaurants beschäftigt war. Er nahm uns in seinem Auto mit in den Park, wobei er unterwegs von der Reise seiner Schwester nach Großbritannien erzählte. „Es war verdammt schwer, ein Visum zu bekommen", fluchte er. „Die Briten denken immer noch, dass jeder Ugander, der nach Europa fährt, dort auch bleiben will. Aber die Zeiten sind vorbei."

Auch der Fährtensucher Siekie wollte es im Leben zu etwas bringen. Das Geld, das er im Park verdiente, steckte er in kleinere und größere Unternehmungen. Obwohl er noch keine dreißig war, gehörten ihm schon eine Kuh zur privaten Nutzung und einige Sägen, die er an Holzfäller vermietete. Er sparte, um einen Teil seines Hauses zu einer Pension umbauen zu können, und auf ein Taxi. Sein ganz großer Traum war ein Hotel. Auch Moses, Babettes fester Assistent, hatte Ambitionen. Er begleitete sie auf ihren Wanderungen und bahnte ihr den Weg durch den Dschungel. Er kletterte mit artistischem Geschick in hohe, schwankende Bäume, wo er mit Plastikhandschuhen und einer Pinzette Haare aus den Schimpansennestern pflückte, die Babette für ihre genetischen Untersuchungen brauchte. Siekie war sein großes Vorbild. Er lachte gutmütig, wenn der ihn mit den weiten Hosenbeinen seiner grauen Jeans aufzog, und grinste erleichtert, als ich ihm mit der Erklärung zu Hilfe kam, dass so etwas bei weißen Jugendlichen absolut in Mode sei.

Moses war neunzehn und noch ohne Frau, weil er noch nicht genug Geld für ein Haus oder Grundstück beisammen hatte. Aber er machte sich um seine Zukunft keine Sorgen. Von seinem ersten selbst verdienten Geld wollte er sich ein Fahrrad kaufen. Und er war vernünftig. Er ließ Babette seine Ersparnisse verwalten, weil er sonst Dummheiten damit machen würde oder sie bei seiner Familie abliefern musste. Wenn er genug beisammen hatte, würden sie zusammen ein Fahrrad kaufen. „Er ist eigentlich viel zu ehrlich", meinte Babette. „Neulich hatte er einen ganzen Haufen Schlingen bei sich. Die Fährtensucher bekommen für jede Schlinge, die sie im Park zerstören, eine Prämie. Aber ich merkte, dass etwas nicht stimmte, und er gab auf der Stelle zu, dass er – genau wie die anderen – einige der Schlingen außerhalb des Parks gefunden hatte. Der Junge ist einfach zu gut für diese Welt."

Die Schimpansen verließen die Bananenplantage. Sie zogen über einen Hügel bergab in den Park. Hier kamen sie schnell auf einen Weg, der zu den zahlreichen nummerierten Routen gehörte, die von Forschern im Laufe der Jahre kreuz und quer durch den Dschungel geschlagen worden waren. Wenn sie mit ihren krummen Rücken und langen Armen über die dunklen Pfade liefen, erinnerten sie an Trolle. Ab und zu warfen sie einen Blick zurück, um zu kontrollieren, ob die Menschen ihnen noch folgten. Sie kamen schnell voran und konnten an einem Tag viele Kilometer zurücklegen. Trödeln, um nach einem Vogel oder Schmetterling zu schauen, kam für uns nicht infrage, denn es war schwierig, die Affen wiederzufinden, wenn man sie einmal aus dem Auge verloren hatte.

Die kleine Gruppe zog an einem Sumpf vorbei und legte auf einer gerodeten Fläche eine kurze Pause ein. Einige streckten ihre Arme in die Luft, um zu einer Runde Lausen einzuladen, andere legten sich faul ins Gras. Die Kleinen, die sich während der Wanderung fest an ihre Mutter geklammert hatten, lösten sich und erkundeten die nähere Umgebung. Für die Schimpansen in Kibale schien die Welt in Ordnung.

Am nächsten Morgen entdeckten wir sie in der Krone eines riesigen Feigenbaums, wo sie kleine grüne Früchte naschten und sich in keiner Weise von den Beobachtern stören ließen, die auf dem Rücken in dem nassen Gras lagen und die Szenerie genossen. Ein großer blauer Turako beehrte uns mit seinem Besuch, ein papageienartiger Vogel mit einem schwarzen Kamm und einem langen Schwanz, ein Nahrungskonkurrent der Affen. Er hüpfte nervös in der Baumkrone von Ast zu Ast, aber wenn man den Büchern glaubte, war das sein normales Verhalten. Leuchtende Grüntauben mit einem auffällig roten Schnabel machten ihrem Namen alle Ehre, zumindest was die Feigen anging, dafür hatte ihr seltsam rollender Ruf nichts von dem Gurren einer Taube. Sie ließen sich nicht aus dem Baum vertreiben, fraßen jedoch wenig. Sie blickten häufig um sich, die Situation war ihnen nicht geheuer, da der Baum zu isoliert stand und es zu wenig brauchbare Fluchtmöglichkeiten gab. Grüne Turakos schossen scheu von Ast zu Ast. Auch sie misstrauten dem Ganzen. Und zu Recht, denn plötzlich tauchte ein großer Habicht aus dem unteren Teil des Baumes auf, um sich einen der Turakos zu greifen – sein Tag war beendet.

Mit einem Mal fuhren die Forscher unter dem Baum wie von der Tarantel gestochen auf. Die Schimpansen begannen zu rufen. Kontaktrufe. Das junge Männchen kletterte sofort von dem Baum herunter und schnellte davon. Der Rest blieb sitzen, verhielt sich jedoch auch während des Fressens äußerst wachsam. „Da sind andere Schimpansen im Anzug", erklärte Siekie. Er kroch ein Stück voraus, um durch das Laub zu spähen. Tatsächlich ließen die Tiere nicht lange auf sich warten. Plötzlich liefen überall bucklige Wesen durch den Dschungel, mit gesträubtem Fell und gebleckten Zähnen. Ein Tier schleppte die Überreste eines toten Roten Mantelaffen mit sich herum – der Schwanz des Affen schleifte wie ein Stofffetzen über den Boden. Ohne zu zögern, erklommen sie unter enormem Geschrei den Baum. Big Brown war dabei der unangefochtene Führer, der sich seiner Macht absolut bewusst war. Nachdem er sich einige Male hin und her geschwungen hatte, ließ er sich ruhig zum Fressen nieder.

Die weniger dominanten Männchen zogen jedoch eine Riesenshow ab und demonstrierten auf unnachahmliche Weise, was sich hinter dem Begriff Macho-Schimpanse verbirgt. Sie schwangen sich unter Rufen und Knurren bis an die Enden augenscheinlich viel zu dünner Äste, genau wissend, welche Zweige nicht unter ihrem Gewicht abbrechen würden. Sie kannten den Baum so gut, wie wir nach einer Weile jeden Winkel in unserem Haus oder Gar-

143

ten kennen. Sie warfen mit Zweigen und traten gegen den Stamm, ließen sich aus dem Baum fallen, veranstalteten ein Riesentamtam auf dem Boden und rasten wieder den Baum hinauf. Die Weibchen hielten sich aus diesem Tumult heraus. Sie kannten ihre Pappenheimer und hatten sich auf das äußerste Ende eines Astes zurückgezogen. Dominante Männchen, die ein Weibchen bei einem Seitensprung erwischen, verjagen zuerst den Liebhaber, um dann die Frau gnadenlos zu verprügeln. Schimpansen und Menschen haben mehr Gemeinsamkeiten als nur den Krieg.

Es war schwierig, die genaue Anzahl der Tiere zu zählen, aber nach einer Stunde war Siekie zu einem endgültigen Urteil gekommen. Es waren einundzwanzig, die Sippe war fast vollzählig erschienen. Allmählich beruhigte sich die Situation, und die Schimpansen zeigten, dass sie auch freundliche Seiten haben. Big Brown paarte sich zuvorkommend mit einer fruchtbaren Frau, während die Kleinen mit dem toten Mantelaffen spielen durften. „Ein derartiges Spektakel sieht man bei den Bonobos nie", sagte Ellen, wobei ich nicht feststellen konnte, ob sie das nun gut oder schlecht fand. Jedenfalls brachten die Tiere mehr Leben in die Bude, als ich das bei den Bonobos im Lomako jemals erlebt hatte.

Ebenso wie die Bonobos leben auch Schimpansen in großen Gruppen, die sich manchmal aufspalten, um sich über viele Nahrungsquellen zu verteilen, und wieder zusammenkommen, wenn es die ökologischen Gegebenheiten zulassen. Und ebenso wie bei den Bonobos sind die meisten Männchen einer Gruppe miteinander verwandt, während die Weibchen bis zur Geburt ihres ersten Kindes als Fremde betrachtet werden. Aber im Unterschied zu den Bonobos sind die männlichen Schimpansen dominant und aggressiv, sowohl untereinander als auch gegenüber den Weibchen, die ein sehr einzelgängerisches Leben führen. Aus noch ungeklärten Gründen hüten sich Bonobomännchen davor, Koalitionen zu bilden. Bei den Schimpansen ist das durchaus üblich. Angeblich praktizieren sie sogar ein in der Politik sehr gängiges System; sie bilden eine echte Männerwelt, in der man Verbündete finden muss, will man ganz nach oben. Und wenn man Erfolg hat, dürfen die Koalitionspartner zur Belohnung hin und wieder eine der Frauen besteigen.

Verglichen mit den männlichen Schimpansen, die echte Machos sind, verhalten sich die Bonobomänner – freiwillig oder unfreiwillig – wie Gentlemen. „Sie wirken wie Schwule", fand eine Freundin, der ich die sozialen Beziehungen in einer Bonobogemeinschaft erklärt hatte. Wie auch immer, in jedem Fall sind die sexuellen Aktivitäten der Bonobos facettenreicher als das phantasielose Rammeln der Schimpansen.

Unterm Strich war Ellen dann doch zufrieden. Wenn sie zwischen einem Sex- oder Aggressionsspektakel wählen müsste, würde sie sich für das erste entscheiden. „Ich finde es nach wie vor toll, dass bei der friedlichsten Art die Frauen das Sagen haben", so ihr abschließender Kommentar, „und dass es die Frauen sind, die in der Sexualität für Abwechslung sorgen."

Die Ruhe in dem Feigenbaum sollte brutal gestört werden. Noch vor dem Nachmittag, und zwar durch die Wissenschaft. Ein Kollege von Babette untersuchte die Reaktionen von Schimpansen auf Laute fremder Artgenossen. Er benutzte dazu eine Tonbandkassette mit Rufen von Schimpansen aus Tansania, die er ab und zu laut im Wald abspielte. Er fand die Situation um den Feigenbaum ideal für ein solches Experiment.

Die Reaktion der Schimpansen bedurfte keiner weiteren Interpretation. Innerhalb einer Sekunde nach Start des Bandes stürzten sie aus dem Baum und rannten – mit gesträubtem Fell, aber völlig lautlos – in die Richtung der vermeintlichen Eindringlinge. Sie schienen zu allem entschlossen. Einwanderer hatten keinerlei Verständnis zu erwarten.

Big Brown, sein Adlatus Stout und die beiden stärksten Weibchen näherten sich dem versteckten Mikrofon auf zehn Meter. Der Rest folgte widerwillig. Noch Stunden später trieben sich die Tiere herum, anfangs ohne einen Laut von sich zu geben, wobei die meisten auf halber Höhe in einem Baum saßen. Bewegung kam erst wieder in die Gruppe, als die Kleinsten zu zappeln begannen. Schließlich beschloss Big Brown, dass die Luft rein war, kontrollierte jedoch zur Sicherheit noch einmal die Grenzen seines Territoriums. Alle Tiere folgten ihm. Tagelang war kein einziger Schimpanse im Zentrum ihres Gebietes auszumachen. Eine merkwürdige Wissenschaft, die unter wilden Tieren ein solches Chaos anrichtet.

Am letzten Abend unseres Besuches lud uns Babette zum Essen ein. Wir trafen erst nach Einbruch der Dunkelheit ein und stolperten zum Ärger von drei deutschen Entomologen über die Schalen, die sie im Gras des Forschungsdorfes aufgestellt hatten. In Kibale war die Wissenschaft auch nachts aktiv. Interessant übrigens, was die Deutschen da machten. Ihr Forschungsgebiet waren die schwarz-weißen Urwaldschmetterlinge. Sie hatten entdeckt, dass die Schwarzweißkombination Insektenfresser wie Zugvögel vor der Giftigkeit der Schmetterlinge warnt. Den Tieren gelang es, einen Stoff aus dem Nektar einer Blume chemisch so zu bearbeiten, dass er toxisch wurde. Eine Schutzmaßnahme, die nur dann sinnvoll sein konnte, wenn die Angreifer wussten, dass die Falter giftig waren. Das auffällige Schwarzweißmuster transportierte diese Botschaft.

Das war aber erst der Anfang der Geschichte. Die Deutschen hatten auch entdeckt, dass manche Schmetterlingsarten die auffallende Farbe der giftigen Arten nur imitierten, ohne selbst Gift zu produzieren. Keine ungefährliche Sache, denn wenn zu viele Tiere zu vieler Arten dieses falsche Spiel spielten, wuchs die Chance, dass die Vögel versuchen würden, ein nicht giftiges Schwarzweißexemplar zu fangen. Damit würde das schwarz-weiße Muster auf Dauer seine Präventivwirkung verlieren.

Und als wäre es damit noch nicht genug, hatten die deutschen Wissenschaftler außerdem herausgefunden, dass nur die männlichen Schmetterlinge in der Lage waren, den giftigen Stoff aus dem Nektar zu herauszufiltern. Durch Pheromone signalisierten sie, wie viel Gift sie aktivieren konnten. Die Weibchen nahmen diese Botschaft auf und wählten die entsprechenden Männchen aus, wobei eines der Kriterien die Fähigkeit war, möglichst große Mengen Gift herzustellen. Denn – und darin bestand der Vorteil für den weiblichen Schmetterling – ein Teil des Giftes gelangte in das Sperma des Männchens und konnte so zum Schutz eines befruchteten Eis verwendet werden.

Im Unterschied zu Ellen wohnte Babette in einem Haus mit einer gut eingerichteten Küche, einem richtigen Bett und einer wunderschönen Terrasse, die Aussicht auf einen großen Baum bot. Der Baum war ein Sammelpunkt für viele Vögel, darunter auch für den prächtigen blauen Fliegenfänger mit seinem fächerartigen Schwanz, den er wie eine Wasserjungfer öffnen konnte, die ihre hellblauen Prachtflügel entfaltet, bevor sie sich auf die Suche nach Wasserlilien oder einem Wasserjungfernabenteuer begibt. Nur die etwas boshaften Augen des Vogels hatten nichts märchenhaft Verträumtes.

Babette sah an diesem Abend sehr attraktiv aus. Sie hatte das formlose Hemd, dass sie im Dschungel trug, gegen ein ärmelloses T-Shirt eingetauscht, sodass man eine kleine tätowierte Rose auf ihrer Schulter sah. Ich ließ den Macho heraushängen, und weil ich mein Fell nicht sträuben und auch nicht gegen einen Baumstamm treten konnte, versuchte ich, mit starken Geschichten aufzutrumpfen. Ich ertappte mich bei dem Gedanken, es zu bedauern, dass Menschen sich nicht wie Bonobos benehmen dürfen. Glücklicherweise sah Ellen in ihrem aufregenden olivgrünen Body noch attraktiver aus als Babette – was das angeht, sind Bonobomädchen unschlagbar.

Moses kam auch kurz vorbei. Er war bestens gelaunt, weil er das Geld für sein Fahrrad endlich beisammen hatte. Später sollte Babette an Ellen schreiben, dass sie das schönste Fahrrad in ganz Port Portal gekauft hatten und Moses sie auf dem Gepäckträger unter lautem Klingeln durch die ganze Stadt gefahren hatte.

Babette erklärte Moses, dass Ellen im Salonga Nationalpark ebenfalls versuchen würde, Haare und Urinproben von Bonobos zu sammeln, die sie gemeinsam analysieren würden. Als sie ihm vorschlug, sie zu begleiten, um Schneisen in den Dschungel zu schlagen und auf Bäume zu klettern, wich das Lachen aus seinem Gesicht. Mit einem sehr überzeugenden Kopfschütteln lehnte er das Angebot ab. „Ich kann nicht mitgehen", sagte er todernst. „Die Kongolesen sind gefährlich. Sie würden mich auf der Stelle ermorden."

Das singende Zelt

„*Wir danken Ihnen,* dass Sie mit der UN geflogen sind, und hoffen, Sie auf einem unserer nächsten Flüge wieder an Bord begrüßen zu dürfen." Victor war gut drauf. Wieder eine Ladung, die abgesetzt werden konnte. „Oh Mann, die stinken ja entsetzlich, wie haltet ihr das aus?", rief er uns zu. Sie rochen tatsächlich ziemlich übel. Victor war der portugiesische Kopilot einer Chartermaschine der Vereinten Nationen, die ruandische Hutu-Flüchtlinge aus dem Landesinneren des neuen Kongo in ihre Heimat zurückbringen sollte. Er schlängelte sich durch die Flüchtlinge hindurch, um die Tür zu öffnen. Die zwanzig Männer und zehn Kinder blieben zunächst auf dem Boden sitzen, um auf weitere Anweisungen ihres kongolesischen Begleiters zu warten. Der Mann, der ein T-Shirt mit der Aufschrift BEST DAD IN THE WORLD trug, war ein wenig ratlos, er war noch nie in Ruanda gewesen.

Die Flüchtlinge waren sehr still gewesen, als sie an diesem Morgen in Mbandaka, der Hauptstadt der Provinz Equateur, das Flugzeug bestiegen. In vier Stunden würden sie die Entfernung überbrücken, die sie im vergangenen Jahr zu Fuß bewältigt hatten, größtenteils durch den Dschungel und ohne Hilfsmittel, auf der Flucht vor der siegestrunkenen Armee Kabilas, die von den ruandischen Tutsi-Soldaten Unterstützung erhalten hatte. Am meisten fürchteten sie die Tutsis, die Berichte von den Massakern unter den Hutu-Flüchtlingen waren bis zu ihnen durchgedrungen.

Jetzt blickten sie aus einigen tausend Metern Höhe aufgeregt auf den Regenwald und Flüsse, die sich wie

Schlangen durch das dichte Grün wanden, auf den Kivu-See an der Grenze zu ihrem Heimatland und auf die ruandische Hauptstadt Kigali mit ihrem Straßennetz und den vielen Fahrzeugen, die wie winzige Punkte über eine Landkarte glitten. ‚Der beste Vati der Welt' musste die Kinder immer wieder beruhigen und auf Anordnung des Piloten Max von den Bordfenstern verjagen. Zu viel Bewegung konnte das Flugzeug aus dem Gleichgewicht bringen. Von der UNO bekamen die Flüchtlinge als Abschiedsgeschenk und kleine Aufmunterung ein Hemd und eine Hose – für die meisten bedeutete das eine Verdopplung ihrer Garderobe. Nur ein alter Mann mit knochigen nackten Füßen besaß etwas mehr als die zerrissene Kleidung, die er am Leibe trug. Er hatte noch einen dünnen Stock aus seinem Dorf gerettet, das er 1994 nach dem Genozid Hals über Kopf verlassen musste.

Die Euphorie und Aufregung legten sich schlagartig, als nach der Landung ein hoch gewachsener Mann in einem weißen Hemd, modischen grauen Jeans und einem Radio in der Hand schweigend die Kabine betrat. Ein Tutsi wie aus dem Bilderbuch. Sogar das zweijährige Mädchen, das während des Fluges entweder geweint oder gelacht hatte, blieb mucksmäuschenstill. SANS ADRESSE stand auf dem Zettel, den man an ihr auf das schmutzige Kleid geheftet hatte. Sie war in einem Flüchtlingslager jenseits der ruandischen Grenze zur Welt gekommen und als Waise in Mbandaka gestrandet. Ihre Eltern hatten den kongolesischen Dschungel nicht überlebt. Nun flog sie in ein Land zurück, das sie noch nie gesehen hatte.

Der Tutsi schnipste mit den Fingern; das Zeichen für die Flüchtlinge, auszusteigen. Zuvor wurden ihre Füße desinfiziert. Die Männer wurden in einen UN-Bus verfrachtet, der sie nach einem oberflächlichen Check in ihren ursprünglichen Wohnort zurückbringen sollte. Hier würde man kontrollieren, ob sie sich 1994 während des Völkermords eines Verbrechens gegen die Menschlichkeit schuldig gemacht hatten. Auf die Kinder wartete ein Bus von *Ärzte ohne Grenzen*. Eine junge weiße Frau mit afrikanischen Locken und einem Ring in der Nase versuchte, die Kleinen zu beruhigen. Die Kinder sollten über ein Durchgangslager in ihre Heimatregion zurückgebracht werden, wobei man allerdings nicht wusste, ob ihre Eltern überhaupt noch am Leben waren. Irgendjemand würde sich ihrer schon annehmen. Das Mädchen ohne Adresse würde in Kigali in ein Waisenhaus kommen, getrennt von den beiden achtjährigen Mädchen, an die sie sich in den letzten Wochen ihrer Flucht geklammert hatte. Sie mussten zurück in das Dorf, aus dem sie als Kleinkinder geflüchtet waren.

Ellen und ich waren nach unserem Besuch bei Babette und den Schimpansen über Kigali nach Goma am Kivu-See geflogen. Von dort aus wollten wir Fosseys Berggorillas auf den Vulkanbergen im Virunga Nationalpark einen Besuch abstatten. Die Gorillas in Uganda waren Monate im Voraus ausgebucht; Uganda war auf einem guten Weg, seinen früheren Status als ‚Perle Afrikas' zurückzugewinnen. Ein Besuch bei den Gorillas in Ruanda war unmöglich geworden. An den Hängen der Vulkanberge wimmelte es von Soldaten der ehemaligen ruandischen Armee und Angehörigen der *interahamwe*, einer extremistischen Hutu-Miliz, die von Norden her in das Land eindrangen. Die meisten von ihnen hatten hier Verwandte, die die Kämpfer, die über alles herfielen, was ihnen vor die Gewehrläufe kam, versteckten.

Noch bevor wir wieder festen Boden unter den Füßen hatten, wäre unsere Reise fast schon beendet gewesen.

Max setzte aus großer Höhe steil zur Landung an, um das Risiko eines Raketentreffers zu verringern. Er bekam jedoch keinen Kontakt zum Tower in Goma und wollte das Landemanöver gerade abbrechen, als er in seinem Kopfhörer Salsamusik hörte. „Die feiern im Tower eine Party", brummte er. Eine faule Stimme fragte desinteressiert, ob er landen wolle. Victor reckte flehend die Arme zum Himmel, während Max sich nichts anmerken ließ. Er hatte schon zu viel erlebt, um sich darüber noch aufregen zu können.

Unsere Hoffnung auf spannende Gorillabeobachtungen zerschlug sich schon auf dem Flughafen. Aus der Ferne drangen Gewehrsalven zu uns herüber. Die UN-Beamten, die uns abholten, wirkten angespannt, in der Umgebung der Stadt wurde gekämpft. Auf den Ausfallstraßen waren Barrikaden errichtet, aus dem Hinterland kamen Lkws, vollgestopft mit ruandischen Soldaten, die auf ihrem Weg in das Städtchen Gisenyi die Grenze passierten. Eine Woche zuvor war es dort im Zentrum zu einer Schlacht zwischen der Armee und Hutu-Infiltranten gekommen.

Durch Goma patrouillierten Bewaffnete in Zivil – immer ein schlechtes Zeichen. Wir setzten uns mit einem legendären Belgier namens Popol Verhoestraete in Verbindung. Er war als ehemaliger Fremdenlegionär in der Kivu-Region hängen geblieben und wurde zu Beginn des Aufmarsches der Kabila-Truppen vom WWF für den Virunga Nationalpark angeheuert. Seine Aufgabe bestand darin, die Arbeit der Wildhüter zu kontrollieren und ihnen gegebenenfalls ihren Lohn auszuzahlen. Wir hofften inständig, ihn noch vor dem Abend zu erwischen, da in Goma eine Ausgangssperre verhängt war. Es gelang uns nicht.

Popol wohnte mit seiner Frau und seinen beiden Kindern in einem prächtigen, rundum verglasten Haus auf einem Hang am Kivu-See. Ich setzte mich nach einer schlaflosen Nacht mit einem Glas Fruchtsaft in einen Korbstuhl auf die Veranda, legte die Beine auf die Steinbalustrade und ließ den Blick träumerisch über den See schweifen – in einer längst vergangenen und besseren Zeit hatte ich dort meinen ersten Forschungsauftrag auf diesem Kontinent gehabt. Ein Kormoran streifte im Tiefflug über die spiegelglatte Wasserfläche. Eine Kirchturmuhr durchbrach zögernd die Stille, die schwer wie Blei über der Stadt lag, die normalerweise im Morgengrauen lärmend erwachte. Goma hielt den Atem an. Selbst die Vögel schienen wie gelähmt.

Ich hatte schlecht geschlafen, weil nachts das dumpfe Dröhnen der Mörser zu hören war. Ellen schlief wie immer den Schlaf der Gerechten. Auf meine Versuche, sie zu wecken, hatte sie nur mit einem schläfrigen Murmeln reagiert und sich auf die andere Seite gedreht. Wie ich befürchtet hatte, verübelte sie es mir am nächsten Morgen, dass ich sie wegen des Mörserfeuers nicht geweckt hatte. Ellen litt nicht unter übertriebenen Ängsten, nicht einmal in einer Stadt, in der es jeden Moment zu bewaffneten Auseinandersetzungen kommen konnte. Im Gegenteil – sie fand es total spannend, einmal mit einer realen Kriegsgefahr konfrontiert zu werden, mit der ich durch meinen Beruf regelmäßig zu tun hatte.

Mir bereitete die Situation Kopfzerbrechen. Ich schien Probleme magisch anzuziehen. Ich brauchte nur als Tourist zum ersten Mal nach Goma zu fahren, und schon brach dort am allerersten Tag das Chaos aus. Zudem hatte Popol uns erklärt, dass der einzige relativ sichere Ort, an dem wir eine Gorillagruppe besuchen konnten, in der Nähe von Jomba an der Grenze zu Uganda lag. Das bedeutete, dass wir die Route über das siebzig Kilometer nördlich von Goma gelegene Rutshuru nehmen mussten, wo Hunderte ruandischer und ugandischer Soldaten zusammengezogen waren. Die einheimische Bevölkerung nannte sie *les agronomes*, weil sie ebenso wie die Agrarexperten immer in Stiefeln herumliefen. Von einer Benutzung der Straße nach Rutshuru wurde strikt abgeraten. „Banditen, Andenkenverkäufer, Soldaten, Rebellen und Extremisten liegen hier auf der Lauer, um zuzuschlagen", hatte ein Sprecher der UN in Goma mir auf meine Frage nach eventuellen Risiken geantwortet.

Ein Besuch bei den Gorillas war also zu riskant. Aber ihre Art schien in naher Zukunft nicht vom Aussterben bedroht – die Population der Flachlandgorillas in West- und Zentralafrika wird auf hunderttausend Tiere geschätzt –, auch wenn sie immer stärker unter dem florierenden Handel mit dem Fleisch geschützter Wildtiere leidet. Zudem war Ellen noch jung, und so war es durchaus realistisch, dass sie eine bessere Gelegenheit bekommen würde, um die Lieblinge ihres Jugendidols zu besuchen.

Victor war der glücklichste Mann in ganz Goma, als er erfuhr, dass er zumindest ein paar Tage mit Ellen unterwegs sein würde. Max und er wollten neue Flüchtlinge in einigen Städten der Kongoprovinz Equateur abholen. Wir flogen mit, weil diese Orte im Bonobogebiet lagen und wir so gleich an Ort und Stelle die Sicherheit der Region sondieren konnten. Im Umfeld der Rückführung von Hutu-Flüchtlingen war ein geldverschlingender Handel entstanden. Von Goma aus flogen Maschinen auf Kosten der Vereinten Nationen in die entlegensten Winkel des Kongo, um dort eine Handvoll Flüchtlinge an Bord zu nehmen. Privatpiloten machten das Geschäft ihres Lebens. Max hatte sein Flugzeug gekauft, als die britische Armee abdankte. Er behauptete, dass es zur Flotte der *Royal Air Force* gehört habe. Als Beweis zeigte er uns ein dreieckiges Stück Papier mit dem Logo des 32. Luftgeschwaders der RAF und der Losung ADESTE COMITES. Zu Zeiten der Queen hatte es angeblich über den Rückenlehnen der Sitze gelegen.

Königliches Flair strahlte das Flugzeug allerdings nicht mehr aus. Max hatte für den Transport der Flüchtlinge alle Sitze und überflüssigen Ballast entfernen lassen, so dass er mehr Menschen an Bord nehmen und zugleich mit weniger Gewicht fliegen konnte, um zumindest ein wenig Treibstoff zu sparen. Ellen durfte im Cockpit Platz nehmen, während ich in den hinteren Teil verfrachtet wurde, neben eine langweilige Italienerin, die für die UNO arbeitete. Nachdem ich ihr erzählt hatte, dass wir Biologen und auf der Suche nach Bonobos waren, entgegnete sie brüsk, alle Tiere widerlich zu finden, einschließlich Hunden, Katzen und Pferden. Anschließend spähte sie die ganze Zeit angestrengt aus dem Bordfenster in das bodenlose Nichts. Ansonsten gibt es über diesen Flug nichts Nennenswertes zu berichten.

„Nur mit möglichst vielen Flugstunden lohnt sich das Geschäft", meinte Max, als wir an dem fraglichen Abend im Wohnzimmer einer Villa der Brauerei *Bralima* in Mbandaka faul in den Sesseln lagen. Ein Fahrer der UN hatte uns dort abgeliefert und sich dann aus dem Staube gemacht. Weit und breit war nichts Essbares aufzutreiben, der Generator funktionierte nicht, und ohne Auto waren wir abgeschnitten von der Stadt. Aber Abenteurer sind Improvisationskünstler. Ellen zauberte eine große Packung Spaghetti mit Tomatensauce und eine Büchse Champignons aus unserem Gepäck. Victor warf mit Erfolg den Gasherd an, und ich fand draußen einige volle Flaschen Primus-Bier und im Haus Halblitergläser mit

Henkel. Max hing in seinem Sessel, um das Ganze zu kontrollieren und notfalls Anweisungen zu geben.

Eine Stunde später hatten wir uns alle mit einem großen Glas Spaghetti in unseren Sesseln zurückgelehnt und schlürften die glitschigen Fäden. Als die drei Damen, die in Mbandaka die Rückholung der Flüchtlinge organisierten, doch noch auftauchten, um die Piloten auszuführen, war für Max das Maß voll. Victor hingegen machte der Jüngeren schwungvolle Komplimente zu ihrem hinreißenden Kleid. „Das singende Zelt", knurrte Max und spülte seinen Kommentar mit einem kräftigen Schluck Primus hinunter. „Das was?", fragte die Frau ungläubig. Max sah sie finster an. „Sie wissen nicht, wer das singende Zelt ist? Demis Roussos, der dicke Grieche. Der hat sich auch immer in so einen Kartoffelsack geworfen. Deshalb hieß er bei uns das singende Zelt." Victor begriff, dass schnelles Handeln gefragt war, wollte man den Abend noch retten, und verschwand mit den Damen in Richtung Stadt.

„Um Flugstunden zu machen, nehme ich vieles, aber nicht alles in Kauf", fuhr Max unbeirrt fort. „Ich bin nicht bereit, irgendwelchen UNO-Arschlöchern Schmiergelder zu zahlen, um an Verträge heranzukommen. Auf der anderen Seite fliege ich für jeden, der mich dafür bezahlt. In Sierra Leone habe ich für die Söldner des südafrikanischen Sicherheitsdienstes *Executive Outcomes* gearbeitet, die während des Bürgerkrieges die Diamantenminen bewachten. Und im Sudan für die Rebellen von Leutnant John Garang. Hier im Kongo bin ich so lange für Kabila geflogen, bis unser ruandischer Auftraggeber auf einmal mit meinen fünfzigtausend Dollar spurlos verschwunden war. Meine Männer suchen ihn immer noch. Jetzt arbeite ich für die Vereinten Nationen. Erst fliege ich die Soldaten durch die Gegend, die den Menschen auf den

Fersen sind, dann fliege ich die Flüchtlinge wieder dorthin zurück, von wo sie vertrieben wurden. So einfach ist
das."

Maxens bislang gefährlichster Auftrag hatte jedoch
etwas mit Biologie zu tun. „In Äthiopien bin ich jahrelang für eine Landwirtschaftsorganisation der Vereinten
Nationen geflogen, um Webervögel zu bekämpfen. Sie
sind, ähnlich wie die Wanderheuschrecken, in riesigen
Schwärmen unterwegs und können der Landwirtschaft
enormen Schaden zufügen. Wir starteten bei Einbruch
der Dunkelheit, um die Brutkolonien oder nächtlichen
Ruheplätze mit tödlichen Chemikalien zu besprühen. Ein
gewagtes Unternehmen, denn wir mussten zunächst die
Kolonie überfliegen, um die Vögel aufzuscheuchen, und
dann während einer zweiten Runde das Gift versprühen,
da es nur wirkte, wenn es unter den Flügeln in die Haut
eindringen konnte. Manchmal klatschten so viele Vogel-
leiber gegen das Bordfenster, dass mir fast völlig die Sicht
genommen war. Einmal habe ich mir die Folgen eines solchen Einsatzes angeschaut. Der Boden war mit Vogellei-
chen übersät. Aber obwohl ich Zigtausende ausgemerzt
habe, ist der Webervogel immer noch so verbreitet wie eh
und je."

Victor war am nächsten Morgen pünktlich zur Stelle. Der
Flughafen war menschenleer. Kein einziger Soldat ließ
sich blicken. Einige graue Rotschwanzpapageien flogen
flötend über uns hinweg. Ellen war in ihrem Element:
Urwaldlaute. Wir flogen zunächst nach Ikela, also in die
Nähe der japanischen Bonoboforscher. Hier erfuhren wir,
dass die Armee Kabilas noch immer nicht gesichtet worden war und marodierende Splittergruppen von Mobutus *Forces Armées Zairoises* (FAZ) durch den Dschungel
streiften. Außer einem Motor wurden einige Säcke Salz

und Reis ausgeladen – und ein Kongolese, der im UN-Auftrag den Dschungel nach Flüchtlingen absuchen sollte. Die Bevölkerung von Ikela war vollzählig an der Landebahn zusammengeströmt; die UN-Flüge waren ihr einziger Kontakt zur Außenwelt. Als ein Sack Reis beim Ausladen aufriss, erhob sich ein wütendes Geschrei aus der Menge, fast wäre ein Aufstand ausgebrochen. Kräftige Schläge mit Stöcken und Gummiknüppeln waren nötig, um die Leute davon abzuhalten, das Flugzeug zu stürmen.

In Ikela nahmen wir an diesem Tag sage und schreibe einen Flüchtling auf. Das Bild des alten Mannes, der sich in dem leeren Raum zusammenkauerte, als Max die Motoren anwarf, wird mir immer in Erinnerung bleiben.

Auf unserer Reise erfuhren wir, dass die Vereinten Nationen keineswegs sehr effizient arbeiteten. Ihre Mitarbeiter vor Ort hatten kein Interesse an einer schnellen Abwicklung der Flüchtlingstransporte. Sie rasten auf Motorrädern durch die Urwalddörfer und verschreckten die ohnehin verängstigten Menschen noch mehr, die in jedem Motorradfahrer einen Soldaten sahen. In den Wäldern griffen sie nur sehr selektiv einige Hutus auf. Sie arbeiteten möglichst ineffizient, um ihren nach lokalen Maßstäben höchst lukrativen Job möglichst lange zu behalten. Nebenbei ließen sie Waren einfliegen, die sie zu relativ hohen Preisen an Leute verkauften, die von anderen Zufahrtswegen abgeschnitten waren.

Die einheimische Bevölkerung engagierte sich sehr für die Flüchtlinge. Stillende kongolesische Frauen aßen Heilpflanzen aus dem Dschungel, um ihre Milchproduktion zu steigern, sodass sie neben den eigenen Kindern auch noch ruandische Flüchtlingsbabys füttern konnten. Aber die Vereinten Nationen und die anderen Hilfsorganisationen ließen nicht mit sich reden. Selbst wenn ein

Flüchtlingskind von einer kongolesischen Familie adoptiert worden war, bestanden sie darauf, das Kind zu re-
patriieren. Zu seinem Schutz und um die Bevölkerung zu
entlasten. Im Urwald herrschten die Gesetze der Vereinten Nationen.

So kamen wir nach Boende, einer Kleinstadt am Tshuapa,
fünf Fußmärsche von Ellens Camp und weniger als hundert Kilometer vom Salonga Nationalpark entfernt. Von
Boende führt eine Straße nach Watsi Kengo am Ufer des
Salonga. Befahrbar war sie allerdings nicht. Da es keine
großen Boote gab, war es unmöglich, die Flüsse mit dem
gesamten Material zu überqueren. So planten wir für unsere anstehende Expedition, das Gepäck nach Boende
vorauszuschicken, dort Ellens Mitarbeiter zu treffen, um
dann den Busira bis zu seiner Mündung in den Salonga
hinunterzufahren. Auf dem Salonga würden wir dann
den Park erreichen.

Auf der Landebahn ging es drunter und drüber; von
einem Flughafen konnte in Boende keine Rede sein. Ellen
traf einige Bekannte, darunter den unvermeidlichen Si-
cherheitsagenten und den örtlichen Arzt. Sie feierte ein
Wiedersehen mit den Patern Herman van Dijck und Jef
Berghmans von der Missionsstation des Heiligen Herzens, die bei den Plünderungen alles verloren hatten und
unter großen Schwierigkeiten versuchten, die Mission
wieder aufzubauen. Pater Herman war schon einige
Male zum Einkaufen in Mbandaka gewesen. Ab und zu
nahm ihn ein UN-Flugzeug mit. Auf seinem letzten Trip
hatte er Matratzen erstanden, damit die Pater nicht mehr
auf den harten Matten schlafen mussten.

„Das war mal mein Wagen", sagte Pater Herman und
wies auf einen mit Soldaten besetzten Pritschenwagen,
der die Landebahn heraufgefahren kam. Der provisori-

sche Flughafen füllte sich mit Soldaten, teils Erwachsene in zerrissenen Uniformen und mit alten Gewehren, teils Jugendliche mit Kalaschnikows, die sich Patronengürtel über den Körper gehängt hatten – Rotznasen, die zum großen Ärger von Max wild mit einem Granatwerfer vor seiner Maschine herumfuchtelten. Auf dem Pritschenwagen lag auch ein schwer verwundeter Soldat, der nach Mbandaka gebracht werden sollte. Max weigerte sich, Soldaten zu transportieren, und setzte nach lautstarken Worten auf seiner und Gewehrgefuchtel auf der anderen Seite durch, dass nur der Verwundete an Bord genommen wurde. Der Leutnant stellte umgehend eine *ordre de mission* für die Militärs in Mbandaka aus, die ihren Kameraden übrigens einfach neben der Landebahn ins Gras legen sollten – bei unserer Abreise lag er dort noch immer in der sengenden Sonne. Ich warf einen kurzen Blick auf den Soldaten. Sein Gesicht war zerschossen und wies bereits die typischen Anzeichen absterbendes Gewebes auf. Er wartete nun schon zehn Tage auf Hilfe. Meine erste Vermutung, dass er ein Opfer der Spannungen zwischen den Soldaten vor Ort und den Militärs aus Ruanda und Uganda war, erwies sich als falsch. Der Mann hatte sich beim Waschen aus Ungeschicklichkeit selbst eine Kugel in den Kopf gejagt.

Wir kümmerten uns nicht weiter um ihn. Die Pater glaubten, dass man die Arbeit in der Region wieder aufnehmen könne. Die Situation in Boende würde sich rasch normalisieren. Sie glaubten nicht, dass eine Reise in den Salonga auf unüberwindliche Hindernisse stoßen würde. In der Provinz hatten sich die meisten der geflohenen ruandischen Exsoldaten ergeben, zudem war der Nachschub so schwierig zu organisieren, dass große Gruppen von Aufständischen dort unmöglich lange überleben konnten. Nach Meinung der Pater konnte die Expedition

160

mit relativ guten Erfolgsaussichten in Angriff genommen werden. Ellen schwebte im siebten Himmel. Sie strahlte geradezu in der sengenden Sonne. Aber Max brach den Plausch abrupt ab. Direkt unter dem Cockpit stand ein Witzbold in Uniform mit einem nach oben gerichteten Granatwerfer. „Ich will trockene Füße behalten, wenn wir auf einem Fluss notlanden müssen", schnauzte Max, bevor er die Leiter zu seiner Maschine hinaufkroch.

Die Euphorie hielt nicht sehr lange an. Wir waren kaum wieder in Belgien, als uns ein Funkamateur anrief, der in täglichem Kontakt zu den Patern stand. Meistens waren diese Gespräche kurz: Alles okay, nichts Neues, bis morgen. Der Mann war ungeheuer gewissenhaft. Er verpasste keinen einzigen Kontakt. Jeden Tag tauchte er auf die Minute genau in den Äther ab. Außerdem sammelte er tropische Käfer und Schmetterlinge. Sein ganzes Haus hing voller Sichtkästen, in denen aufgespießte Insekten zu bewundern waren. Ellen bemühte sich, ihm von jeder ihrer Reisen ein Souvenir mitzubringen, aber meistens klappte das nicht. Sie hatte noch nie zu den Sammlern unter den Biologen gehört. Die Schmetterlinge, die sie fing, verloren die Flügel, und die Käfer nagten sich einen Fluchtweg durch ihre Kisten.

Der Mann hatte schlechte Neuigkeiten. Pater Herman war aus Boende abgereist, weil er sich dort nicht mehr sicher fühlte. Er hatte während des Krieges Dinge gesehen, die er sich lieber erspart hätte. Andere, die Ähnliches beobachtet hatten, waren verhaftet und ins Gefängnis geworfen worden. Er wollte das Ende der Unruhen in Belgien abwarten. Pater Jef ließ uns wissen, dass es nicht mehr ratsam wäre, mit Benzin und Material nach Boende zu kommen. Die Militärs würden alles beschlagnahmen. Nach unserer Abreise hatte sich die Stimmung also rasch verschlechtert. Pater Jef konnte uns beim besten Willen nicht helfen. Er riet uns zu einer anderen Route.

Zum Schluss ließ er uns ausrichten, dass es im Salonga zu einem Überfall auf eine Frau gekommen sein soll. Die Täter waren angeblich Wilderer.

Den Tod in den Augen

Ellen stand beim Jetset der kongolesischen Hauptstadt Kinshasa hoch im Kurs. Weiße Frauen, noch dazu, wenn sie frei herumliefen, waren in der Stadt rar gesät. Ein Diamantenhändler, der in einem Mercedes Cabriolet durch die Straßen raste, schickte ihr seinen Chauffeur, ein Händler in tropischen Edelhölzern erzählte ihr hinter vorgehaltener Hand, dass er Stämme im Wert von fünf Millionen Dollar im Fluss liegen habe; ein Möchtegern-Abenteurer brüstete sich, als Einziger jemals einen Fuß in den Salongapark gesetzt zu haben, und ein Pilot tischte ihr wilde Geschichten über seine gefährlichen Abenteuer mit den Rebellen im Landesinneren auf – alle gaben sich mit mehr oder weniger Erfolg jede erdenkliche Mühe, Eindruck zu schinden.

Da Ellen also gut angeschrieben war, fand sie sich an einem schönen Novemberabend zu ihrer eigenen Verwunderung auf dem luxuriösen Hippodrom von Kinshasa wieder. Der Große Preis des Kongo war eine Exklusivveranstaltung, die den Söhnen und Töchtern hoher Militärs aus der Kolonialzeit vorbehalten war. Weißen, das versteht sich von selbst. Farbige spielten höchstens eine Nebenrolle. Nicht wenige der weißen Teilnehmer brachten ihr Personal mit, das den Meister anfeuern musste, wenn er sich auf sein Pferd schwang. Für den internationalen Charakter sorgten eingeflogene Größen der Springreiterszene. Da kein einziges Pferd den Kongo verlassen durfte – man wollte vermeiden, dass sich noch mehr Viren verbreiteten –, mussten sich die Stars Rassepferde aus dem Reitstall des Organisators aussuchen.

Das Publikum sah gut aus; sportlich chic gekleidet, tauschte man bei einem Glas kühlen Wein die neuesten Klatschgeschichten aus der eigenen kleinen Welt aus. Plötzlich fielen die ersten Schüsse. Die Musik wurde aufgedreht, um die Gewehrsalven zu übertönen. Vergeblich. Die unvermeidlichen Handys begannen aufdringlich zu piepen; pausenlos kamen Anrufe über wilde Straßenbarrikaden und schwere Schießereien. Sechs Monate nach der Eroberung der Stadt fielen die Militärs von Kinshasa übereinander her, weil Präsident Kabila einen Tutsi aus dem Generalstab hatte verhaften lassen, den er eines Putschversuchs verdächtigte. Das Springreiten nahm ein deprimierendes Ende. Jeder dachte nur noch fieberhaft darüber nach, wie er unbeschadet nach Hause käme.

Ellen kam zu Hause an. Ihr aalglatter Verehrer hatte auf dem Rückweg eine der Straßensperren durchbrochen. Den Soldaten blieb zum Glück nicht genügend Zeit, um ihre Waffen gezielt auf das Fahrzeug zu richten, sie mussten zur Seite springen, um ihr Leben zu retten. An einem der nächsten Tage kam der Typ bei ihr erneut vorbei, um ihr stolz die Einschüsse an seinem Wagen zu präsentieren, die er sich bei einem anderen Zwischenfall eingefangen hatte. Aber selbst das brachte ihn der Verwirklichung seines Traums keinen Schritt näher. Ellen konnte zickig sein.

Über dem Salonga hing ein Fluch. Es schien, als hätten die Geister den Park zu einer verbotenen Zone für weiße Besucher erklärt. Selbst in Antwerpen und Kinshasa verdrehten sie den Leuten den Kopf, um die Expedition noch kurz vor ihrem Start scheitern zu lassen. Gott und die Welt mischten sich in Ellens Pläne ein. Sie musste einige Standpauken über sich ergehen lassen und wurde mit Berichten über Tausende ehemaliger Mobutu-Soldaten überschüttet, die sich angeblich zu einem Gegenangriff auf Kabila in der Region des Salonga sammelten. Auch über das Verbrechen Nummer eins im Kongoinneren, die Vergewaltigung von Frauen, hielt man sie auf dem Laufenden. Man erklärte sie schlicht und einfach für verrückt. Neu war das alles nicht für sie; auch das negative Image von Kongo/Zaire kannte sie zur Genüge. Professoren, die sich als Afrikakenner bezeichneten, hatten vor ihrer ersten Reise herumposaunt, dass man sie bestehlen, vergewaltigen, foltern und ermorden würde – und zwar genau in dieser Reihenfolge.

Auch die hundert Jahre alten Bücher von Wallace zeugen von dem Unverständnis, das man ihm in seiner Heimat entgegenbrachte. „Chinesen werden allgemein als Diebe und Lügner angesehen, die keinerlei Respekt vor einem Menschenleben haben", heißt es an einer Stelle seiner Autobiografie. „Die Malayen werden immer wieder als barbarisch und blutrünstig beschrieben. Und die Dajaks haben sich angeblich erst vor kurzem von der Überzeugung gelöst, dass der Kannibalismus zwangsläufig zu ihrer Existenz gehört. Ich aber kann behaupten, dass die Kriminalität in jedem beliebigen Teil Europas unter vergleichbaren Bedingungen höher wäre. Wir schlafen hier bei offenen Türen und laufen ständig unbewaffnet herum. Die meisten Chinesen sind ruhige, ehrliche und anständige Menschen."

Zur Überraschung vieler widerfuhr Ellen in all ihren Jahren in Kongo/Zaire nie etwas wirklich Dramatisches, obwohl sie mit schwarzen Freunden regelmäßig in den finstersten Stadtvierteln Kinshasas bis tief in die Nacht tanzen ging. Sie erregte sich immer wieder über die Vorurteile, mit denen das Land der Bonobos zu kämpfen hatte. Sie hatte einen guten Freund, der zwei Jahre lang mit seiner Freundin vollkommen isoliert in einem Dorf der Provinz Equateur verbracht hatte, um Material für seine später hoch gelobte Dissertation über afrikanischen Aberglauben zu sammeln. Auch er musste sich ständig Warnungen über die unsicheren Verhältnisse im Kongo anhören. Niemand jedoch hatte ihn jemals auf die Gefahren hingewiesen, die in westeuropäischen Wintersportorten lauern können. Er gehörte zu den zwanzig Touristen, die ums Leben kamen, als ein Pilot der US-amerikanischen Armee mit seinem Flugzeug das Kabel eines Skilifts im italienischen Cavalese streifte.

Am Tag nach dem Reitturnier fuhr Ellen mit einem Taxi in das *Institut Congolais de Conservation de la Nature* (ICCN), das theoretisch den Salonga Nationalpark verwaltete und die Genehmigung für einen Besuch des Parks ausstellen musste. Das Institut hatte seinen Sitz in einem großen, aber heruntergekommenen Haus. Auf dem Parkplatz standen nur Autowracks; die Tiere auf den Postern kamen aus dem Ausland. Das Institut bekam schon seit Jahren kein Geld mehr, weder für die Löhne, noch für Feldforschungen, Material oder Werbung. Die Genehmigungen für die Expedition wurden auf einer abgenutzten Schreibmaschine mit hängenden Buchstaben getippt und mit den Riesenstempeln versehen, die in keinem afrikanischen Büro fehlen.

Die Leute des ICCN waren von der Expedition begeistert, obwohl sie felsenfest davon überzeugt waren, dass es in dem Park keine Bonobos gab. Sie setzten sich über Funk mit dem Konservator in Verbindung, der uns mitteilen ließ, dass er sich über unser Kommen freue. Er ließ anfragen, ob wir neben den ausstehenden Löhnen für die letzten fünf Jahre nicht vielleicht auch eine komplette Ausrüstung für zwanzig Personen, Waffen, tausend Schuss großkalibrige Munition und tausend Schuss Munition für

Automatikgewehre mitbringen könnten. Diese Nachricht beunruhigte die Direktion. Sie verfasste umgehend ein Schreiben an die lokalen Behörden mit der Bitte, Soldaten zum Schutz der Expedition abzukommandieren.

In der Nähe des ICCN geriet Ellen mit ihrem Taxi in ein Feuergefecht. Alles schien ruhig, als die Menschen plötzlich auf beiden Seiten der Straße panikartig auseinander stoben und Kugeln über das Auto pfiffen. Der Taxifahrer trat aufs Gaspedal, wendete mit quietschenden Reifen und raste davon. Zwei Gruppen von Soldaten beschossen einander aus sich gegenüberliegenden Häusern. „Ich hörte die Kugeln wirklich um meine Ohren sausen", erzählte Ellen. An diesem Tag beschlichen auch sie Zweifel an der Vernünftigkeit der Expedition. Es war ein schlechtes Zeichen, dass die Lage schon in Kinshasa derart prekär war. Ihre Freundin Hilde, der ich von diesem Zwischenfall und Ellens Zögern berichtete, reagierte mit der Bemerkung: „Wenn sogar Ellen Zweifel hat, ist es vielleicht wirklich nicht der richtige Moment."

Ich fragte mich schon seit längerem, ob es vernünftig war, die Expedition nur sechs Monate nach einem Machtwechsel in einem von Grund auf instabilen Land durchzudrücken. Ich hatte ein ungutes Gefühl, das immer konkretere Formen annahm. Nach meinen eigenen zahlreichen Abenteuern in Afrika war ich nicht mehr so stressfähig und hatte das Gefühl ‚Angst' kennen gelernt, nicht die echte, akute Angst, sondern ihre schleichende, latente Variante, die sich dadurch verstärkt, dass man alles einzukalkulieren versucht, was eventuell schief gehen könnte. Vor unserer Reise in den Salonga war das eine lange Liste geworden. Dennoch wehrte ich mich mit aller Kraft gegen diese mentale Unterminierung. Ich fand, dass ich Ellen nicht mehr im Stich lassen konnte. Sie hatte in keinem Augenblick ihren Optimismus verloren, und die Planung der Expedition war nach fast einem Jahr so gut wie abgeschlossen. Es wäre unfair gewesen, wenn ich jetzt noch einen Rückzieher gemacht hätte.

Wider besseren Wissens machte ich mich also doch am 1. Dezember auf den Weg. Ich reiste mit Eric de Bock, der die Landwirtschaftssektion der belgischen Botschaft in Kinshasa leitete. Ellen wohnte bei ihm. Eric zählte zu den wenigen Diplomaten, die ein Herz für Afrika haben. Er hatte einen großen Teil seines Lebens dort verbracht und war mit einer Frau aus Kamerun verheiratet. In der belgischen Hautevolee von Kinshasa galt es noch immer als ein Zeichen moralischer Dekadenz, sich mit einer schwarzen Frau einzulassen, aber Eric kümmerte das nicht, er sprach offen über seine Ehefrau und seine Kinder. Er hatte eine Tochter aus einer früheren Beziehung seiner Frau adoptiert, sie selbst hatten Drillinge. Seine Frau lebte mit den Kindern in Ostflandern. „Inzwischen sind wir so weit, dass es ihr in Afrika zu warm ist und ich es in Belgien zu kalt finde", sagte Eric.

Eric war einiges gewöhnt. Auf seinem ersten Posten in der Kleinstadt Lisala am Kongo war er wegen einer angeblichen Beleidigung Mobutus verhaftet worden. Da er es ablehnte, sich mit Schmiergeldern freizukaufen, warf man ihn einige Tage ins Gefängnis. Nachdem in der Umgebung von Lisala das damals noch unbekannte Ebolavirus zum ersten Mal zugeschlagen hatte, saß er monatelang in passiver Quarantäne. „Ich habe mich einmal im Tropeninstitut untersuchen lassen", erzählte er. „Die Ärzte fanden bei mir eine so unglaubliche Menge an Parasiten, gegen die sie machtlos waren, dass ich beschloss, mich dort nie wieder blicken zu lassen. Sie trieben einen Wurm aus meinem Körper, der so lang war, dass ich ihn problemlos wie eine Schnur von meinem Haus in Lochristi bis Gent hätte spannen können. Das sind siebzehn Kilometer."

An unserem ersten Abend in Kinshasa erlebte Eric eine Premiere. Wir waren im *Le Baobab* essen gegangen – jede afrikanische Stadt hat ihr Baobab –, ein Gartenrestaurant, das ganz offensichtlich unter der angespannten Atmosphäre litt. Von den zahlreichen Tischen waren nur zwei besetzt, unserer und der des Besitzers, der ein paar Freunde eingeladen hatte. Dennoch war die Wartezeit afrikanisch lang. Überbrückt wurde sie von einer vierköpfigen Band, die an den Tischen spielte und ihr Repertoire dem Publikum anpasste: Afrikanische Ohrwürmer am schwarzen Tisch, französische Chansons wie ‚Caprrri' am Tisch der Weißen.

Auf dem Rückweg gerieten wir am früheren Velodrom von Kinshasa in einen Hinterhalt. Es war zu Brachland verkommen, in den tiefen Pfützen auf der Straße tummelten sich inzwischen schon kleine Fische. Hier wurden wir von einer Gang aus mehr als zwanzig Soldaten angehalten, die Erics Führerschein sehen wollte. Wie jeder in Kinshasa hatte er den natürlich zu Hause gelassen. Prompt war die Hölle los. Ein Mann, der sich Kapitän nannte, drückte Eric seine Pistole gegen die Schläfe. Als dieser sich weigerte, seine Autoschlüssel aus der Hand zu geben, musste er aussteigen. Mir fuhr der Schrecken in die Glieder. Ich war so kurz nach der Ankunft noch nicht organisiert und hatte mein ganzes Geld und meine Papiere in meiner Jackentasche. Zwei der jungen Banditen kamen auf meine Seite des Wagens. Der Erste griff mit weit gespreizten Fingern nach dem Portemonnaie in meiner Brusttasche. „Was ist das?", fragte er. Der andere fuchtelte mir mit seinem Gewehr vor der Nase herum, weil ich keine Antwort gab. Ich blieb stur sitzen und schwieg.

Das Ganze zog sich eine halbe Stunde hin. Eric blieb gelassen, wahrscheinlich war das unsere Rettung. Er hielt die Schlüssel fest in seiner Hand umklammert und führte alle möglichen und unmöglichen Argumente an, um die Schwarzen zu beschäftigen. Inzwischen waren immer mehr Bewaffnete angerückt. Der Kapitän postierte sich auf meiner Seite, weil er bei Eric von einem angeblichen Major verdrängt worden war. Er hielt mir seine Pistole unter die Nase und verlangte hundert Dollar, weil „mein Bruder" ihn beleidigt hätte. Das war ein gutes Zeichen. Hundert Dollar waren weitaus weniger als der Verlust des Autos und des ganzen Geldes. „Wenn du Probleme mit meinem Bruder hast, dann regele das gefälligst mit ihm", schnauzte ich ihn an. Kurz darauf durften wir weiterfahren. Eric hatte den Major davon überzeugt, dass er mit einem Diplomatenauto fuhr, dessen Verschwinden große Probleme nach sich ziehen könnte. Das war dem Mann offensichtlich zu riskant.

Am Spätnachmittag des nächsten Tages hatten Ellen und ich in einem Taxi an genau derselben Stelle eine Panne. Wir schleppten zwei große Materialkoffer mit. Sogar der Chauffeur war nervös, es begann zu dämmern, und mit Einbruch der Dunkelheit kamen die Soldaten aus ihren Löchern. In dieser Zeit wurden die Nächte in Kinshasa genau wie im Urwald von furchteinflößenden Elementen beherrscht. Der Chauffeur rettete uns auf typisch kongolesische Art. Er zerrte den Auspufftopf unter seinem Auto hervor, warf ihn zwischen uns auf die Rückbank und konnte prompt weiterfahren. Er schaffte es gerade bis zu Erics Haus. An diesem Abend kam ich nicht mehr zur Ruhe.

Erics Haus lag auf einem Hügel, umgeben von einem verwilderten Garten, der nach jedem Regenschauer duftete wie Ellen nach einem Schaumbad. Da sich die Veranda im ersten Stock befand, saß man fast auf gleicher Höhe mit den Bülbüls und den Feuerfinken. Ein Papageienpaar ließ sich jeden Nachmittag auf demselben Baumwipfel nieder, um dort seine Frivolitäten zu Gehör zu bringen, und in der Nacht hingen Fledermäuse wispernd an den Zweigen. Das schönste Bild bot die alte Fernsehantenne des Nachbarhauses, die sich der Senegal-Eisvogel als Aussichtsplatz gewählt hatte – ein wunderschöner Vogel mit einem langen roten Schnabel, einer gewölbten grauen Brust und einem azurblauen Rückengefieder. In Europa ist die Eisvogelfamilie nur durch eine Art vertreten, die am Wasser lebt und in Höhlen an sandigen Ufern brütet. In Afrika sitzen die Eisvögel sogar auf einer Fernsehantenne. Auch ihre Höhlen sind überall – in einem Baum, einem Termitennest oder unter dem Dach eines Hauses. Auch im Leben eines Vogels zahlt Flexibilität sich eben aus.

Ich verbrachte einige Nachmittage auf Erics Veranda, und zwar aus Gründen präventiver Konfliktbewältigung. Ich wollte einer zweiten Begegnung mit unserer Sponsorin Gay Reinartz von der *Zoological Society of Milwaukee County* aus dem Wege gehen. Frau Reinartz war eine strenge Frau in den Vierzigern, die ihr ergrautes Haar in einem festen Knoten trug und als Griechisch- und Lateinlehrerin an einem katholischen Lyzeum eine weitaus bessere Figur gemacht hätte. Sie war nach Kinshasa gekommen, um mir bei den letzten Planungen zu helfen. Die Tatsache, dass sie zum ersten Mal in Afrika war, schien sie an nichts zu hindern.

Als ich sagte, dass wir nicht umhin könnten, zu unserer Sicherheit Soldaten anzuwerben, reagierte sie geschockt. Für sie war Krieg gleichbedeutend mit den mannhaften Reden eines Präsidenten über das Aussenden von Flugzeugträgern und Stealth-Bombern, um den Geist der UN-Resolutionen zu erfüllen. Keinen Franc würde sie in Waffen investieren. Wenn es ohne Soldaten nicht ginge, müssten wir die ganze Sache eben abblasen. Nach langem Hin und Her ließ sie sich umstimmen. Auch ihrem Ruf konnte es nicht schaden, wenn die Expedition ein Erfolg werde würde.

Ihr letzter Einwand drehte sich um die Karten. Sie fürchtete, dass wir uns verirren würden. Ellen machte sich darüber überhaupt keine Gedanken. Auf den Flüssen brauchte man einen ortskundigen *chauffeur,* der notfalls Fischer nach dem richtigen Weg fragen würde. Und im Urwald gab es sowieso keine Straßen. Da orientierte sich Ellen an ihrem Kompass.

Zudem hatte sie sich schon vor dem Bürgerkrieg in Brazzaville, der Hauptstadt des anderen Kongo, Karten organisiert, die nach Satellitenfotos angefertigt worden waren. Das war eine Geschichte für sich, denn sie erhielt auf der kurzen Rückfahrt zwischen Brazzaville und Kinshasa sieben Heiratsanträge und wäre zweimal fast verhaftet worden, weil sie angeblich Pornos schmuggelte. Stein des Anstoßes war ein Exemplar des *Knack Magazine,* auf dessen Titelseite ein sich küssendes Pärchen abgebildet war. Zum Glück war innen auch ein Foto des damals noch nicht geflüchteten Mobutu, den selbst der geldgierigste Zairer nicht mit Pornografie in Verbindung zu bringen wagte. So entging sie einer hohen Geldstrafe.

In den Stunden, die ich mit einem Bier und meinem Fernglas auf Erics Veranda verbrachte, stellte ich mir immer wieder die Frage, ob es nicht doch vernünftig wäre, die Expedition abzubrechen. Am Tage machte Kinshasa einen ruhigen Eindruck. Die Straßen waren sauberer als früher, die Polizisten verkehrsfreundlicher gekleidet und die Beamten weniger auf Schmiergelder erpicht. Viele Weiße hatten noch immer ihren festen Krüppel an einer Straßenecke, dem sie im Vorbeigehen etwas Geld zusteckten – ein Einkommen, von dem die meisten nur träumen konnten. In dem exklusiven französischen Jachthafen lagen die Speedboote noch immer unter den blauen Segeln des UN-Flüchtlingswerkes. Und auf den Plätzen wurden nach wie vor bedauernswerte Affen zum Kauf angeboten. Man hatte ihnen die Schwänze fast bis zur Spitze aufgeschlitzt und über den Kopf gezogen, damit die Verkäufer die Tiere wie eine Handtasche mitnehmen und hoch halten konnten. Das Fleisch musste schließlich frisch bleiben.

Aber die Nächte waren weniger friedlich. Es wurde viel geschossen, und in den Morgenstunden kamen über die drahtlose Buschtrommel, sprich das Privattelefon, Berichte über Tote und Schwerverletzte herein. Ich zerbrach mir den Kopf, warum ich wieder in eine solche Krise geraten war. Ich hatte dem Krieg und den Konflikten abgeschworen. Ich wollte meine Freundin auf eine wissenschaftliche Expedition begleiten, die schon zwei Mal verschoben worden war. Die Situation hatte günstig ausgesehen, das deutsche Bonoboteam hatte seine Arbeit im Lomako wieder aufgenommen, und Kabila schien die Fäden fest in der Hand zu halten. Dennoch entwich genau an dem Wochenende, an dem ich in Kinshasa landete, der Geist aus der Flasche. Meine Intuition sagte mir, dass ich nicht aufgeben durfte. Andererseits war ich von der Vorstellung besessen, dass in Kinshasa eine Meuterei ausbrechen könnte, während wir im Dschungel herumtigerten und somit monatelang in der Falle sitzen würden. So vermochte mich auch der Gedanke nicht zu beruhigen, dass ich bisher meine Überlebenschancen in einer afrikanischen Krisensituation noch nie falsch eingeschätzt hatte.

Letztendlich ließ ich mich von drei Frauen und einem kleinen Bonobo überreden. Erst einmal natürlich von Ellen, die ihren Tiefpunkt schon lange vor meiner Ankunft in Kinshasa überwunden hatte. Die zweite war Delfi Messinger – ein absolutes Phänomen. Ich habe Delfi, außer vielleicht beim allerletzten Mal, nie anders als in einem langen grauen Kleid mit blauen und roten Herzen gesehen. Sogar als sie bei uns in Belgien wohnte, trug sie dieses Kleid. Delfi war Tiermedizinerin, 1984 als Freiwillige des amerikanischen Friedenskorps nach Zaire gekommen und nach vielen Umwegen beim *Institut National de Recherche Biomédicale* (INRB) hängen geblieben. Sie wohnte und arbeitete in dem Institut. Das INRB war kaum mehr produktiv, es war dem Untergang Zaires zum Opfer gefallen; man hatte weder Licht noch Tiefkühltruhen, besaß zwar noch Versuchstiere, aber kein Testmaterial mehr. Die Laboranten verbrachten den größten Teil ihrer Zeit mit der Suche nach etwas Essbarem – kein Wunder, denn die Monatsgehälter reichten gerade einmal für drei Brote.

Delfi hielt sich über Wasser, indem sie Haustiere von Privatleuten behandelte. Sie nahm auch ausgesetzte Tiere auf, darunter diverse Giftschlangen, eine Python und eine nervöse Genetkatze. Ihr Kontakt zu den Bonobos hatte sich zufällig ergeben. Händler hatten ihr kranke Tiere gebracht, die sie nicht los wurden. Meistens endete eine Behandlung damit, dass sie die Affen bei ihr zurückließen. So hatte sie es auf elf Bonobos gebracht, die sogar noch Nachwuchs bekamen. Darauf war sie besonders stolz.

Delfi hatte im Laufe der Jahre wie kein anderer Einblick in den Bonobohandel bekommen. Sie hatte sogar gehört, dass die Art im Süden des Salongaparks, in der Nähe des Dorfes Yasa, vorkam. Eine Region, die nicht mehr über-

174

wiegend aus Urwald, sondern auch aus ausgedehntem Grasland bestand. Ein interessanter Aspekt, weil der Bonobo hier, wie seinerzeit der Mensch, den Übergang vom Urwald in die Savanne vollziehen könnte. Vor kurzem hat der Brite Jo Thompson aufgrund der Hinweise Delfis damit begonnen, das Verhalten der Bonobos außerhalb des Regenwalds zu erforschen.

Bonobos waren nach wie vor so selten, dass sie nur sehr sporadisch in Kinshasa zum Kauf angeboten wurden. Die gehandelten Tiere waren fast immer Babys, deren Mütter zweifellos getötet und gegessen worden waren. Nach Schätzungen von Experten kamen auf jedes Bonobobaby, das Kinshasa lebend erreichte, zehn Tiere, die auf dem Transport vor Entkräftung gestorben waren. Die Käufer waren überwiegend naive, reiche Leute, Schwarze wie Weiße, die sich von einem so niedlichen kleinen Wesen mit riesigen Augen erweichen ließen. Erst später wurde ihnen bewusst, dass so ein Junges nicht immer klein und süß bleibt. Es gab durchaus Leute, die ihren erwachsenen Affen töteten und sich ein neues Affenbaby kauften.

Andere erstanden die Tiere aus Mitleid. Das ist natürlich auch nicht in Ordnung, denn auch die gute Absicht stimuliert den Markt, treibt die Preise in die Höhe und verstärkt den Druck auf die Art. In Kinshasa kostete ein Bonobo zwischen hundert und hundertfünfzig Dollar – das Monatsgehalt einen hohen Beamten. Delfi entdeckte auch, dass bis vor kurzem Tiere an europäische Zoos verkauft wurden, wenn auch auf Umwegen. Ihr Engagement für die Bonobos war beeindruckend. Nicht einmal während der Plünderungen 1991 und 1993 verließ sie Kinshasa. Sie schützte sich vor Banditen, indem sie in Riesenbuchstaben das Wort SIDA (Aids) an die Fassade ihres Instituts pinselte. 1997 fügte sie zur Sicherheit noch EBOLA hinzu. Dennoch arbeitete sie an einer Evaku-

ierung der Tiere. Pläne, sechs Bonobos in das niederländische Apenheul zu bringen, konnten nach Jahren rea-
lisiert werden. Damit begann für eine weitere Bonobogruppe ein Leben in Gefangenschaft. Wie lange wird es
noch dauern, bis schließlich mehr Bonobos in Gefangenschaft als im Regenwald leben?

Die dritte Frau, die mich letztendlich doch zur Abreise
bewegte, war Claudine Minesi. Mit ihren knappen Shorts,
den sexy Shirts und den eleganten, goldfarbenen Stöckel-
schuhen war Claudine mit ihren fünfzig Jahren ganz
zweifellos eine attraktive Erscheinung. Sie betrieb ein
Waisenhaus für Bonobos. Anfangs erntete sie damit viel
Kritik, weil sie die gefangenen Babys aufkaufte und damit dem Handel zuarbeitete. Später mobilisierte sie die
Armee, die Tiere zu beschlagnahmen. Schließlich war ihr
Zentrum so bekannt geworden, dass man ihr die Bonobos
einfach brachte.

Das Bonobowaisenhaus zog immer mehr Besucher an,
und keineswegs nur Frauen, die auf der Suche nach
einem Ziel oder zumindest nach einer sinnvollen Tätig-
keit in ihrem Leben waren. Auch Armeeangehörige kamen mit Keksen vorbei oder spielten den erstaunten Tieren auf der Gitarre eine Serenade vor. Bei unserem letzten
Besuch bot Claudine elf Bonobos Unterschlupf. Sie an-
tichambrierte gewaltig, um ihr Vorhaben durchzusetzen,
die Tiere in einem Stadtpark auf einer Insel freizulassen.
Die Ältesten waren inzwischen so groß geworden, dass
man sie nicht mehr unbedenklich im Garten spielen lassen konnte. Ausgewachsene Bonobos sind für ihre Körpergröße überraschend stark. Obwohl die Weibchen im
Durchschnitt nur dreißig und die Männchen vierzig Kilo
wiegen, sagt man, dass ein Bonobo mindestens dreimal
so stark ist wie ein Mensch.

Ein Besuch bei Claudines Bonobos muss selbst den Hartgesottensten davon überzeugen, dass diese Tiere unbedingt vor dem Aussterben bewahrt werden müssen. Da gab es den Lausejungen Michael, der mich ablenkte, um mir meinen Pass aus der Tasche zu stibitzen, und der sich mit seinem Fußball hinter einen Baum stellte, um einem Tackling zu entgehen. Maya war das verspielte Mädchen, das die Nachbarn ärgerte und wie ein kleines Kind jammerte, wenn sie von einem Baum gefallen war. Der Star der Truppe war unbestritten Boende. Er durfte mit einer Fliege um den Hals Claudine zu den Abenden begleiten, an denen sie um Aufmerksamkeit und Spenden für ihr Projekt warb. Hier stahl er allen die Show, indem er jeden per Handschlag begrüßte. Tshikapa war das in sich gekehrte Kind, das oft mit übereinander geschlagenen Beinchen gedankenversunken dasaß und einen traurigen Schmollmund zog, um Zuwendung zu bekommen. Bukavu war Ellens Liebling. Wenn sie ein geknöpftes Kleid trug, war er überglücklich. Dann konnte er mit den Knöpfen spielen und ihr unter den Rock schielen. Ihre langen Haare drapierte er zu einer goldblonden Perücke für sich.

Zu Claudine wurde auch der kleine Bonobo gebracht, der letzlich den Ausschlag für das Salonga-Unternehmen gab. Das Baby sah entsetzlich aus, verkrampft und ausgemergelt, fast bewegungslos, es hatte den Tod in den Augen. Seine Fußsohlen waren mit Brandwunden von ausgedrückten Zigaretten übersät, sein Atmen war ein tiefes, stoßweises Röcheln, ab und zu gab es einen klagenden Ton von sich. Das Opfer einer modernen Form des Sklavenhandels – jede Hilfe kam zu spät. Man konnte sich nur schwer vorstellen, dass dieses Tier einmal ein sorgloses Leben geführt hatte und mit seiner Mutter und seinen Freunden glücklich durch den Urwald geschlendert war. Ab und zu streckte es ein mageres Ärmchen nach Claudine aus, die seine schmale Hand mit ihren goldberingten Fingern umschloss – eine Szene, wie aus dem Film *ET*, nur dass dieses freundlich-fremde Wesen nicht aus dem All, sondern aus dem Urwald kam und von Menschen fast zu Tode gefoltert worden war. Mit den eingefallenen Wangen und den herausstehenden Rippen war der sterbende kleine Bonobo noch menschenähnlicher als seine munteren Artgenossen. Der Tod brachte Mensch und Bonobo einander näher.

Kongopfau mit Herzkirschen

Über Mbandaka liegt noch ein Hauch vom Glanz vergangener Zeiten. Die Hauptstadt der Provinz Equateur gleicht einem Freilichtmuseum, das von einer Vergangenheit zeugt, die für immer verloren scheint. An den Flussufern türmen sich Schrotthaufen zu einem gigantischen Bootsfriedhof auf. In den Außenbezirken hat die Vegetation die Villen überwuchert. Die Natur hat sich ihr Terrain zurückerobert, sagen Leute, die wie ich Städtehasser sind. Nicht eine der bewohnten Villen wird unterhalten. Keine einzige hat in den letzten zehn Jahren einen neuen Außenanstrich bekommen. Überall blättert die Farbe von den Fassaden. Manche Wohnungen stehen unter Wasser, ihre Bewohner sind in den ersten Stock gezogen und waten hinein und hinaus. Gärten entwickeln sich auf natürliche Weise zu vogelreichen Miniaturdschungeln, auch wenn die Vögel niemanden begeistern. Hotels werden zu ständigen Wohnungen recycelt, mit jeweils einer Familie in den Badezimmern und zwei in den Wohnzimmern. Auf den Fluren herrschen chaotische Zustände, und in der Trockenzeit wird auch die Terrasse okkupiert.

Der Boulevard Royale, früher eine breite Allee, auf der die Leute in den Abendstunden flanierten, ist zu einem Feldweg verkommen, der sich durch das heranrückende Grün schlängelt. Um die Sammlungen in dem (echten) Museum kümmert sich niemand mehr. Tierskelette zerbröseln, tote Schlangen sitzen in Behältern, in denen das Formalin bis auf eine dünne Bodenschicht verdampft ist. Das einzige Krokodil aus dem Gartenteich, das noch nicht in einem Kochtopf gelandet ist, liegt seelenlos in einer schmierigen Wasserlache.

Auch die Belgier, die noch in Mbandaka wohnen, wirken wie Museumsstücke aus der Kolonialzeit. Der alte Herr Désir ist mit seiner dritten (legalen) schwarzen Frau dabei, die dritte Generation zu zeugen. Die alte Schwester Germaine betreibt noch immer die primitive Werkstatt, mit der sie sich am Leben erhält. Mit weit über siebzig trägt sie nach wie vor eine Nonnenhaube, obwohl sie von ihrem Orden schon längst exkommuniziert wurde, weil sie mit einem wesentlich jüngeren Schwarzen zusammenwohnt. Der alte Pater Honoré widmet sich mit akribischem Eifer seiner wertvollen Bibliothek, in der man alles über die Geschichte der Provinz nachlesen kann. „Er ist schlau, aber er läuft immer als Erster weg, wenn die Lage kritisch wird", sagen die anderen Pater in der Stadt mit einem leisen Kichern.

Unser Flug von Kinshasa nach Mbandaka war reibungslos verlaufen. Die Maschine der *Congo Airlines* hatte pünktlich abgehoben, obwohl noch ein Sarg an Bord gehievt werden musste. Und weil wir am 6. Dezember flogen, bekamen wir einen belgischen Spekulatius-Nikolaus. Ich musste zwei schwarzen Mitreisenden erklären, wer dieser komische Mann mit der eigenartigen Mütze ist. Mit dem Essen hatten Ellen und ich Glück, denn wir waren die Letzten, die etwas bekamen, bevor die Stewardessen alles wieder abräumen mussten.

Es war schwül, als wir ausstiegen. In Mbandaka, das genau am Äquator am Ufer des Kongo liegt, herrscht immer eine drückende Hitze. Wie verabredet, erwarteten uns die Männer von der Brauerei *Bralima*, um uns zur Villa von Steve Weeks zu fahren. Steve war ein Amerikaner, der in Mbandaka geboren war und dort ein Transportunternehmen besaß. Als die Wirtschaft zusammenbrach und die Straßen nicht mehr befahrbar waren, wich er gezwungenermaßen nach Kinshasa aus. Dass sein Herz jedoch nach wie vor an Mbandaka hing, war seiner Villa in einem wunderschönen Garten am Fluss anzumerken. Weeks bezahlte nach wie vor sein Personal, um das Haus auch weiterhin bewohnbar zu halten. Obwohl er schon seit Jahren nicht mehr dort lebte, wirkte es bei unserer Ankunft so, als wären die Bewohner gerade ausgegangen. Im Garten wurde der Rasen gemäht. *Mama* Martha, die Köchin des Hauses, backte Plätzchen auf einem Holzkohlenfeuer vor dem Haus, während *Papa* Jules, der ,Geschäftsführer', gerade versuchte, Funkkontakt mit Kinshasa zu bekommen, um einen Nachbarn über den Gesundheitszustand eines Verwandten zu informieren. Der Mechaniker Demanu bastelte an dem Videogerät herum. Als er es tatsächlich zum Laufen gebracht hatte, hockte sich das ganze Personal so lange vor einen Film mit viel ,Schnee', bis der Funkkontakt beendet war und der Generator wieder abgestellt wurde.

Im Badezimmer lagen Handtücher, ordentlich gefaltet neben dem Waschbecken, auf der Ablage stand eine Tube Zahnpasta. Ein Badeanzug hing wie zum Trocknen über dem Badewannenrand. In einem der Zimmer stand ein Wasserbett. An seinem Kopfende lagen Bücher und Zeitschriften: *Good Housekeeping* und *Redbook*. Auf der Titelseite von *Redbook* prangte eine mindestens zwanzig Kilogramm schlankere Dolly Parton. Silberfische sprangen hastig weg, wenn man die Seiten umschlug. Die Zeitschriften stammten aus den späten achtziger Jahren.

Die Zahnpasta und der Badeanzug waren knochenhart, die Handtücher rochen muffig, die Badewanne stand halbvoll mit braunem Wasser, Strom gab es im ganzen Haus nicht, außer man warf den Generator an, und Wasser musste mit einem großen Zuber aus dem Fluss geschöpft werden. Nostalgische Zustände, allerdings auf die Spitze getrieben. Das Bühnenbild war noch erhalten, aber die Hauptdarsteller hatten sich schon lange verabschiedet. Ellen und ich begaben uns freudig in eine neue Schlüsselszene unseres Lebens.

Der erste Tag nach unserer Ankunft war ein Sonntag. Wir räkelten uns faul in den Verandastühlen. Die Vögel fühlten sich auf dem frisch gemähten Gras offensichtlich wohl. Die Spatzen machten einen höllischen Lärm, eine Amsel hüpfte in abgezirkelten Schritten und hoch erhobenen Kopfes Meter für Meter über den Rasen auf der Suche nach Würmern. Ein Bild, das aus dem Garten meiner Eltern hätte stammen können, aber es glitt auch eine kleine Schlange durch das Gras, ein Tausendfüßler schlurfte auf seinen vielen Füßen vorbei, und es wimmelte von Schmetterlingen, die im verstädterten Europa fast unbemerkt verschwinden. Die Spatzen waren eine afrikanische Variante unserer Haussperlinge. Auch die Amsel sah anders aus, es war eine westafrikanische Drossel mit auffälligen orangebraunen Flecken unter den Flügeln. Die ökologischen Nischen waren dieselben, nur dass sie von anderen Arten besetzt wurden.

Um den Gemüsegarten war ein Bretterzaun gezogen, und auf immer demselben Pfahl saß ein grauer Fliegenfänger, der auch bei uns heimisch ist. Am Himmel drehten große, rosafarbene Bienenfresser ihre fast perfekten Kreise. Drei Kuhreiher suchten wie Affen in den Kronen der Bäume am Fluss nach Nahrung. Ein Honigfresserpärchen mit olivgrünem Bauch spielte mit seinen krummen Kolibrischnäbeln in den Kelchen großer roter Blumen. Das Brustband des Männchens war von demselben

Rot wie das der Blumen, zu denen er sein Weibchen mit vielen Überredungsbemühungen führte.

Am Abend stieß ich in dem Schilfgürtel des Flusses auf eine Zwergrohrdommel. In meiner Kinderzeit hatte ein solcher Vogel an einem nahe gelegenen Teich sein Nest gehabt. Der Brutplatz – einer der letzten in Belgien – war einige Jahre später verlassen, weil sich Fischer das Gewässer zu Eigen gemacht und einen großen Teil des Schilfrohrs gekappt hatten. Seitdem war mir ein solcher Vogel nicht mehr begegnet. Sein Anblick löste bei mir dasselbe nostalgische Gefühl aus, das zweifellos auch die Familie Weeks bei einem ihrer seltenen Besuche in der Villa überwältigte.

Die Idylle bekam einen Kratzer, als ich bemerkte, dass Fäkalien auf dem Fluss trieben. Die Stadt lag stromaufwärts, und der kleine Strand vor der Villa wurde von vielen Menschen als Waschplatz und Urinal benutzt.

Fast gänzlich zerstört wurde die Idylle, als ich Ellen mit ihrem Kulturbeutel fröhlich in Richtung Fluss laufen sah. Sie lachte mich aus, als ich sie zaghaft auf den Schmutz hinwies. Sie fand den Fluss unwahrscheinlich sauber und meinte, dass wir uns in den kommenden Monaten immer in einem Fluss waschen müssten; außerdem stammte das Wasser in unserem Badezuber auch aus dem Kongo. Bis zu den Hüften in den Fluten stehend, versuchte sie, wie die Lorelei ihre langen blonden Locken mit einem goldenen Kamm zu entwirren, den schlanken Körper in einen fischgrünen *panja* gehüllt. Schwarze geraten zwar nicht aus dem Gleichgewicht, wenn sie eine vollbusige Frau sehen, wohl aber beim Anblick einer weißen Frau mit blonden Haaren, die sich in einem Fluss wäscht. Folglich begannen alle vorbeifahrenden Boote gefährlich zu schwanken.

In der Nacht weckte die Kircheneule bei mir erneut Erinnerungen an zu Hause. Weeks Haus hatte nur Gazefenster, um die Mücken abzuwehren und die Nachtkühle
hereinzulassen. So konnte ich das geisterhafte Klagen
hören, das wie das Rufen der Eule klang, die im Turm
unserer alten Dorfkirche gebrütet hatte. Das Nilpferd,
das jede Nacht im Garten der Villa graste, ließ allerdings
keine nostalgischen Erinnerungen aufkommen. Ich hatte
mit Nilpferden schlechte Erfahrungen gemacht; einer
dieser Kolosse hatte mich sogar einmal aus einem Boot
plumpsen lassen. Auch dem alten Nachtwächter der Villa
war das Ganze nicht geheuer. Er machte es sich zur Sicherheit jede Nacht unter unserem Fenster bequem.

Das Nilpferd in unserem Garten war stadtbekannt und
eine viel bessere Abschreckung als die Präsenz von Wach-
personal. Da Nilpferde in der Region angeblich ausgestorben waren, musste das Tier von einem Zauberer geschickt worden sein, einem Nilpferdmann, der für die
lokale Bevölkerung genauso real war wie der Mücken-
mann, der Säcke voller Mücken über der Stadt ausge-
schüttet hatte. Den Mückenzauberer hatte man festneh-
men können, aber der Mann, der hinter dem Nilpferd
stand, blieb unauffindbar. Man konnte das Problem nur
lösen, indem man das Tier von einem nackten Jäger nach
einem speziellen Ritual töten ließ. Was später auch geschah.

Ich wurde nachts regelmäßig wach. Der Mann unter
unserem Fenster hatte Albträume – bestimmt wurde er
von Nilpferden verfolgt. Er redete fast ununterbrochen
wirr vor sich hin, manchmal schreckte er angstvoll aus
dem Schlaf hoch. Dann knipste er die Taschenlampe an,
die er von uns bekommen hatte, und leuchtete langsam
den ganzen Garten ab, um die plumpe Gefahr zu orten.
Eine Schildkröte oder ein Frosch hatte sich in der Nähe

des Schlafzimmerfensters versteckt und begann in schöner Regelmäßigkeit rhythmisch zu quaken, leider mit einer so auffallenden Temposteigerung, dass ich immer wieder aus meinem leichten Schlaf gerissen wurde. Schlimm war das allerdings nicht. Auf diese Weise hörte ich, wie die Fischer in der Morgendämmerung auf den Fluss hinausfuhren, lange bevor die Vögel erwachten und die Pater ihre Glocken läuteten.

Am Montag fing das Elend an. Alles, was in Mbandaka schiefgehen konnte, ging schief. Unsere Pässe waren auf dem Flughafen von einer übel gelaunten Figur in einer tuntigen Hose, die aufreizend um die Hüften spannte, beschlagnahmt worden. Wir sollten unsere Papiere im Büro der *Agence Nationale de Renseignements* (ANR) abholen, einer Behörde des Kabila-Regimes, deren einzige Funktion darin bestand, ihre angeblichen Angestellten durchzufüttern. Man war vor allem darauf aus, ausländischen Besuchern Steine in den Weg zu legen und ihnen Devisen aus der Tasche zu ziehen. Jemand müsste den kongolesischen Behörden einmal deutlich machen, dass diese Herrschaften die Wiederauferstehung des Landes vielleicht nicht unmöglich machen, aber mit Sicherheit erheblich behindern.

So begab ich mich an einem wunderschönen Morgen gut gelaunt zum Büro der ANR. Hier musste ich mich zunächst an einem herrischen Uniformierten vorbeimogeln, der zuerst Zigaretten und später sogar Marihuana verlangte, bevor er mich durchließ. Dann trug ich mein Anliegen einem höchst interessierten Mitarbeiter vor, der mir letztendlich zu verstehen gab, dass er an der Rezeption arbeitete. Er bot mir einen Stuhl an, auf dem ich so lange Platz nehmen konnte, bis der Direktor bereit wäre, mich zu empfangen. Der Direktor war ein junger Wichtigtuer, der selbst in seinem dunklen Büro eine große Sonnenbrille mit Goldrand trug. Er setzte sich mit weit gespreizten Beinen direkt vor mich und befragte mich eine Stunde lang im barschen Ton eines Geheimagenten über den Sinn und Zweck unserer Mission. Anschließend erklärte er feierlich, dass er bereit sei, uns zu helfen, obwohl das aus diversen Gründen unmöglich wäre.

Erstens lagen ihm Informationen vor, dass die Region sehr unsicher war, zweitens konnte er keine Garantie für den Schutz der Expedition übernehmen, und drittens war er eigentlich gar nicht der Direktor – der würde erst am nächsten Tag wieder im Büro erscheinen. Am selben Nachmittag tauchte jemand in der Villa auf, um uns konspirativ zu erklären, dass wir unsere Pässe zurückbekämen, wenn wir pro Person hundert Dollar für eine Aufenthaltsgenehmigung in der Provinz bezahlten. „Nie und nimmer", entgegnete Ellen knallhart. „Wir haben ein gültiges Visum für das ganze Land. Wenn wir erst einmal anfangen zu zahlen, wird das eine Spirale ohne Ende. Dann steht hier jeder vor der Tür und hält die Hand auf."

Die drei großen Materialkoffer, die wir schon längst mit einem Boot von Kinshasa aus verschickt hatten, waren zur allseitigen Verwunderung tatsächlich an ihrem Bestimmungsort gelandet, nämlich bei dem Verantwortlichen der Spedition. Aber die Männer, die *Papa* Jules losgeschickt hatte, um die Koffer abzuholen, kamen mit leeren Händen zurück. Der Angestellte hatte sich geweigert, ihnen die Koffer auszuhändigen, es sei denn, wir zahlten hundert Dollar pro Gepäckstück. Exakt diese Summe hatte er angeblich auch zahlen müssen, um die Koffer vor einer Beschlagnahmung durch die Armee zu retten. „Kein Kongolese bezahlt im Voraus auch nur einen Dollar", sagte Ellen, die ihre Leute ganz genau kannte, „wenn ihm vorher nicht ausdrücklich garantiert wird, dass er sein Geld zurückbekommt. Wir zahlen keinen Cent."

Auch mit dem Außenbordmotor gab es Probleme. Als Ellen ihn bei der Fluggesellschaft abholen wollte, wurde sie zum Zoll geschickt. Zu ihrem Entsetzen sah sie dort in einer Lagerhalle das große Paket liegen, auf dem in Riesenbuchstaben das Wort SAISI – beschlagnahmt – stand. Sie musste die Einfuhrpapiere vorlegen. Die hatte sie jedoch nicht bei sich, da alle Formalitäten in Kinshasa erledigt worden waren. Einer der Zöllner behauptete steif und fest, er habe den Motor persönlich konfisziert und verlangte zehn Dollar, weil er das schwere Paket eigenhändig in den Lagerraum geschleppt habe. Er erklärte, das Paket bliebe dort, wo es sei, bis er die Formulare oder Geld gesehen habe. Ellen lehnte ab.

Die acht Fässer Benzin, die wir auf einem Boot der Bralima-Brauerei mitgeschickt hatten, waren nicht angekommen. Der Brauereidirektor, auf dessen Bierbauch einige belgische Bierbrauer ihre roten Köpfe hätten betten können, vermutete zwar, dass das Boot abgefahren war, vermochte jedoch nicht zu sagen, wann es ankommen würde. Er war auch nicht bereit, uns Benzin vorzuschießen. „Das ist Afrika", rief er lachend. „Ihr müsst einfach ein bisschen mehr Geduld haben."

Weitaus schlimmer war, dass wir unser Boot nicht finden konnten. Der belgische Holzhändler Gerard van Brabant hatte bei dem Städtchen Bongandanga für Ellen aus einem enormen Baumstamm einen großen Einbaum zimmern lassen. Er hatte das Boot mit einem seiner Transporte mitschleppen und zehn Kilometer südlich von Mbandaka, am Strand seines Konkurrenten Siforzal in Iyonda, abliefern lassen. So machten wir uns in einem Wagen der Brauerei auf den Weg dorthin. Die Fahrt führte über eine Straße, die vom Regen aufgeweicht und voller Schlaglöcher war, sodass die Kästen mit den leeren Bierflaschen einen Höllenlärm machten. Am Strand herrschte ein reges Treiben. Wir sahen Militärs, aber das war nichts Ungewöhnliches, denn zwischen Kinshasa und Mbandaka hatte die Armee Kontrollposten errichtet, um Boote zurückzuhalten und den Leuten Geld abzupressen – einer der Gründe, warum niemand zu sagen vermochte, wie lange eine Fahrt von Kinshasa nach Mbandaka dauerte. Da wir auf den ersten Blick kein großes Boot entdecken konnten, sprangen wir aus dem Wagen, um uns im Büro von Siforzal zu informieren.

Prompt sahen wir Gewehre und einen Granatwerfer auf uns gerichtet. Während uns ein Soldat anschrie, stehen zu bleiben, wurden wir von einem Mann in Zivil, der außer sich vor Wut war, in den Wagen zurückgejagt und dort eingeschlossen. Urplötzlich waren wir von zwanzig Soldaten umzingelt, die ihre Waffen im Anschlag hatten. Unser Fahrer kurbelte eine Scheibe herunter und händigte ihnen Papiere aus, die ausgiebig studiert wurden. Einer der Soldaten brüllte, dass wir hundert Dollar Strafe zahlen müssten. Ein Ziviler schrie, dass wir uns ohne Sondergenehmigung nicht außerhalb der Stadt bewegen dürften. Nach einer kleinen Ewigkeit hatten es die Leute von der Brauerei geschafft, alle davon zu überzeugen, dass wir keine Spione waren. Man gewährte uns freien Abzug, aber nach unserem Boot konnten wir uns nicht umsehen.

Wie so oft auf meinen Reisen waren das Problem auch diesmal die Vereinten Nationen. Die Organisation hatte irgendwann einmal beschlossen, eine Delegation in den Kongo Kabilas zu entsenden, um den Gerüchten über Massenmorde nachzugehen. Kabilas Soldaten sollten während ihres Vormarsches Tausende ruandischer

Flüchtlinge ermordet und in Massengräbern verscharrt haben. Kein vernünftiger Mensch zweifelte daran, aber die UN wollte Beweise. Monatelang saß die Kommission in Kinshasa fest. Da sie sich nach guter alter Sitte im teuersten Hotel eingemietet hatte, war ihr Budget schon ziemlich geschrumpft, bevor überhaupt die erste Leiche gefunden wurde. Erst nach monatelangen Verzögerungsmanövern gab Kabila den Weg nach Mbandaka frei.

Die UN-Kommission kam am selben Tag an wie wir. Schlechter hätten wir es nicht treffen können. Jeder Weiße in der Stadt galt als potenzieller Spion. Ein Einheimischer, der uns in seinem Auto mitgenommen hatte, wurde noch in der Stadt angehalten und gefragt, warum er Mitglieder der Kommission durch die Gegend chauffiere. Die Leute von der Bralima-Brauerei wurden am Tag nach unserer Festnahme erneut verhaftet, um dem General zu erklären, warum sie Kommissionsmitglieder an einen Strand gefahren hätten, wo – dem Vernehmen nach – viele Leichen in den Strom geworfen worden waren. Darüber hinaus war die Brauerei gezwungen worden, den UN-Entsandten Unterkunft zu gewähren, da ihnen die Hotels in der Stadt zu teuer und unsicher waren. Nur ein alter Schwarzer am Hafen traute sich, uns anzusprechen. Er riss seinen Mund weit auf, ließ eine unappetitliche Reihe brauner Zahnstumpen sehen und fragte dann, ob ich der amerikanische Zahnexperte wäre. Er meinte einen Gerichtsmediziner, der darauf spezialisiert war, Gebisse von Leichen zu untersuchen. Aber so weit reichten die Informationen des alten Mannes nicht. Ich riet ihm, sich an die Brauerei zu wenden.

Mit dem Eintreffen der Kommission stiegen die Spannungen. Schon Wochen zuvor hatten Soldaten nachts in aller Eile Leichen aus ihren Gräbern geschaufelt und in den Fluss geworfen. Das klappte nicht immer wie geplant, zahlreiche halb verweste Leichen trieben in ein Sumpfgebiet oder verhakten sich an Zweigen. Jeden Abend machten Armeeangehörige und Beamte in der Stadt ihre Runde, um den Leuten einzubläuen, gegenüber der UN-Kommission den Mund zu halten. Wer zu viel gesehen hatte, verließ sein Haus nicht mehr.

Wer glaubt, dass die Kommission bei ihren Recherchen diskret vorgehen würde, hat die UN noch nie bei der Arbeit beobachtet. Die Kommission zählte nicht weniger als siebenundzwanzig Mitglieder. Sie waren in einer langen Kolonne weißer Geländewagen mit federnden Antennen unterwegs, die von Armeefahrzeugen Kabilas eskortiert wurde. Anfangs pflegte die Kolonne an einem willkürlichen Punkt in der Stadt anzuhalten. Die Wagentüren öffneten sich, und Leute, die zufällig in der Nähe waren, wurden mit unbequemen Fragen über die Vergangenheit konfrontiert. Den Soldaten war eingeschärft worden, vor allem Kinder, die in ihrer Arglosigkeit etwas Falsches sagen könnten, dem Zugriff der Kommission zu entziehen. Die Einschüchterung funktionierte. Vom ersten Tag an ergriffen die meisten Bewohner beim Anblick der UN-Entsandten oder eines anderen unbekannten Weißen die Flucht. Was die Kommission konkret in Erfahrung brachte, blieb ein Rätsel. Auch wir hüteten uns davor, in ihrer Nähe gesehen zu werden.

Mama Martha war ein Schatz. Sie hatte uns selbstgebackene Plätzchen geschenkt und uns von einem Jungen einige Flaschen Bier besorgen lassen, als sie sah, wie deprimiert wir waren. Dann schickte sie uns zum Einkaufen. Ellen ging zu Fuß auf den Markt, um Öl, Ananas und einen großen Sack Reis zu kaufen. Sie ließ die Sachen von zwei alten, unterwürfigen *Papas* auf einem klapprigen Handwagen nach Hause transportieren, die ihr die vielen zudringlichen Leute mit wüsten Beschimpfungen vom Hals hielten. Ellen erstand auch ein fettes Huhn, das abends zusammen mit den Herzkirschen aus einem großen Pokal serviert wurde, der uns zufällig in die Hände gefallen war. Ich wollte den Pokal gerne mitnehmen, um unserem Weihnachtsmenu im Urwald, bei dem es als Ersatz für den obligatorischen Truthahn Kongopfau geben sollte, etwas mehr Glanz zu verleihen. Ellens Arbeiter hatten einmal auf Anordnung einen Kongopfau in einer Schlinge gefangen. Eigentlich sollte er nur fotografiert und danach wieder freigelassen werden, aber sie hatten einen solchen Hunger bekommen, dass sie das Tier aufgegessen hatten. In Mbandaka ließ sich Ellen nicht erweichen: kein Kongopfau zu Weihnachten.

Ich ging in den gerade neu eröffneten Supermarkt *La Fine Rose*. Bis auf eine Sendung Vaselinetöpfchen waren die Regale in dem riesigen Laden so gut wie leer. Die Einkaufswagen standen schon so lange unbenutzt in einer Ecke, dass sie ineinander verrostet waren. Der Laden bestand vorläufig nur aus einer kleinen Schlachterei mit mehr Verkäufern als Fleisch. Ich kaufte einige Koteletts und dachte dabei an die schmutzigen Schweine, die ich am Hafen zwischen all dem Müll im Schlamm hatte wühlen sehen. Warum hatte ich hier Angst, mich zu infizieren, während ich zu Hause in Europa keinen Gedanken an die Schweine in den Großfarmen verschwendete, die mit Antibiotika vollgepumpt wurden und trotzdem die Schweinepest bekamen?

Auch *Papa* Jules, das Organisationsgenie, war wunderbar. Er wurde respektvoll *le vieux* – der Alte – genannt, obwohl er kaum zwei Jahre älter war als ich. *Papa* Jules regelte für uns einen Termin beim Vizegouverneur, der in der Nachbarschaft wohnte. In seinem Büro mussten wir erst einmal die Bemerkungen des Protokollchefs zu unserem Outfit über uns ergehen lassen, da nur Jules für diesen Besuch entsprechend gekleidet war. Wir erklärten ihm, dass wir Wissenschaftler wären und nicht damit gerechnet hätten, wichtigen Amtspersonen zu begegnen. Der Vizegouverneur Edmond Mondombo Kanzo hatte keine Probleme mit unserem Erscheinungsbild. Er sollte uns nach Ablauf der Expedition sogar zu sich nach Hause einladen, wo er uns als Tischdame seine fünfjährige Tochter vorstellte.

Der Mann war bei der Bevölkerung äußerst beliebt. Er nahm Leute, die schwer zu tragen hatten, mal eben in seinem Mercedes mit oder brachte Kinder von der Schule nach Hause. Nach der Anzahl der T-Shirts mit dem entsprechenden Konterfei zu urteilen, wurde er in seiner Popularität vielleicht nur noch durch den Boxchampion Mike Tyson übertroffen, dessen Stern genau wie der Mbandakas schon lange gesunken war. Das Volk hatte Kanzo einstimmig zum Vizegouverneur gewählt und gefordert, dass er auch nach dem Machtwechsel auf seinem Posten blieb. Kabila hatte das akzeptiert, auch wenn er sich normalerweise keine Chance entgehen ließ, eine Schlüsselposition mit einem seiner Vertrauten zu besetzen. Böse Zungen, die dem frisch gebackenen Präsidenten nicht den geringsten Kredit einräumten, hielten das nur deshalb für möglich, weil es in der Provinz Equateur außer tropischen Harthölzern nur wenige wichtige Grundstoffe gab.

Der Vizegouverneur unterhielt sich mit uns in fließendem Niederländisch, obwohl er nie in seinem Leben in Belgien gewesen war. Seine Kenntnis der beiden früheren Kolonialsprachen hatte ihm zu seinem ersten Job verholfen. Jetzt wollte er das Beste für seine Provinz und unterstützte die Expedition rückhaltlos. Ihr Erfolg würde für den Salonga Nationalpark nicht nur Perspektiven für einen wissenschaftlichen und ökologischen Tourismus eröffnen, sondern auch beweisen, dass es möglich war, in der Provinz etwas nachhaltig auf die Beine zu stellen. „Es ist hier schon seit Wochen ruhig", so seine Analyse, „aber das dringt nur ganz allmählich bis nach Kinshasa, geschweige denn bis nach Europa, durch. Wir können die Geschichten, die in Umlauf gebracht werden, nicht kontrollieren. Wir können den Leuten nur raten, herzukommen und sich davon zu überzeugen, dass man hier arbeiten kann. Es ist hier alles andere als perfekt, aber wenn ich den Berichten aus jüngster Zeit glauben kann, gilt das auch für euer Land." Eine Anspielung darauf, dass sich Belgien in den letzten Jahren im Ausland den skandalträchtigen Ruf erworben hat, ein Mekka für Serienkindermörder und Organisatoren satanischer Pädophilen-Netzwerke zu sein.

Der Mann war keineswegs blind für die Probleme in seiner Region. Er war sich bewusst, dass wir in den abgelegenen Gebieten Schwierigkeiten mit desertierten Soldaten bekommen könnten. Deshalb regelte er binnen zwei Tagen, dass wir von zwei Angehörigen der Provinzpolizei begleitet wurden. Da diese Einheit bei den Dorfbewohnern einen nicht ganz so üblen Ruf wie die Armee hatte, würden wir vielleicht nicht überall schlecht empfangen werden. Er sorgte auch dafür, dass wir unsere Pässe zurückbekamen. Dass dies ohne finanzielle Gegenleistung geschah, wurde später in Kinshasa von allen ungläubig zur Kenntnis genommen. Offensichtlich machte die Neuigkeit von der Wichtigkeit der Expedition in Mbandaka schnell die Runde, denn plötzlich gab der Zoll unseren Außenbordmotor frei, und wir bekamen unsere Koffer zurück, ohne dafür auch nur eine Flasche Primus opfern zu müssen.

Für das Boot und das Benzin sorgten Pater Piet Hens und die Laienschwester Maria Pelckmans (*Mama* Marie) von der Mission des Heiligen Herzens, Menschen nach meinem Geschmack. Der Kongo wird nach dem Verschwinden der letzten Pater und Schwestern nie mehr derselbe sein. Allerdings verpasste mir *Mama* Marie den Schock meines Lebens und lieferte den überzeugenden Beweis, dass man auf einer Reise unmöglich alle Schwierigkeiten voraussehen kann. Ellen und ich liefen ruhig über die Straße, als die Schwester mit ihrem Auto neben uns hielt und laut rief: „Aber das ist ja Dirk Draulans vom *Knack Magazine.*" Mich überfielen auf der Stelle Horrorvisionen von einem monatelangen Aufenthalt in einem der dreckigen und hoffnungslos überbelegten Gefängnisse. Solange die UN-Kommission noch vor Ort war, galten Journalisten, selbst einheimische, in Mbandaka als personae non gratae. Ich hatte mich auf meinen Papieren als Biologe eintragen lassen, völlig korrekt, aber ich sah nicht, wie ich das den Sturschädeln vom ANR oder der Armee hätte erklären können.

Maria erzählte noch fröhlich, dass mein Buch über die afrikanischen Kriege in der Stadt sehr viel gelesen wurde und zur Zeit auf dem Nachttisch einer ihrer Mitschwestern lag. Eine erfreuliche Botschaft für einen Schriftsteller, aber erstens war die besagte Schwester steinalt, und zweitens strotzte das Buch nur so von Geschichten über ruandische Flüchtlinge und zairische Soldaten. Selbst ein Sicherheitsagent ohne jegliche Niederländischkenntnisse würde genügend Stoff finden, um mich für lange Zeit wegen Spionage hinter Gitter zu bringen.

Pater Piet wusste im Übrigen aus eigener Erfahrung, was es heisst, immer auf der Hut sein zu müssen. Er wurde rund um die Uhr von Soldaten observiert, weil man fürchtete, dass er sich mit der Kommission unterhal-

194

ten könnte. Dennoch lud er uns am Sonntag zum Mittagessen auf die vierhundert Hektar große Missionsstation ein, die von den beiden allein verwaltet wurde. „Es ist schwierig geworden", erzählte Martha. „Früher habe ich mich die meiste Zeit um das Lepradorf hinter der Mission gekümmert, aber jetzt beschäftige ich mich fast ausschließlich mit Verwaltungsangelegenheiten. Drei Viertel meiner Zeit gehen für Sachprobleme drauf; da bleibt nur ein Viertel für die Menschen."

Der Pater bekreuzigte sich und sprach das Tischgebet. Aus purer Höflichkeit schlug ich mein erstes Kreuz seit unendlich vielen Jahren und murmelte das Gebet mit, von dem ich nicht einmal mehr die erste Zeile kannte. Wir aßen Steaks von heiligen Kühen, Pommes frites, die aus den Früchten des Brotbaums geschnitten waren, und Bohnen, die burundische Flüchtlinge auf den umliegenden Feldern angebaut hatten. Es gab Sauce und Mayonnaise und etwas, das ich für eine sehr dicke Serviette hielt – erst nach dem Essen wurde mir klar, dass es ein Serviettenhalter war, der nun gewaschen werden musste. Der Pater und die Schwester wirkten auf mich wie ein altes Ehepaar. Wie in einer netten Familie kabbelte man sich harmlos über Banalitäten wie z. B. über den misslungenen Nachtisch. Nur an den Toiletten war zu erkennen, dass die beiden kein gemeinsames Leben führten. Es gab eine Damen- und eine Herrentoilette, die mit zwei neckischen Kupferköpfen angedeutet wurden.

Pater Piet befreite die Salonga-Expedition in wenigen Stunden aus ihrer Sackgasse. Er schoss uns die Benzinfässer vor und kümmerte sich um ein großes Boot. Er organisierte sogar ein offizielles Kennzeichen für den Motor. Obwohl wir an unserem letzten Abend in der Villa Weeks todmüde in die Betten fielen, schlief ich nicht gut.

Das Summen der zahllosen Mücken war unerträglich. Und auch in dieser Nacht ließ der Nachtwächter den Lichtkegel seiner Taschenlampe auf das immer noch lebende Nilpferd fallen. Der Mond war so voll und hell, dass es stockdunkel zu werden schien, wenn er kurz hinter einer Wolke verschwand. Hinter einer Gewitterwolke. Kurz darauf prasselte ein unglaublicher Platzregen herab. Ich seufzte. Jetzt waren wir noch geschützt, aber ab morgen würden wir zelten. Und Mücken, Nilpferde und Gewitter waren nicht einmal die größten Hindernisse, die wir zu überwinden hätten.

Eine Brutstätte des Ebolavirus

Papa Jules erinnerte sich, wie er als Kind in den sechziger Jahren täglich zehn Kilometer von seinem Dorf in die Schule laufen musste und dabei unterwegs von Bonobos mit Zweigen beworfen wurde. Manchmal waren die Affen so aufdringlich, dass sie versuchten, den Schulkindern ihr Essen zu stibitzen. „Jetzt gibt es in dieser Gegend überhaupt keine Bonobos mehr", sagte er traurig. „Sie wurden restlos abgeschossen. Jetzt bekommen wir nur noch Bonobobabys zu Gesicht, die zum Kauf angeboten werden." Wir bekamen in Mbandaka Besuch von einem alten Mann aus einem Dorf am Salonga, der mit einem kleinen Boot in die Stadt gekommen war. Er stellte sich uns als Fischer vor. Wie sich später herausstellte, war er jedoch ein Jäger, der mit uns zurückfahren wollte, weil ihn die Rückfahrt stromaufwärts drei Monate kosten würde. Er war gekommen, um sein Fleisch auf dem Markt zu verkaufen, und erzählte uns, dass es am Fluss selbst keine Bonobos gäbe. Über den Park konnte er uns nichts sagen.

Der Handel mit dem Fleisch geschützter Urwaldtiere hatte in Mbandaka beunruhigende Ausmaße angenommen. Er war das einzige Wirtschaftssegment im Kongo, das wirklich florierte. Ellen sah auf dem Markt Berge von Affen- und Antilopenfleisch. Unter anderem wurde hier auch das Fleisch der Sitatunga verkauft, einer mehr oder weniger seltenen Sumpfantilope, deren Fleisch nach Meinung von Ellens Arbeitern wässrig schmeckt. Bei den Sitatungas unterscheiden sich die männlichen und weiblichen Tiere so stark voneinander, dass viele Schwarze sie für zwei eigenständige, gleichgeschlechtliche Arten halten. Über die Fortpflanzung denken viele Schwarze dagegen nicht nach, die funktioniert ihrer Meinung nach von selbst.

„Die Menschen verlegen ihre Jagdreviere immer weiter in die Gegend um den Salonga", erzählte Jules, der wie immer über alles, was in Mbandaka an Wichtigem geschah, bestens informiert war. „Die schwer bewaffneten Wildererbanden aus der Ära Mobutus verlassen das Gebiet, weil es dort keine Elefanten mehr gibt. Damit wird es für die kleinen Jäger ungefährlicher." Eine eigenartige Begründung mit beunruhigenden Konsequenzen: Wilderer, die andere Jäger abschrecken und dadurch den Druck auf die vielen, kommerziell weniger interessanten Tierarten niedrig halten. Erst verschwinden die Elefanten, dann die gut organisierten Wilderer und schließlich die anderen Tiere.

Unsere Abreise verlief erwartungsgemäß chaotisch, aber gegen Mittag waren wir so weit. Das Team von Jules und Martha hatte sich vollzählig eingefunden und skandierte zum Abschied: „Bonobo, Bonobo." Als Fahrer nahmen wir Demanu mit, einen behäbigen und freundlichen Mann in den Fünfzigern, der lange Weeks Mechaniker gewesen war und während der Probefahrten mit dem Boot bewiesen hatte, dass er mit einem Motor umgehen konnte. Er hatte es geschafft, das Gepäck so geschickt auf dem Boot zu verstauen, dass etwas Spielraum für unsere Beine blieb. Er machte sich Gedanken über das Wetter. „Die Enten fliegen nicht tief über dem Wasser", meinte er. „Ich glaube, dass die Trockenzeit noch eine Weile auf sich warten lässt." Ein Problem zeichnete sich ab. Das Wasser stand bereits so hoch, dass die Dörfer am Fluss in der Nähe von Mbandaka überflutet waren. Durch das Hochwasser sammelten sich die Fische in einer so geringen Dichte, dass es für die Fischer schwierig wurde, etwas zu fangen. Da wir größtenteils von dem leben mussten, was es unterwegs zu kaufen gab, konnte das zu einem nicht zu unterschätzenden Hindernis werden.

Die zwei Soldaten traten zu meiner Überraschung in Zivilkleidung, aber mit drei automatischen FAL-Gewehren und einer Pistole an. Der Ältere schleppte ein tragbares Radio mit. In seinem Trainingsanzug mit dem Aufdruck SPOPTS (statt SPORTS) auf dem Rücken machte er einen etwas überzeugenderen Eindruck als in der schlabberigen, grünbraunen Uniform, die er bei seinem Vorstellungsbesuch getragen hatte. Später sollte ich erfahren, dass er den größten Teil seines Lebens bei der Verkehrspolizei verbracht hatte. Zum Glück wirkte der zweite, Delite, wesentlich vertrauenerweckender. Er war bei einem Sonderkommando in Marokko ausgebildet worden und hatte lange in einer speziellen Interventionstruppe gedient.

Der Dritte unserer Begleiter war Ino aus Kinshasa, der von den anderen Schwarzen mit seinem Taufnamen, *Papa Willy*, genannt wurde. Er hatte Physik studiert, war dann jedoch von der Umweltbewegung ‚entdeckt' worden und schließlich beim Naturschutz gelandet. Er hatte sich darauf spezialisiert, die Populationsdichten bestimmter Tierarten anhand ihrer Spuren zu berechnen. Unter anderem hatte er über neun Monate mit einer Gorillazählung im Kahuzi-Biegawald im Ostkongo verbracht. Er stammte aus der Provinz Equateur, aus der Gegend von Basankusu. Seinen Vater hatte er das letzte Mal vor zwölf Jahren gesehen, denn der hatte anfangs nicht verstanden, warum er kein Priester werden wollte. Später war es ihm ein Rätsel, weshalb sein Sohn in einen völlig anderen Teil des Landes ging, um auch dort im Urwald zu leben. Mit seiner Mutter hatte er seit acht Jahren keinen Kontakt mehr.

Obwohl sein Heimatdorf über zweihundert Kilometer von Mbandaka entfernt lag, stand schon in der ersten Woche ein Verwandter seiner Mutter auf der Terrasse der Villa, um sich zu vergewissern, dass der verlorene Sohn wieder da war, und um Seife und Salz für zu Hause zu organisieren. Auch Inos Sippe aus Mbandaka war nicht von der Villa wegzukriegen. Tanten wurden plötzlich todkrank, nachdem sie festgestellt hatten, dass Ino mit Weißen zu tun hatte, entfernte Nichten und Neffen tauchten aus dem Nichts auf, um ihr Bierchen zu trinken und Seife mitzunehmen. Das ist die Schattenseite der kongolesischen Sozialstruktur. „Ich darf mich hier nicht mehr blicken lassen", beschloss Ino am Morgen unserer Abreise, als dreizehn seiner Verwandten vor der Tür standen, um sich ein letztes Mal aus unseren Vorräten zu bedienen. Sie hatten ihm inzwischen auch eine Frau organisiert, denn dass er mit über dreißig noch nicht verheiratet war, galt als Problem – und Probleme musste die Familie lösen. Er war heilfroh, als es endlich losging.

Ino war der Prototyp des kongolesischen Intellektuellen. Wie er erzählte, hatte er Deutsch gelernt, um Einstein im Original lesen zu können. Bei den Weeks holte er einen Roman von Hermann Hesse aus dem Bücherschrank, während ich mich für Harold Robbins entschied. Er ließ sich ausführlich über seine Lektüre aus: „Für meinen Geschmack ist Hesse zu stark durch Freud beeinflusst. Was meinst du?" Ich wusste nicht einmal, dass Hesse sich mit Freud beschäftigt hatte. Dass weibliche Brustwarzen stark auf Kokain reagieren und Männer so oft eine Erektion bekommen können, dass es zu einem Dauerzustand wird, wie in dem Buch von Robbins beschrieben wurde, war mir bis dato allerdings auch nicht bekannt gewesen. So lernten wir beide etwas hinzu.

Da Ino lange im Ausland studiert hatte, vertrat er etwas eigenwillige Auffassungen über seine Landsleute und die ausländischen Besucher seines Landes. „Ich verstehe nicht, dass so genannte Intellektuelle in Kinshasa Betrügern auf den Leim gehen, die in nachgemachten Anzügen von Versace und Dior aus London kommen, um für einen Haufen Geld andere nachgemachte Anzüge an Leute zu verscherbeln, die nicht einmal wissen, dass solche Sachen in London unbezahlbar sind. In Kinshasa laufen viele Intellektuelle in einem falschen Nobelanzug, aber mit leerem Magen herum, während ihre Kinder zu Hause Hunger leiden." Und über die Anthropologen, die sich mit dem afrikanischen Aberglauben und anderen Phänomenen beschäftigten, sagte er: „Sie erklären alles mit Exotik und Erotik, ohne nach den inhaltlichen Aspekten zu fragen. Und sie berücksichtigen nicht, dass sich viele meiner Landsleute ihre Geschichten einfach nur ausdenken, weil sie von den Anthropologen dafür Geld bekommen."

Wir erlebten immer wieder dieselbe Frustration. Bei jeder Hütte, an der wir hielten, und bei jedem Boot, das wir kreuzten, fragte Ellen, ob es in der Nähe Bonobos gäbe. Bis auf eine Ausnahme war die Antwort immer negativ. In dem Dorf Bomputu am Salonga kam ein alter blinder Mann langsam den leicht abschüssigen Weg zum Ufer heruntergehumpelt, glücklich, seine Französischkenntnisse präsentieren zu können. Er erzählte uns voller Begeisterung, dass nicht einmal acht Kilometer entfernt Bonobos lebten und dass vor kurzem ein sehr dickes Tier das Dorf besucht habe. Er wäre gerne bereit, eine Wanderung zu organisieren, um die Tiere aufzuspüren. Aber dann wurde ihm auf Lomongo von einem wesentlich jüngeren Häuptling der Mund gestopft. Er teilte uns ganz im Vertrauen mit, dass die Dorfbewohner den blinden alten Mann hin und wieder verulkten, zum Beispiel mit der Geschichte über die Bonobos. Seiner Meinung nach war es mindestens zwanzig Jahre her, dass man in der Gegend die letzten Bonobos gesehen hatte.

Später erzählte Ino jedoch, dass der Häuptling den alten Mann zum Schweigen bringen wollte. Offensichtlich fürchtete er, dass die Weißen aus dem umliegenden Gebiet einen Nationalpark machen würden, wenn sie die Bonobos entdeckten. Eine Katastrophe für die Dorfbewohner, die damit ihr Jagdrevier verlieren würden. Um uns loszuwerden, betonten die Leute immer wieder, dass es im Salonga Nationalpark ganz bestimmt Bonobos gäbe. Ob aber auch am Salonga selbst Bonobos lebten, mussten wir selbst herausbekommen.

Die Fahrt auf dem Fluss war wunderbar. Wir fuhren zunächst auf dem enorm breiten, aber schnell fließenden Kongo. Verrottete Boote mit kleinen Segeln schoben schwere Baumstämme vor sich her. Auf ihnen fuhren große Familien nach Mbandaka oder Kinshasa, um große Stapel geräucherten Fisch oder getrocknetes Wildfleisch zu verkaufen. Mitten auf dem Fluss glitt ein Silberreiher auf einer Sumpfinsel vorbei. Dichte Büschel Wasserhyazinthen trieben auf dem Wasser – eine prachtvolle Pflanze, die aus Südamerika eingeführt worden war, um die Gartenteiche der Kolonialherren zu zieren. Inzwischen hatte sie sich jedoch durch ihre große Verbreitung und ihr schnelles Wachstum zu einer unausrottbaren Plage entwickelt. Seen und Flüsse verschlickten durch die grüne Masse so stark, dass sie nicht mehr schiffbar waren.

Am ersten Abend erreichten wir das Dorf Ikenge und legten an einem der wenigen, noch nicht überfluteten Strände an. „Aha, der Staat", konstatierte der Häuptling des Dorfes, als er die bewaffneten Soldaten sah. Wir durften umsonst übernachten. Für die beiden Soldaten ließ er eine Flasche starken *lotoko* herbeischaffen. Der Ältere unserer beiden Soldaten entpuppte sich als ein Mann mit Autorität. Er stellte sich als Kommissar vor und orderte zwei Männer für den Aufbau des großen Zeltes ab, in dem – wie wir dachten – auch Delite und Demanu übernachten würden. Ein Irrtum. Wir hatten nicht bedacht, wie tief das Gefühl für Hierarchie in der kongolesischen Gesellschaft verwurzelt ist. Die beiden mussten unter einem Moskitonetz im Boot schlafen, während der Kommisssar lang und breit allein in seinem Zelt lag, mit seiner Flasche und seinem Radio, an dem er die ganze Nacht herumkurbelte.

Am zweiten Abend beförderte sich der Kommissar zum Kapitän. Wir waren den Ruki bis zu der kleinen Stadt Ingende hinuntergefahren und dort auf den Busira eingebogen, dem wir bis Lotoko folgten. Warum dieses Dorf nach dem gleichnamigen Schnaps benannt worden war, blieb ein Rätsel, denn meilenweit war kein einziges Maisfeld auszumachen. Hier mussten wir übernachten. In der Nähe des Dorfes mündete der Busira in den Salonga, und wir hatten Angst, diese Stelle in der Dunkelheit zu verpassen. In Lotoko wurde uns klar, dass wir auf dem Salonga mit Hochwasser rechnen mussten. Das Dorf stand völlig unter Wasser. Die wenigen Hühner waren auf ein Dach geflüchtet. Nur die Enten genossen diese Zeit ihres Lebens und ließen sich fröhlich schnatternd zwischen den Hütten auf dem Wasser schaukeln. Bis auf eine Familie hatten alle Bewohner das Dorf verlassen. Sie hatte sich in den obersten Stock zurückgezogen und wartete verzweifelt darauf, dass der Wasserspiegel sinken würde. „Seit 1972 hat es hier nicht mehr so viel geregnet, so hoch stand das Wasser noch nie", seufzte der Mann in der Hütte.

„Damals war ich fast ein Jahr alt und lernte gerade laufen", lachte Ellen. Sie ließ sich ihre gute Laune nicht verderben, obwohl wir mit dem Boot an einem Pfahlbau anlegen und mühsam auf einen morschen Holzboden voller Löcher kriechen mussten, der nicht einmal fünf Zentimeter über der Wasseroberfläche lag.

Ein einziger kräftiger Regenschauer in dieser Nacht, und wir wären bis auf die Haut durchnässt. Wir richteten uns ein, so gut es ging, und bekamen Gesellschaft von zwei Familien in einem Boot, das bis zum Rand mit Wildfleisch und toten, aber auch lebenden Tieren beladen war. Darunter eine Meerkatze, die an einer Bananenstaude festgebunden war, Kaimane mit auf dem Rücken geknebelten Beinen, die stumpf vor sich hin starrten, Schildkröten, denen man ein Loch in den Panzer gebohrt und die man an einem Strick aufgereiht hatte – gute, frische Ware, denn diese Tiere konnten auch ohne Nahrung überleben. Um das Elend zu mildern und entgegen unserer Absprache, kauften wir ein Stück geräuchertes Wildschwein – zur Freude des Kapitäns, der schon befürchtet hatte, die Weißen würden sich so dogmatisch gebärden, dass während der ganzen Expedition niemals ein Stück Wild auf den Tisch kommen würde. Der Mann, der uns das Schwein verkaufte, fragte interessiert, ob wir auch davon essen würden. Als ich in meiner Naivität bestätigend nickte, verdoppelte er auf der Stelle den Preis. „Das darfst du nie machen", meinte Ellen. „Du musst immer behaupten, dass wir uns von Konserven ernähren."

Das Schweinefleisch schmeckte köstlich, obwohl Ellen auf der Hut war. Schweine werden zwar meistens in Fallen gefangen, manchmal jedoch auch mit Pfeilen erlegt, deren Gift so stark ist, dass es sogar in geräuchertem Fleisch für einen Menschen tödlich sein kann. Sie erzählte, dass im Dschungel von Lomako hin und wieder Jäger tot aufgefunden wurden, die sich an einem solchen Giftpfeil die Haut aufgeritzt hatten. Aber ich ließ mir den einzig schönen Augenblick dieser Nacht nicht durch so eine Katastrophengeschichte vermiesen.

Noch bevor wir mit dem Essen fertig waren, ballten sich dunkle Wolken über den Bäumen zusammen, der Donner grollte, die Blitze kamen dem Dorf immer näher, und der Himmel öffnete all seine Schleusen. Das Wasser prasselte auch auf uns im Inneren der Hütte nieder. Ich leuchtete mit meiner Lampe nach oben und entdeckte, genau über unserem Schlafplatz, große Löcher im Dach. „Bei den Mongos in dieser Gegend ist es nicht üblich, die Dächer zu reparieren," sagte der Kapitän abfällig. „Sie ziehen mit ihrer Matte einfach um, wenn es regnet." Ich leuchtete den Boden ab und meinte durch die Fugen zu erkennen, dass der Wasserpegel rasch anstieg. Wieder trieben Fäkalien vorbei. Zur Toilette zu gehen, war unmöglich, das wurde mir klar. Horrorvorstellungen von Cholera und anderen Diarrhöproblemen spukten für den Rest der Nacht in meinem Kopf herum. Und wir waren noch nicht einmal auf dem Salonga.

Ich musste doch etwas geschlafen haben, denn am nächsten Morgen wurde ich von einem Papageienkonzert und dem Pfeifen, Krächzen und Knacken des alten Radios geweckt. Nachdem der Kapitän eine Weile wild an den Frequenzknöpfen gedreht hatte, fand er schließlich einen Sender, über den wir erfuhren, dass die UN-Delegation einen Tag nach unserer Abreise beschlossen hatte, sich aus Mbandaka zurückzuziehen. Man sah die Sicherheit dort nicht mehr gewährleistet. Vor dem Eingang der Brauerei hatten Schulkinder demonstriert und ihren Abzug gefordert, da ihre Präsenz für Unruhe unter der Bevölkerung sorgte. Es sollte drei Monate dauern, bevor die Delegation ein letztes Mal Posten bezog, um dann endgültig vor den Schikanen zu kapitulieren. Die Leichen von Mbandaka waren inzwischen wahrscheinlich bis Kinshasa getrieben, kleine Menschenfleisch-Inseln für die Fische.

Wie wir an jenem Morgen feststellten, war Lotoko ein Dorf von Papageienjägern. An den Hütten hingen Lockpapageien: knorrige Äste in Form eines Papageis, die mit einer körnigen grauen Farbe angemalt waren. Als Schwanzattrappe dienten ein paar rote Federn. Offensichtlich genügt das, um Papageien in Schlingen oder auf Leimruten zu locken. Oft werden die Tiere nicht nur von diesen künstlichen Lockvögeln verführt, sondern auch von „Verrätern aus den eigenen Reihen", die mit gestutzten Flügeln hoch auf einem Baum angebunden werden und flöten, wenn ihre Artgenossen über sie hinwegfliegen. Die Papageienjagd ist effizient; ein Trupp erfahrener Fänger kann in der Brutzeit leicht fünf bis zehn Vögel am Tag fangen, in der ‚Hochsaison' außerhalb der Brutzeit sogar bis zu zwanzig. In Erwartung besseren Wetters dienten die Lockvögel in Lotoko als Fetisch. Sie hingen an den Türen, um die verlassenen Hütten vor Eindringlingen zu schützen. Ihre Bewohner waren ins Landesinnere gezogen. Der Kapitän warf die Lockvögel verärgert in den Fluss, nicht um die Vögel der Umgebung zu schützen, sondern weil er als moderner Mensch so seine Probleme mit der Verehrung eines hölzernen Papageis hatte.

Erst auf unserem Rückweg sollten wir verstehen, warum Lotoko ein Dorf von Papageienjägern war. Wir kamen im Mondschein an einer überfluteten Insel vorbei, die mindestens einen Kilometer lang war und sich als ein riesiger Schlafplatz für Papageien herausstellte. Die grauen Rotschwanzpapageien fliegen abends bis zu dreißig Kilometer weit, um einen geeigneten Ruheplatz zu finden. Tagsüber erkunden sie in kleinen Gruppen den Urwald auf der Suche nach Früchten, aber nachts tun sie sich zu Riesenschwärmen zusammen. Zuerst sahen wir Hunderte von Tieren verwirrt auffliegen, dann Tausende, und zum Schluss war der Himmel im Licht des Mondes schwarz von durcheinander wirbelnden Punkten, die in diversen Tonlagen ohrenbetäubend pfiffen. In der Fachliteratur werden Schlafplätze mit fünf- bis zehntausend Vögeln beschrieben. Der Platz, den wir entdeckten, kam mit Sicherheit in die Nähe dieser Größenordnung. Er gehört wohl zu den wichtigsten im ganzen Kongo.

Der kamerunische Biologe Roger Fotso zog im Herbst 1966 über einen Monat durch die Provinz Equateur, um sich im Auftrag der *Convention of International Trade in Endangered Species* (CITES) ein Bild von dem Papageienhandel zu machen. Er spürte einige kleinere Schlafplätze mit höchstens sechshundert Vögeln auf und führte diese geringe Anzahl darauf zurück, dass er während der Brutsaison unterwegs war, während der die Vögel sehr verstreut in Paaren leben.

Fotso zählte eintausendzweihundert gefangene Papageien. Extrapoliert bedeutet das, dass allein in dem von ihm bereisten Gebiet schon mehr Papageien gefangen wurden, als die Normen der CITES erlauben. Fast die Hälfte der gefangenen Tiere stirbt noch vor der Ankunft in Kinshasa. Oft monatelang eingesperrt in viel zu kleine Lianenkäfige, in denen sie nicht einmal ihre Flügel ausbreiten können, werden sie unter der gleißenden Sonne über die Flüsse transportiert. Der Handel unterliegt keinerlei Kontrolle. Fotso traf einen Libanesen, der mit einem Speedboot von Dorf zu Dorf fuhr, um lebende Leopardenbabys zu bestellen. Nichts war unmöglich im Landesinneren des Kongo, selbst die seltensten Tiere waren vogelfrei.

Der graue Rotschwanzpapagei gehört mit Sicherheit nicht zu den gefährdeten Tierarten. Trotz des Handels soll die Gesamtpopulation in die Hunderttausende gehen. In den letzten fünfzehn Jahren wurden weltweit schätzungsweise eine halbe Million Tiere verkauft. Dennoch fragten sich Vogelexperten und Tierschützer nach unserer Rückkehr, ob es vernünftig wäre, die Neuigkeit über den großen Schlafplatz auf dem Salonga zu publizieren. Nicht nur zum Schutz dieses Terrains, sondern auch, um die immer noch starke Verbreitung dieser Papageienart nicht in der Öffentlichkeit zu lancieren. Das würde die Position der Händler stärken, die jegliche Restriktion auf die Einfuhr gefangener Vögel für absurd, weil überflüssig halten. Und zudem könnten die Händler unsere Informationen für ihre Lobby-Aktivitäten verwenden.

Wahrscheinlich ist diese Argumentation im Kern richtig. Dem Handel müssen Zügel angelegt werden, weil Papageien einfach nicht in einen Käfig gehören. Wer jemals in der freien Natur einen Papagei beobachtet hat, der wie ein erfahrener Zirkusakrobat auf einem hohen Ast vorüberfliegenden Freunden seine Kunststücke vorführt, wird niemals auf die Idee kommen, einen solchen Vogel zu kaufen und ihn in einen kleinen Käfig zu sperren. Selbst ein sprachbegabter Koko langweilt sich in dem kleinbürgerlichen Wohnzimmer zwischen der Wanduhr und den schlechten Farbfotos von den Kindern und Enkelkindern zu Tode.

Aber wie soll man das Menschen erklären, die sich in ihrer Evolution so weit von einer Natur entfernt haben, die für unsere Vorfahren noch vor nicht allzu langer Zeit die Grundlage für eben jenen kulturellen Fortschritt war, der uns unter anderem auf die Idee gebracht hat, exotische Vögel in enge Käfige zu sperren? Wie soll man ihnen erklären, dass ein Papagei in den Urwald gehört? Wie macht man ihnen deutlich, dass Tiere nicht dazu geschaffen sind, als Teil des Mobilars in einer Ecke zu stehen, sondern dass sie das Recht haben, so zu leben, wie es ihnen bestimmt ist? Vielleicht muss der Staat per Gesetz verfügen, dass verkaufte Papageien ein Schild mit der Aufschrift: *Der Kauf dieses Tieres kann der Gesundheit ernsthaften Schaden zufügen* umgehängt bekommen. Vielleicht muss jemand die Hypothese in die Welt setzen, dass der graue Rotschwanzpapagei die lang gesuchte, natürliche Brutstätte des tödlichen Ebolavirus ist. Oder vielleicht sollten potenzielle Käufer zu einer Woche Käfighocken verpflichtet werden beziehungsweise – und dies wäre die freundlichere Version – zu einer Fahrt auf dem Salonga, um die Tiere in ihrem natürlichen Lebensraum kennen und respektieren zu lernen.

Eine Fahrt auf dem Salonga ist ein Erlebnis der besonderen Art. Der erste Fischer, den wir sahen, versuchte, uns mit wilden Armbewegungen etwas deutlich zu machen. Demanu fuhr langsamer und hörte dem Mann zu, der dachte, dass wir uns in dem komplizierten Geflecht von Busira und Salonga verirrt hatten. Wir beruhigten ihn. Der Fischer schüttelte den Kopf. Weiße, die den Salonga hinauffuhren – was war nach der Machtübernahme Kabilas noch alles zu erwarten? Wir sorgten überall, wohin wir kamen, für Aufregung. Die Kinder in den wenigen bewohnten Hütten stürzten sich in ihre kleinen Einbäume, wenn sie unseren Motor hörten, um auf den auslaufenden Wellen unseres Bootes zu schaukeln. Wir waren für sie die erste Abwechslung in diesem Jahr.

In einer Flussbiegung trafen wir in einem kleinen, völlig überfluteten Fischerdorf auf einen behinderten alten Mann, der ein zerrissenes T-Shirt mit der Aufschrift *I luv my granddad* trug. Seine einzige Gesellschaft bestand aus zwei mageren Küken, die sich notgedrungen zu Stelzenläufern entwickelt hatten und selbst in diesen schlimmen Zeiten alles taten, um ihr Federkleid durch eifriges Picken sauber zu halten.

Wie in den zurückliegenden beiden Jahren hatte der alte Mann auch jetzt sein Dorf nicht verlassen. Er konnte sich nicht erinnern, dass jemals Weiße hier vorbeigekommen waren. Über die Zigaretten, die wir ihm gaben, freute er sich wie ein Kind. Ich fragte ihn, welche Bedeutung für ihn der Begriff ‚Zeit' habe. Wenn sich das Leben auf eine Handvoll Hütten in einer Flussbiegung beschränkt und auf den Kontakt zu dem Händler aus einem weit entfernten Dorf, der ab und zu kommt, um die Fische abzuholen – zählt man dann die Tage? Er begriff nicht, was ich meinte. Seine Welt war fünfhundert Meter lang, hundert Meter breit und zehn Meter tief.

Boote und Menschen wurden immer seltener. Wir sahen die ersten anderen Affen: Rotschwanzmeerkatzen, die in dieser Region am stärksten verbreitete Art, nervöse Tiere mit einem langen roten Schwanz, einer weißen Nase, einem weißen Bart und einer modischen hellblauen Brille. Sie waren nicht bedroht, obwohl ihre Chance, als Trockenfleisch auf einem Einbaum zu enden, groß war. Der Kapitän richtete sein Gewehr auf die Tiere, die sich von ihren Ästen fallen ließen. „Die Macht der Gewohnheit," meinte er entschuldigend, als Ellen ihn scharf zurechtwies.

Mit der zunehmenden Entvölkerung verschwanden auch die Milane aus der Luft, schmutzigbraune Aasfresser, die nur überleben, wenn sie auf den Menschen und seine Abfälle zurückgreifen können. Der erste Geierseeadler lockte uns auf eine falsche Fährte. Er ähnelt ein wenig dem afrikanischen Fischadler, aber die Zeichnung seines Gefieders ist viel verschwommener – und eigentlich ist er kein echter Geier, denn er frisst kein Aas, sondern ernährt sich von den Früchten der Ölpalmen. Er fliegt nur, wenn er unbedingt den Baum wechseln muss. Ansonsten stolziert er über die Äste von einer Frucht zur anderen. Er erhob sich nur selten in die Lüfte, wenn wir mit unserem Boot vorbeituckerten.

Die echten Urwaldflussvögel waren viel scheuer, aber auch viel schöner. Zum Beispiel die Purpurreiher, für die ich immer schon eine Schwäche hatte, weil diese schlanken afrikanischen Schlangenhalsvögel keine untiefe Stelle brauchen, um landen zu können, dafür aber wie die menschlichen Fischer bei Hochwasser intensiver jagen müssen, um ihre Fischration zu ergattern; und die merkwürdigen Afrikanischen Binsenrallen mit ihrem aerodynamischen Körper und dem knallroten Schnabel.

Der Fluss wurde zunehmend schmaler und der Urwald immer eindrucksvoller, er verdichtete sich zu einer undurchdringlichen grünen Wand, die sich in dem schwarzen Wasser spiegelte. Wir hatten eine ungefähre Vorstellung von dem, was uns hinter dieser Wand erwartete – im Gegensatz zu den ersten Entdeckungsreisenden, dem einsamen David Livingstone oder dem großen Organisator Henry Morton Stanley, dessen paramilitärische Einheiten sich regelmäßig mit den ‚primitiven' Stämmen an den Flüssen des Kongo anlegten. Wir wussten, dass sich hinter der dunkelgrünen Gardine keine wilden Stämme, gefährlichen Zauberer und riesigen Monster verbargen, und wir gingen davon aus, dass wir noch zu weit vom Park entfernt waren, um auf Wilderer oder Deserteure zu treffen.

Wir sahen schwarze Bienenfresser, die mit ihren knallroten Kehlen und blau geränderten Flügeln viel schöner waren, als ihr Name vermuten lässt, sowie Rieseneisvögel von der Größe kleiner Reiher, die von dem Hochwasser profitierten und auf den Dächern der überfluteten Hütten Posten bezogen hatten, um nach Fischen Ausschau zu halten. Wir freuten uns an den allgegenwärtigen hübschen blauen Mohrschwalben, die sich, auf einem toten Ast behaglich aneinander gekuschelt, von der Strömung treiben ließen. Und wir beobachteten voller Spannung die wilden Flugmanöver der Mauersegler, die im Sommer in unseren Städten brüten, hier haarscharf über die Wasseroberfläche des Salonga streiften oder hoch in den Wolken ihre Kreise zogen. Ihr Biotop ist das Firmament – sie schlafen und fressen sogar im Fliegen.

Wir hatten gehofft, an diesem Abend Watsi Kengo zu erreichen, aber wir schafften es nicht. Demanu hatte zu große Bedenken, in der Mitte des Flusses zu fahren, und hielt sich dicht am Uferrand, sodass wir viel Zeit verloren. In einem Fischerdorf fanden wir eine Hütte, die gerade noch von dem Hochwasser verschont worden war. Hier hatten sich alle Bewohner versammelt, zwölf Menschen und zwei Hunde, fünf Enten und einige Hühner. Eines davon bekamen wir von dem Häuptling geschenkt, mit der Bemerkung, dass er von uns gern ein paar Stücke Seife und Zigaretten hätte. Die Dorfbewohner machten Platz für die drei Besucher; die anderen schliefen auf dem Boot.

Die Menschen in der Hütte wirkten stark angeschlagen. Ein Mann trug eine enorme Beule auf seinem Bauch, in der sich unzählige Würmer bewegten; ein anderer hatte ein stark entzündetes Geschwür am Fuß, das den Fußrist bis zur Hälfte aufgerissen hatte, ein Kind litt unter einer Lungenentzündung und hustete und weinte die ganze Nacht. Es war zunächst ein Rätsel, warum sich die Leute nicht auf den Weg nach Watsi Kengo machten – selbst mit einem Paddelboot war es weniger als eine Tagesreise. Sie wussten, dass es dort einen Arzt gab, aber wie sollten sie den bezahlen? Sie waren auch darüber informiert, dass wir dort vom Konservator des Parks erwartet wurden. Wegen unserer Ankunft hatte er in den zurückliegenden Wochen alle Flussbewohner im Park vertreiben lassen, denn er wollte den Eindruck erwecken, dass die Urwaldbewohner den Park und seinen Konservator respektierten. Das war jedoch offensichtlich nicht der Fall. Sie hatten nur Angst, dass er ihnen ihre Fische oder Hühner abluchsen könnte.

In dieser Nacht hörten wir zum ersten Mal auf unserer Reise Klippdachse und die erste Fischeule. Unter dem Tuch, auf dem wir lagen, raschelten Termiten. Wir hörten, wie die jungen Enten im Schlaf leise piepten und die Hunde ab und zu einen kräftigen Tritt bekamen. Auch die Hähne schliefen unruhig und begannen schon gegen drei Uhr morgens zu krähen. Und wir stellten fest, dass die dicksten Männer am lautesten schnarchten – wie ein Leopard, würde Demanu am nächsten Morgen sagen.

Wir kamen auch zu der Erkenntnis, dass der Kapitän im Laufe der Nacht zum Kommandanten aufgestiegen war. Er beklagte sich bitterlich, weil er sich schon zwei Tage lang nicht mehr richtig waschen konnte und sich unter keinen Umständen so schmutzig in Watsi Kengo präsentieren wollte. Aber er stieß mit seinem Problem auf taube Ohren, jeder brannte darauf, diese Parasitenhochburg so schnell wie möglich zu verlassen. Sogar Ellen hatte schlechte Laune, weil sie kaum geschlafen hatte, ihr Kopfkissen vermisste und für ihren Geschmack viel zu hastig aufgebrochen war.

Es war noch nicht einmal fünf Uhr, als Demanu den Motor anwarf. Das Grün leuchtete prachtvoll im Licht des frühen Morgens, wir sahen Grüntöne in allen Schattierungen und spielten mit der Vorstellung, wie die Landschaft aussehen würde, wenn die Blätter für ihre Fotosynthese statt Blattgrün Blattblau oder Blattgold gebildet hätten. Wir kamen an einem Sumpfgelände mit zahllosen toten Palmen vorbei, an denen unzählige Riesenfledermäuse hingen. Die fliegenden Affen der Nacht erhoben sich in die Luft und folgten dem Boot in weiten Kreisen. Vielleicht waren sie die ebenso gefürchtete wie intensiv gesuchte Brutstätte des Ebolavirus. Fledermäuse standen ganz oben auf der Liste der verdächtigten Zwischenwirte. „Geht schlafen", rief Demanu den Tieren laut lachend zu.

Ich versöhnte mich mit dem Morgen. Während in Belgien alle noch in ihren Betten lagen, hatte ich schon eine interessante Entdeckung gemacht. Ein herrenloses Boot trieb in hohem Tempo an uns vorbei. Ein Drama für den Besitzer und ein Zeichen, dass wir uns Watsi Kengo näherten. Die Ankunft war ein Schock. Ein Jahr lang hatten Ellen und ich immer wieder über Watsi Kengo geredet. Das Dorf hatte in unseren Plänen eine zentrale Bedeutung erlangt; wir mussten dort Station machen, bevor wir uns in den Park begaben, Führer anheuern und Vorräte besorgen. In einem alten Reiseführer über Belgisch-Kongo wurde es als ein Ort mit Geschäften und einer Übernachtungshütte beschrieben, der an der wichtigen Verbindungsstraße zwischen Boende und Monkoto lag. Auf alten Landkarten der Region wurde es unübersehbar mit einem großen Anker angegeben, das Symbol für einen Fährhafen. In dem großen Weltatlas der *National Geographic Society* war sein Name genauso groß gedruckt wie Basankasu, Löwen oder Haarlem.

Ellen und ich hatten so oft über Watsi Kengo gesprochen, dass es die Gestalt eines wichtigen Knotenpunktes angenommen hatte. So traute ich meinen Augen nicht, als Demanu auf einen schmalen grünen Strand mit ein wenig Schilfbewachsung wies, an dem ein halb gesunkenes Boot lag. Keine Spur einer Fährverbindung, einer Landungsbrücke oder Straße. Ein alter Fischer winkte uns scheu zu. Ich fragte ihn, ob dies Watsi Kengo sei. Er nickte sehr überzeugend, ein breites Lächeln entblößte seine verfaulten Zähne. „Watsi Kengo", bestätigte er, „Watsi Kengo!"

Eine Zyste als Trophäe

Alexandre Delcommune war ein loyaler Beamter, seinem König und Land – und zwar in dieser Reihenfolge – treu ergeben. Als er 1921 seine zweibändigen Memoiren unter dem Titel *Vingt Années de Vie Africaine* veröffentlichte, widmete er sein Lebenswerk seinem über alles geliebten Herrscher Leopold II. Delcommune hatte keine Mühen gescheut, ein treuer Diener zu sein. Als er 1888 den Auftrag erhielt, das Flusssystem in der kolonialen Provinz Equateur zu erkunden, ließ er nur zu diesem Zweck ein kleines Dampfschiff aus Belgien in den Kongo transportieren. Die Montage dauerte ihre Zeit, aber ein Name war sofort gefunden: *Le Roi des Belges.*

Am 26. Januar 1889 tuckerte der belgische Kolonialbeamte vom Kongo aus den Lulonga flussaufwärts. Er sah viel Dschungel, Palmen und Menschen, die ausgedehnte Bananenplantagen und fruchtbare Maniokfelder besaßen. Ihre Hütten waren so prachtvoll, dass Delcommune erstaunt bemerkte: „Auf den ersten Blick würde man denken, dass diese Häuser von Europäern oder Arabern gebaut wurden." Das war allerdings schlecht möglich, denn schließlich war er der erste Nicht-Schwarze, der den Fluss hinauffuhr. Am 2. Februar erreichte er Basankussu (sic!), wo Ellen und ich uns zum ersten Mal begegnet waren. Der Ort zählte vor hundert Jahren zweitausend Einwohner und machte mit seinen geräumigen Hütten und langen Straßen einen wohlhabenden Eindruck – ein wahrer Garten Eden, wie Delcommune schrieb. Zur Begrüßung erhielt er vom Häuptling einen jungen Negersklaven als Geschenk. Basankussu war ein

Zentrum des Sklavenhandels. Täglich gingen hier Boote mit ausgemergelten jungen Sklaven aus dem Landesinneren vor Anker. Man hatte ihnen für den Transport einen Eisenring um den Hals gelegt und ihre Füße an einen Holzklotz gefesselt. Nachdem sie zunächst von den Einwohnern Basankussus für Rodungsarbeiten im Dschungel eingesetzt worden waren, verschiffte man sie anschließend weiter stromabwärts. Sklaven, die keinen Käufer fanden, landeten im Kochtopf. Heutige Anthropologen vertreten die Auffassung, dass der Kannibalismus vor nicht allzu langer Zeit noch in vielen Teilen der Welt durchaus verbreitet war. Delcommune stellte fest, dass der Preis für das Elfenbein, an dem er sehr interessiert war, in der Stückzahl „Sklaven" ausgedrückt wurde.

Am 6. Februar fuhr er den Maringa hinauf – die gleiche Tour, die ich mit Ellen und ihren Kollegen unternahm. Er kam an vielen Fischerdörfern vorbei und erreichte schließlich Baringa, wo sein Erscheinen zunächst Panik auslöste. Die Einheimischen erzählten ihm, dass zwischen dem Maringa und dem Lopori – also wohl in der Nähe von Ellens Camp – ein großer Markt läge, den er jedoch leider nicht besuchte. Als der Fluss in seinem Oberlauf immer mehr Windungen beschrieb und die Besiedlung zusehends spärlicher wurde, machte Delcommune kehrt.

Am 14. Februar fuhr er oberhalb von Mbandaka – er taufte es auf den Namen Equatorville – genau wie wir auf unserer Reise zum Salonga den Ruki hinauf. Er wunderte sich über die dunkle Färbung des Wassers und die zahlreichen großen und dicht bewachsenen Inseln inmitten des Flusses. Delcommune beschrieb das Gebiet als dicht besiedelt, seine Bevölkerung als selbstbewusst und schilderte unter anderem eine Begegnung mit einem riesigen Häuptling, der eine Affenhaut auf dem Kopf trug. Am

18. Februar erreichte er den Zusammenfluss von Busira und Salonga und entschied sich, dem Salonga zu folgen. Nach vier Stunden erreichte er das Fischerdorf Bomputu, wo auch wir an Land gegangen waren. Hier war der Empfang alles andere als freundlich. Auf einem Pfahl war der Schädel eines Mannes aufgespießt, der kurz zuvor hingerichtet worden war. Die Haut hing noch in Fetzen an den Knochen, den Körper hatte man verspeist.

„Der Salonga", schrieb Delcommune, „hat sehr viele Windungen. Der immergrüne Regenwald reicht oft bis an seine Ufer heran. Je weiter wir auf dem Fluss vordringen, desto mehr verdichtet sich völlig überfluteter Wald und desto totaler wird die Einsamkeit. Dennoch ist der Fluss auch hier noch über hundert Meter breit." Am 20. Februar sah er auf dem linken Flussufer eine große, mit Wasserpflanzen bedeckte Lagune, die sich sehr weit ins Innere erstreckte. Alle Fischerhütten standen unter Wasser. Am 22. Februar hielt er eine Weiterfahrt für sinnlos, weil es nichts mehr zu sehen gab. Er hatte etwa zweihundertdreißig Kilometer auf dem Salonga zurückgelegt und auf seinem Weg sechs Dörfer gezählt. Das Flussufer war dünn besiedelt, aber die Dorfbewohner hatten ihm von großen Zentren im Landesinneren berichtet.

Unsere eigene Ankunft in Watsi Kengo löste einen wahren Volksauflauf aus und versetzte den kleinen Hafen in enorme Euphorie. Wir hatten uns gerade wieder ein wenig gefangen, als auf dem schmalen, sumpfartigen Weg zum Dorf eine Gruppe von Leuten angelaufen kam. Bewaffnete, wie mir schlagartig bewusst wurde. Mein Gehirn schaltete automatisch auf Krieg um, und ich gab unseren Soldaten mit einem Fingerschnipsen den Befehl, die Gewehre zu halten. Der Kommandant, der intensiv damit beschäftigt war, seine Trainingsjacke zu glätten und mit einem Kamm durch seine Kräusellocken zu fahren, glotzte mich verständnislos an. Delite marschierte jedoch mit dem Finger am Abzug seiner FAL beherzt auf die Gruppe zu.

Keuchend hielten acht Männer kurz vor dem kleinen Strand an. Sie stellten sich in zwei Viererreihen auf, die Gewehre stramm gegen die Beine gedrückt. „Die Wildhüter des Salonga Nationalparks sind angetreten und stehen der Wissenschaft zur Verfügung", rief der Mann vorne links mit dröhnender Stimme. Beeindruckend. Ich wusste nicht einmal, dass die Wildhüter wieder Waffen trugen. Jedenfalls war dies keine schlechte Neuigkeit. Der Wortführer der Truppe, der sich als Offizier vorstellte, kündigte an, dass der Konservator auf dem Weg zu uns sei. Nachdem ich ihm gesagt hatte, dass sie wieder eine normale Haltung annehmen könnten, gaben uns alle die Hand. Die meisten Dorfbewohner trafen noch vor dem Konservator ein, es herrschte ein unvorstellbares Gedränge johlender und ausgelassener Menschen. Die alten Belgier waren wieder da – der gute Gott hatte ihre Gebete erhört.

Der Konservator Albert Bofenda war eine beeindruckende Persönlichkeit. Ein großer, schwerer Mann, mit Oberschenkeln wie ein Elefant, von dem trotz seiner fast siebzig Jahre eine unglaubliche Kraft ausging. Er trug ein rotes, ärmelloses T-Shirt, eine kurze Sporthose und schwarze Stiefel. Zur Begrüßung schüttelte er uns lange und kräftig die Hand. „Ich freue mich, dass ihr es doch bis hierher geschafft habt", lachte er. „Ich hatte schon befürchtet, dass ihr eure Mission wegen der neuen Unruhen in Kinshasa abblasen würdet. Wir warten schon seit einer Woche auf euch." Ellen strahlte. Die Anreise, der wahrscheinlich unwägbarste Teil der Expedition, lag hinter uns. Jetzt war es fast ausgeschlossen, dass wir den Park nicht erreichen würden. „Es war höchste Zeit, dass jemand den Schritt wagte", sagte sie. „In diesem Land kann man immer sagen, dass die Verhältnisse zu unsicher sind, und die Hände in den Schoß legen. Aber wir sind froh, hier zu sein." Auch der Konservator und die Mitglieder seiner Patrouille strahlten.

Von Bofenda erfuhren wir, dass unsere Mission schon einen ersten Erfolg verbuchen konnte. Die Militärs in Boende hatten aus Mbandaka die Nachricht erhalten, dass eine Expedition unterwegs wäre, die Unterstützung verdiente. Daraufhin hatte man Waffen zur Verfügung gestellt, und zwar nicht nur die veralteten, nichtautomatischen Gewehre des Parks selbst, sondern auch Kalaschnikows und Munition. Jeder in Watsi Kengo, der irgendwie mit dem Park zu tun hatte, lief jetzt bewaffnet herum, sogar der Sekretär des Konservators, der nun wirklich kein Gewehr brauchte. Aber die Männer wollten endlich Stärke und Autorität demonstrieren, nachdem sie sieben Jahre lang keine Waffen besessen hatten und von den Wilderern vorgeführt worden waren. Die hatten die Dörfer am Salonga als logistische Basen genutzt, um Fleisch gegen Maniok, Salz, *lotoko* oder einen One-Night-Stand zu tauschen. Die Bevölkerung arbeitete nicht gegen sie. „Manche haben sogar ihre Töchter mit Wilderern verheiratet", erzählte der Sekretär entrüstet, der trotz seines fortgeschrittenen Alters Junggeselle war. Aber er schien fest davon überzeugt, dass seine Zeit endlich gekommen war. Dafür würden die Weißen schon sorgen.

Wir wanderten einen Pfad entlang, der so schmal war, dass sich die Zweige der Bäume über unseren Köpfen berührten. Ein grüner Tunnel, den immer wieder eine dicke rote Ameisenspur kreuzte – mehr war von der früher so berühmten Straße zwischen Boende und Monkoto nicht übrig geblieben. Der Konservator zeigte uns ein Waldstück, in dem einmal ein großes Geschäft eines Belgiers gestanden hatte, und ein weiteres Terrain, das der Parkverwaltung für den Bau eines nie realisierten Zentrums zugewiesen worden war. Das Hauptquartier des Parks, das im Dorf selbst lag, war verfallen. Es war nichts mehr vorhanden, was auf die Existenz eines nahe gelegenen Nationalparks hingewiesen hätte – außer der Vertrautheit mit den Tieren. Einer der Wildhüter kniete neben einem Hufabdruck im Schlamm nieder. „Bongo", behauptete er. Ich schaute ihn ungläubig an. Der scheue Bongo war eine große, rosabraune Waldantilope, deren weiße Streifen sich wie Bänder über den Rücken zogen. Und hier überquerte dieses seltene Tier in der Nähe eines Dorfes einfach einen Weg. Das war interessant.

Es war unbegreiflich, dass Watsi Kengo auf Weltkarten eingezeichnet ist. Auf einer sandigen freien Fläche in einem geschundenen Urwald stand eine Ansammlung von etwa dreißig Hütten, von denen mindestens zehn völlig schief waren und kaum zwei einigermaßen präsentabel aussahen; sie gehörten dem Arzt und dem alten Häuptling. Er empfing uns in einem blauen Tropenanzug mit einer schwarzen Brille auf der Nase. Offiziell war Gaston Bomankoto kein Häuptling mehr, denn er hatte zu offensichtlich mit dem ehemaligen Regime von Mobutu sympathisiert. Er hatte seinen Machtverlust nicht verkraftet, wahrte jedoch den Schein und lud uns ein, von seiner Gastfreiheit Gebrauch zu machen.

Wir nahmen in den Sesseln seines kleinen Salons Platz. An den Wänden hingen neben einer Uhr und einem Reklameschild von Primus-Bier auch einige vergilbte Fotos, die ihn als Häuptling zeigten. Seine jüngere Schwester, *Mama* Chantal, sollte uns während unseres Aufenthalts bekochen und setzte uns zum Frühstück Kaffee mit gebackenen Bananen vor. Auf dem einzigen Tisch in der Hütte lag ein Tischtuch mit der handgemalten Botschaft: WE WISH YOU A MERRY CHRISTMAS. Der Konservator genehmigte sich sogar während des Frühstücks *pili-pili*, als wäre es Mayonnaise, und spuckte alles, was ihm nicht schmeckte, ungeniert auf den Boden. Ganz ohne Zweifel ein Mann des Dschungels.

Der Häuptling berichtete von den schwierigen Zeiten, die das Dorf nach dem Abzug der Belgier in den sechziger Jahren erlebt hatte. Die größte Gefahr war von den Wilderern ausgegangen. Anfangs hatten sie die Dorfbevölkerung terrorisiert, es waren Schüsse gefallen und Menschen getötet worden. Später hatten sie es sich zur Gewohnheit gemacht, beim Anlegen in dem kleinen Hafen in die Luft zu schießen, sodass jeder, dem sie nicht günstig gesinnt waren, in den Dschungel fliehen konnte. Sie hatten die Region fest im Griff gehabt.

In der letzten Zeit waren die meuternden Soldaten der *Forces Armées Zairoises* (FAZ) zu einer wachsenden Bedrohung geworden. Die Geschichten über die ehemaligen Angehörigen der FAZ hatten sich in dieser Region fast schon zu einem Mythos verdichtet – alle redeten davon, aber fast niemand hatte sie konkret erlebt. Auch ruandische Flüchtlinge waren durch die Gegend gezogen, unter ihnen viele bewaffnete Soldaten, die das Dorf besetzt und das ‚Fußballstadion' vereinnahmt hatten, einen Grasplatz, auf dem Ziegen weideten. Er unterschied sich von anderen Grasplätzen lediglich durch die beiden wackligen Tore, von denen das eine viel niedriger war als das andere. Die Ruander hatten die Dorfbevölkerung gezwungen, sie zu versorgen, und waren erst geflüchtet, als die Armee Kabilas auf dem Vormarsch war.

Jetzt schöpften die Menschen jedoch neue Hoffnung. Sie hatten schon vor fast einem Jahr gehört, dass eine Forschungsexpedition aus Kinshasa anreisen sollte, zu denen auch Weiße, ja sogar Belgier, gehörten. Der ehemalige Häuptling verschwand in seinem Schlafzimmer und kam mit einer schweren silbernen Medaille zurück, auf der der Kopf eines noch blutjungen König Boudouin eingraviert war. Stolz präsentierte er uns sein Juwel. „Der König hat die Provinz 1955 besucht", erzählte er mit einem Kloß im Hals. „Mein Vater war der erste, der ihm die Hand gab und eine Medaille bekam. Deshalb werde ich sie niemals verkaufen, auch wenn sie viel wert ist und wir es schwer haben. Boudouins Vater, Leopold III., stattete Watsi Kengo 1957 einen Besuch ab und fuhr den Salonga herauf. Er kam mit einem Amphibienfahrzeug von Boende und fuhr von der normalen Straße einfach auf den Fluss. Er war so beeindruckt, dass er vorschlug, in der Region einen Nationalpark zu schaffen. Zur Erinnerung wurde im Park ein Platz nach den belgischen Königen benannt: die *piste Papa Baudouin*, ein Sumpfgebiet mit Wasserstellen für Elefanten und andere Tiere. Aber da es kaum noch Elefanten gibt, ist der Sumpf fast zugewachsen. Jetzt sind wir froh über euch beide. Vierzig Jahre nach eurem König seid ihr die ersten Weißen, die den Salonga herauffahren werden. Das ist eine große Ehre für euch und für eure Kinder."

So ganz stimmte das nicht, dass wir seit dem illustren Königsbesuch die Ersten waren. Aber es hörte sich gut an, und wir waren fast so etwas wie stolz auf uns. Allerdings hat der Belgier Alphonse Schoonbroodt, der für die Anlage des Parks und die Evakuierung seiner Bewohner verantwortlich war, 1973 Fotos vom Salonga und der Mündung des Yenge gemacht. Aus seinen Notizen geht hervor, dass nach dem Besuch des Königs noch einige Erkundungsfahrten stattgefunden haben. Aber mit Sicherheit waren seit dem Ende der achtziger Jahre keine

Weißen mehr in Watsi Kengo gewesen – die Pater werden von der einheimischen Bevölkerung nicht zu den weißen Ausländern gezählt. „Der letzte Besucher war auch ein Forscher", erinnerte sich *Papa* Gaston, „aber er traute sich wegen der Wilderer nicht in den Park."

Der Besuch des Königs im Jahr 1957 war ein Ereignis ersten Ranges gewesen. „Die ganze Region lebte spürbar auf", so der Häuptling. „Wir haben noch Jahre später von dem Interesse des Königs profitiert. Aber in den letzten zehn Jahren ist es bergab gegangen. Deshalb waren wir froh, als wir hörten, dass wieder Weiße kommen würden. Einige dachten, dass es Amerikaner wären, die den Park kaufen wollten. Das war nicht in unserem Sinn. Von den Belgiern erwarten wir, dass sie so wie früher viel Gutes für das Land tun werden. Bei den Amerikanern haben wir die Befürchtung, dass sie uns, genau wie Mobutu, die Bodenschätze rauben und die Bevölkerung leer ausgeht. Aber wir haben die Hoffnung nie aufgegeben. Und die Belgier haben unser Vertrauen nicht enttäuscht. Sie sind zurückgekommen. Sie sind für alle Zeiten unsere Brüder. Die Belgier und ihr König, sie mögen hochleben!"

In dem Salon herrschte eine brütende Hitze. Fast das ganze Dorf war zusammengeströmt, obwohl bei weitem nicht alle Französisch sprachen. Selbst vor den scheibenlosen Fensteröffnungen drängten sich die Zuhörer, die Kinder in der ersten Reihe, die Erwachsenen dahinter. Die örtliche Haarmode schien momentan der *coupe sputnik* zu sein, kleine Haarbüschel, die ineinander gedreht wurden und in allen Richtungen vom Kopf abstanden.

Es wurde noch wärmer, als sich plötzlich herausstellte, dass sich unter den Anwesenden ein Trottel des Sicherheitsdienstes ANR befand. Nachdem er in Boende von der Expedition gehört hatte, hatte er sich prompt zu Fuß auf den hundert Kilometer weiten, größtenteils überfluteten Weg nach Watsi Kengo gemacht. Er wartete schon seit einer Woche auf uns. Als er das Wort ergriff, war jedem klar, dass er seinen Auftritt optimal nutzen würde.

Ellen und ich mussten zwei Einreiseformulare ausfüllen, von denen eines noch aus der Zeit Mobutus stammte. Wir hatten keine Chance, uns davor und vor den zwanzig Dollar zu drücken, die dieser ‚Service‘ pro Kopf kostete. Zudem wollte er uns eine Buße anhängen, weil wir keine Passfotos bei uns hatten. Wir sollten auch Steuern für das Boot, den Motor und das Benzin bezahlen, aber das konnten wir durch die Papiere von Pater Piet abwimmeln. Allerdings zog sich die Diskussion über Stunden hin.

Später erwischten ihn unsere Soldaten im Hafen bei dem Versuch, unseren Schiffer Demanu zu erpressen. Demanu war auf keinem offiziellen Papier als Expeditionsmitglied aufgeführt und konnte sich nicht ausweisen. Der Kommandant wurde so wütend, dass er die Handschellen von seinem Gürtel hakte und dem Mann, der seine Macht derart ausspielte, drohte, ihn im Dorf an einen Baum zu ketten. Der Arzt musste eingreifen, um zu verhindern, dass die Soldaten den Mann verprügelten.

Am folgenden Tag traf sein Chef ein. Ellen kannte ihn noch vom Lomako, wo er einmal in einem schicken Anzug aufgetaucht war, um, unter Berufung auf dubiose Gesetze, Abgaben einzutreiben. Sie hatte sich damals bestens mit ihm amüsiert, denn sie hatte ihn gezwungen, mit ihr in das Camp zurückzulaufen. Unterwegs hatte sie ihn durch einen schlammigen Fluss gelotst, in dem er in seinem Anzug bis zur Brust versank. Im Camp hatte sie ihn dann so lange beschäftigt, dass er sich in der Dämmerung auf den Rückweg machen musste. Wie ein Zwerg-Galago – ein Halbaffe, der schneller laufen kann als unsere Hasen – hatte er sich aus dem Staube gemacht.

Dieser Mann hatte sich also vorgenommen, unsere Expedition zu bestrafen, nicht nur, weil Demanu keinen offiziellen Status hatte, sondern auch, weil der Kommandant seinem Untergebenen Handschellen anlegen wollte. Ino, unser Intellektueller, beschloss, sich der Sache anzunehmen. Zum Ärger der ANR-Beamten schirmten er und der Kommandant uns wie ein lebender Puffer ab. Jeder direkte Kontakt mit uns war unmöglich. Ino hielt eine engagierte Rede über die Rechtsvorschriften, die es Sicherheitsbeamten untersagten, Leute zu belästigen. Er erwähnte auch seine Kontakte in Kinshasa, die er einschalten würde, um das Verhalten der beiden überprüfen zu lassen. Und er drohte damit, sie für ein eventuelles Scheitern der Expedition verantwortlich zu machen.

Die beiden Männer gingen schließlich auf Nummer Sicher. „Wir erteilen der Expedition die Genehmigung, ihren Auftrag auszuführen", verkündete der Chef nach langer Beratung feierlich. Ino konterte umgehend: „Und wir freuen uns, dass nach dem Präsident-Generaldirektor der Nationalparks, dem Gouverneur der Provinz, dem General der Armee, dem Oberst der Polizei und Ihrem eigenen Direktor nun auch Sie uns Ihren Segen geben." Der Mann schaute verwirrt. „Ist das jetzt eine Beleidigung?", fragte er seinen Kollegen. Der war sich auch nicht sicher. Am nächsten Morgen machten sich die beiden, wieder zu Fuß, auf den Rückweg nach Boende. „Immer zu Ihren Diensten", sagte der Chef zum Abschied schleimig. „Welche Dienste?", wollte ich wissen. Dazu fiel ihm nichts ein, und er lachte ein wenig gequält.

Am ersten Abend erschienen alle Honoratioren des Dorfes und der weiteren Umgebung, um uns zu begrüßen und ein passendes Geschenk in Empfang zu nehmen. Ein junger Mann in einem weißen Hemd stellte sich als Prä-

fekt des „Lehrinstitutes" vor – ein großes Wort für eine
Hütte mit schiefen Wänden und einem halb verfallenen
Dach aus Palmenblättern. Er entschuldigte sich, dass er
uns nicht mit in den Unterricht nehmen konnte, da er die
Kinder genau an diesem Tag in die Weihnachtsferien geschickt hatte. Wie überall in einem Land ohne funktionierende Bürokratie gab er Privatunterricht, die Eltern bezahlten ihn mit Fischen oder Hühnern.

Ein Mann in einer zerrissenen Hose, der *chef de localité,*
der Dorfhäuptling also, war verärgert, weil wir nicht bei
ihm Quartier bezogen hatten. Wir erklärten ihm wort-
reich und höflich, dass das ganze Dorf von unserer Anwesenheit profitieren würde, und bestellten vorab schon
einmal so viel Maniok, Wurzeln, Bananen und Ananas,
wie seine Leute liefern konnten. Im Nachhinein hörten
wir, dass er den Dorfbewohnern verboten hatte, uns
Wildfleisch anzubieten. Er wollte nicht in Verruf geraten.

Zwei junge Männer mit dicken Wollmützen auf dem
Kopf verlangten Seife, Zigaretten und ein bisschen Geld,
weil einer der beiden *coutumier* war, ein traditioneller
Häuptling, der für die Zuteilung von Grundbesitz verantwortlich war und in Verbindung mit den Vorfahren
stand. Er wollte sich mit der Seife im Fluss waschen, um
die Vorfahren günstig zu stimmen, damit sie keine Spuren zerstörten und uns keine unbekannten Tiere schickten. Er behauptete, dass in dem Park zwei Arten von
„Schimpansen" lebten. Die eine zog umher, während die
andere einen großen Mann in ihrer Mitte hatte, für den
die Frauen alles taten.

Der Dorfarzt war ein interessanter Mann. Nach einer
Karriere als Judo- und Karatekämpfer war er im Gesund-
heitswesen untergekommen. Er hatte sein Fach nicht an
der Universität erlernt, sondern in einem Krankenhaus
der Organisation *Ärzte ohne Grenzen.* Dort hatte man ihm

bescheinigt, dass er die Praktika in Chirurgie und Anästhesie erfolgreich absolviert hatte, und so unterschrieb er seine Briefe auch mit *chirurgien-anesthésiste*. Stolz wie Oskar präsentierte er einen Stapel Fotos, die ihn bei seiner Arbeit im Krankenhaus zeigten. Auf einem hielt er eine Trophäe in die Höhe: eine mindestens vier Kilogramm schwere Eierstockzyste, die er eigenhändig entfernt hatte.

Das von ihm gegründete Gesundheitszentrum von Watsi Kengo war wie alle anderen Hütten auch aus Lehm und Palmblättern gebaut. Auf die Stirnseite hatte man ein rotes Kreuz gemalt. Innen befand sich die Rezeption in Form eines schlichten Holzbretts am Eingang, ein Beratungsraum, ein kleines Labor mit einem alten Mikroskop aus Kupfer, ein OP und ein Ambulanzraum. Nirgends stand ein Bett. Der Arzt träumte davon, eine spezielle Decke im OP einziehen zu lassen, damit während des Operierens kein Schmutz vom Dach in den Körper des Patienten fiel, und ein Sonnensegel zu installieren, um nachts bei Licht arbeiten zu können.

Der Mann behauptete voller Stolz, mit der kleinen Instrumentenkollektion aus seinem abgenutzten Arztkoffer mehr als fünfhundert Operationen ausgeführt zu haben, ohne einen einzigen Todesfall zu beklagen. Bemerkenswert in einer Region, wo selbst die elementaren Schmerz- und Desinfektionsmittel Mangelware sind. Viele der Urwaldärzte waren Scharlatane, die sich bei misslungenen Behandlungen aus der Affäre zogen, indem sie Medikamente verschrieben, die sich die Familie des Patienten unmöglich besorgen konnte. Starb der Patient, konnten sie sich darauf berufen, dass die richtigen Medikamente gefehlt hatten. Aber der Arzt von Watsi Kengo machte einen integeren Eindruck. Ab und zu bekam er aus Boende eine Sendung Medikamente. Wenn er von Reisenden erfuhr, dass in dem fast zweihundert Kilometer entfernten Monkoto Medikamente eingetroffen waren, machte er sich auf den Weg dorthin. Direkte Kommunikationsmittel gab es in dem Dorf schon lange nicht mehr.

Da in der Region nur noch sehr wenig Geld in Umlauf war, ließ sich der Arzt in Naturalien bezahlen. Der ehemalige Häuptling bekam ein kleines Krokodil, wenn er für jemanden einen Brief schrieb. Für ein geräuchertes Stück Affenfleisch setzten Fischer Reisende über den Fluss. Eine Operation kostete in Watsi Kengo zwei Hühner, einen Stapel getrockneter Fische oder eine Ziege. Die Tochter des Arztes versuchte, diese Honorare auf dem Markt an durchreisende Händler zu verkaufen. So kam er zu Geld, um seine Medikamentenvorräte aufzufüllen und sein Krankenhaus zu erweitern. Man musste sich behelfen im Landesinneren des Kongo, getreu dem *article quinze* (Artikel fünfzehn), den das Volk spontan dem Grundgesetz hinzugefügt hatte: *il faut se débrouiller* – man muss sehen, wie man zurechtkommt.

Es gab wenig zu kaufen in Watsi Kengo, nur Ziegen begegneten einem auf Schritt und Tritt. Mit unserer Ankunft brachen für die Ziegengemeinschaft allerdings schwere Zeiten an. Wir bekamen sowohl von unserem Gastherrn als auch von dem Dorfarzt eine Ziege geschenkt. Delite erhielt eine Ziege von einem Schwager, der Kommandant schwatzte dem Häuptling eine ab. Ich fühlte mich nicht wohl, als ein Wildhüter mich um mein Taschenmesser bat, um einer Ziege die Kehle durchzuschneiden. „Jetzt klebt der Tod an dem Messer", sagte der Häuptling, wobei er offen ließ, ob er das gut oder schlecht fand.

Nachdem das Tier zerlegt und in einem Topf neben einer großen Schüssel klebriger Maniokbällchen auf dem

Tisch gelandet war, bekam ich vom Häuptling das Herz serviert. Im gleichen Moment machte mich Ellen auf eine Ziege aufmerksam, die kläglich meckernd um die Hütte kreiste. Es war die Mutter der Jungziege, die wir uns gerade zu Gemüte führten. Fleischkonsum in seiner ursprünglichsten Form. Ein dreifaches Hoch auf die mit Klarsichtfolie in Plastikschalen abgepackten roten Steaks in unseren Supermärkten. Aber ich nahm mich zusammen und stopfte mir das Herz in einem Stück in den Mund. Es war eßbar und in jedem Fall besser als der Karpfenfisch, der sich als Alternative anbot, auch wenn mir dessen Mutter niemals Gewissensbisse bereiten würde.

Auch das Waschen hatte etwas Archaisches. Ellen und mir wurde ein Waschplatz zugewiesen, der etwa einen halben Kilometer vom Dorf entfernt an einem kleinen Flusslauf im Urwald lag. Hier tummelten wir uns. Ellens lange Haare lagen dekorativ auf ihrer weißen Brust, sie glänzten im Licht der Sonnenstrahlen, die auf dem rotbraunen Wasser tanzten. Prachtvolle Vögel sangen romantische Lieder in den rauschenden Wipfeln, und Frösche boten uns a cappella ein etwas eintöniges, aber durchaus exotisches Ständchen dar. Nur die bunten Schmetterlinge brachten einen Missklang in diese Idylle, denn in den Tropen lieben sie es, sich auf Kadavern und Abfällen niederzulassen. Mit lang ausgerollter Zunge und vor Aufregung bebenden Flügeln sitzen sie auf toten Tausendfüßlern, auf einer langen, gelb-schwarz gemusterten Schlange mit zertrümmertem Kopf und herausquellendem Gedärm sowie auf stinkenden Urinlachen.

Zwei große Spinnen mit Beinen so dick wie Fahrradspeichen trieben auf einem Ast vorbei und erinnerten uns daran, dass wir in den Tropen mit ihren Parasiten und den zahllosen beißenden und stechenden Insekten waren. Mein Penis war durch den plötzlichen Temperaturabfall und vielleicht auch durch die Angst vor Fischen und sonstigem widerwärtigem Getier auf eine Dimension geschrumpft, die meinem Ruf bei der schwarzen Bevölkerung einen gehörigen Knacks geben konnte. In jedem Fall inspirierte dies Ellen zu einem breiten Grinsen und spitzen Bemerkungen über unser eingeschlafenes Sexualleben.

Freunde hatten Wetten abgeschlossen, ob unsere Beziehung den Salonga überleben würde. Wir selbst hatten das hartnäckig behauptet – und sei es vielleicht nur, weil wir beide Töchter wollten und in einem Zeitungsartikel gelesen hatten, dass Männer in Berufen mit einem hohen Machogehalt eine doppelt so große Chance hatten, ein Mädchen zu zeugen. Aber was den Sex betraf, waren wir leider gehemmter als die Schwarzen, für die Privatsphäre nicht gleichbedeutend mit geräuschisolierenden Wänden ist. Sollte Sex bei uns wie bei den Bonobos Spannungen abbauen und das Zusammengehörigkeitsgefühl verstärken, hätte unsere Beziehung im Salonga tatsächlich unter Druck geraten können. Auf dem Boot gab es keine Möglichkeit, sich miteinander zu vergnügen, und in Watsi Kengo schliefen wir in unserem kleinen Zelt unter einer großen Palme vor der Hütte des ehemaligen Häuptlings. Sogar mitten in der Nacht hörten wir in unmittelbarer Nähe des Zeltes Schritte, und wenn wir nach draußen spähten, lungerte dort immer jemand herum. Und weil ich auf Voyeure gerne verzichte, spielte sich sexuell nicht viel ab. Zudem war Ellen immer im Handumdrehen eingeschlafen, während ich stundenlang wach lag und ins Nichts starrte.

Ich lag auf dem Rücken und sah durch die dünne Zeltwand etwas, das wie eine Sternschnuppe aussah, aber höchstwahrscheinlich eine kleine Feuerfliege war, die dicht über das Zelt flog. Der Himmel wimmelte von kleinen, gelbgrün leuchtenden Insekten, die die Verführungskünste einer ‚femme fatale' in Vollendung beherrschten. Kurz vor unserer Abreise hatte ich in der amerikanischen Fachzeitschrift *Proceedings of the National Academy of Sciences* eine wissenschaftliche Abhandlung über Schwärme von Feuerfliegen gelesen, die aus zahllosen unterschiedlichen Arten bestehen und bei ihrer Partnersuche individuelle Leuchtsignale in unterschiedlichen Abständen aussenden. Die Männchen senden ein Signal in einer festen Frequenz aus, das von paarungswilligen Weibchen beantwortet wird. Wissenschaftler machten die Entdeckung, dass manche Weibchen den Code artfremder Männchen knacken und sie anlocken, indem sie das Signal ihrer Weibchen imitieren. Die unglückseligen Überläufer werden dann auf der Stelle verspeist.

Die Stimmung im Dorf war nicht immer angenehm und entspannt. So wurden Ellen und ich bei einem unserer Waschgänge von dreißig jungen Männern in die Enge getrieben. Sie blockierten den Rückweg, wobei sie etwas skandierten, was wir nicht verstanden. Ganz offensichtlich hatte es jedoch damit zu tun, dass wir das Leben in der Region aus dem Gleichgewicht brachten, indem wir die Leute daran hinderten, in dem Park zu jagen und zu fischen. Sie wollten uns nur gehen lassen, wenn wir sie fotografierten. Das war einfacher gesagt als getan, denn natürlich nahm ich meine Kamera nicht zum Waschen mit. Glücklicherweise hatte Delite von unserer misslichen Lage Wind bekommen und eilte herbei, um uns zu befreien.

Ino lümmelte sich wie das schwarze Gegenstück zu einem weißen Kolonialherrn in einem Sessel und las jedem, ob er wollte oder nicht, die Leviten. Auch wenn die Leute im Dorf mit seinem juristischen oder anderem Gerede nichts anzufangen wussten, hörten sie ihm zu, weil sie fürchteten, dass es vielleicht doch wichtig sein könnte. Er handelte sich damit jedenfalls den Vorwurf ein, sein Hirn wäre ‚ausgebleicht', weil er zu viel mit Weißen zusammen war.

Ich fand von mir selbst auch, dass ich mich wie ein notorischer Safari-Freak benahm, indem ich mich faul in einem Sessel räkelte und mit schiefem Blick die Essenskörbe musterte, die von den Einheimischen herbeigeschleppt wurden. Für alles, was ich brauchte, wurde jemand losgeschickt. Nach einer Weile ertappte ich mich bei dem unbehaglichen Gefühl, dass jetzt eigentlich nur noch der Einheimische fehlte, der Wasser in einen durchlöcherten Waschzuber schüttete, den man als Dusche für den weißen Herrn aufgehängt hatte.

Der größte Problem war jedoch der Kommandant. Er missbrauchte auf unsägliche Art seinen Status als Soldat, der ihm früher wahrscheinlich keinerlei Privilegien verschafft hatte. Er verlangte einen Vorschuss auf seinen Lohn, mit dem er Frauen aus dem Dorf in sein Zelt lockte. Eine verprügelte er, weil sie, wie er anschließend erklärte, „ungezogen" gewesen war. Als sie nach dem „Weißen" schrie, drohte er, sie hinterrücks zu erschießen, wenn sie aus dem Zelt kriechen würde. „Hast du das nicht mitbekommen?", fragte mich Ino am Morgen nach diesem Zwischenfall. Ich hatte nichts gehört, weil der Regen so hart auf das Zeltdach prasselte.

Der Kommandant verlangte auch, dass man ihn kostenlos verpflegte. Einmal ging er sogar so weit, vor der Hütte des Häuptlings in die Luft zu schießen und „im Namen der Weißen" Aufmerksamkeit und eine Flasche *Lotoko* zu fordern. Er erklärte, dass ihn frustrierte Jugendliche provoziert hätten, weil er ihrer Meinung nach den Weißen wie ein Hund hinterherliefe und es nicht wage, von seiner Waffe Gebrauch zu machen. Ellen musste den Häuptling mehrmals davon überzeugen, dass wir für alles bezahlen würden und er dem Kommandanten auf keinen Fall etwas geben sollte.

Unser Held meckerte an allem herum. Er weigerte sich, Sardinen aus der Büchse und Katzenfisch zu essen, und fand die Bananen im Dorf so schlecht, dass sie nur für Europäer oder Kongolesen, die in Europa gelebt hatten, essbar wären. Er forderte, dass man ihm regionale Gerichte vorsetzte, und machte sich dafür stark, die füllige *Mama* Chantal als Köchin mit in die Wildnis zu nehmen.

So fand sich unser Eindruck bestätigt, dass ihre Kochkünste deutlich nachgelassen hatten. *Mama* Chantal hatte Angst, dass wir sie mitnehmen wollten und der Häuptling es nicht wagen würde, uns diese Bitte abzuschlagen. Ihre Befürchtungen galten nicht den Annäherungsversuchen des Kommandanten – derer konnte sie sich erwehren –, sondern dem Leben im Dschungel. Aber wir fanden in dem Fischer Jean-Baptiste, der fließend Französisch sprach und alle wichtigen Tiere des Urwalds kannte, einen geeigneteren Koch. Wir wurden Freunde, seine Frau schenkte mir die beste Ananas, die ich seit Jahren gegessen hatte. Er hatte früher als Wildhüter gearbeitet, diese Stelle jedoch aufgegeben, weil er keinen Lohn bekam. Der Salonga und der Yenge waren ihm vertraut, da er dort regelmäßig auf Fischfang ging. Ohne sein Wissen zog er sich die Wut des Kommandanten zu, denn wäre er nicht gewesen, hätten wir vielleicht die lockere Chantal mitgenommen. Es sollte Wochen dauern, bevor er begriff, dass die wütenden Befehle des Kommandanten, die er bis tief in die Nacht ertragen musste, auf dessen unbefriedigte Libido zurückzuführen waren.

Zu unserem Trupp gehörten neben dem Konservator und zwei Wildhütern auch zwei Wilderer, die wir als

Führer engagierten. Aus unseren Gesprächen mit dem Konservator war deutlich geworden, dass keiner seiner Wildhüter gute Ortskenntnisse besaß, und das Hochwasser konnte die Suche nach einem geeigneten Lagerplatz erschweren. Der Konservator war selbst noch nie auf dem Yenge gewesen. Als der Häuptling eine Reihe von Dorfbewohnern antreten ließ, beeindruckte uns der alte *Papa* Jean am meisten, ein vollkommen ergrauter Mann über siebzig, der mit einer zerknüllten Schirmmütze in Hand unterwürfig die Hütte betrat. Er kam in Begleitung seines Sohnes Edimo, der eine ungeheure Energie ausstrahlte. Schon nach wenigen Minuten erzählte er, wie er Bongos geschossen und Kongopfaue gefangen hatte. Er erklärte uns, dass Elefanten nicht wegen der Regen- oder Trockenzeit auf Wanderschaft gehen, sondern nach reifen Früchten suchen. Er behauptete, dass Affen Kundschafter aussenden, um Jäger ausfindig zu machen. Er bewies, dass er den Urwald kannte, und zudem besaß er eine Hütte auf einem trockenen Gelände am Solanga. Er war unser Mann.

Auf unsere Frage, ob es im Urwald Bonobos gäbe, bekamen wir von den Wilderern keine Antwort. Sie trauten uns nicht und fürchteten, in eine Falle gelockt und vom Konservator verhaftet zu werden. Der Häuptling erzählte, dass vor nicht allzu langer Zeit in der Nähe des Dorfes ein Bonobo gesichtet worden war. Der Konservator hatte von seinen Wildhütern gehört, dass sich auch außerhalb des Parks Bonobos herumtrieben, aber wir hatten inzwischen gelernt, dass die Informationen der Wildhüter unbrauchbar waren – sie wussten nichts. Nach langem Zögern gab *Papa* Jean widerwillig die Existenz von Bonobos am Ufer des Salonga zu.

Wesentlich überzeugender klang seine Bestätigung, dass im Park gewildert wurde. Der Konservator reagierte gelassen und erzählte, dass die Soldaten in Boende vor rund zwei Wochen auf dem Lomela, der die nördliche Grenze des Parks bildet, drei ehemalige FAZ-Soldaten mit einer Ladung Elfenbein erwischt hatten. Die Männer wurden ohne Gerichtsverhandlung exekutiert, als Warnung an die Bevölkerung. Der Häuptling und die anderen Zuhörer brummten zustimmend.

Der Häuptling berichtete von zwei Männern, die am Morgen unseres Eintreffens in einem Boot voller Wildfleisch Watsi Kengo passiert hatten. Wahrscheinlich waren sie im Grün des Dschungels untergetaucht, als sie unseren Motor hörten. Sie gehörten zu einer Bande, die auf dem Salonga operierte. „Im Grunde ist das eine gute Nachricht für euch", sagte er, „denn es bedeutet, dass es im Park noch Wild gibt." Er hatte auch erfahren, dass der Kopf der Bande auf dem Yenge, ein ehemaliger FAZ-Oberst, aus Mbandaka zurückgekehrt war. Ein ehemaliger Oberst der FAZ auf dem Yenge? Ich schaute Ellen an. Sie wich meinem Blick aus. Ich war mir sicher, dass ihr klar war, was das bedeutete. Es bedeutete Gefahr. Aber so dicht vor dem Ziel würde sie sich nicht mehr abschrecken lassen. Ich kannte dieses Gefühl. „Wir werden die Zähne zusammenbeißen müssen", sagte ich betont locker zu dem Kommandanten, als wir aufstanden. Der Mann schulterte ostentativ sein Gewehr. „Ihr vielleicht", erwiderte er abfällig. „Ihr seid Zivilisten, und ihr seid Weiße. Aber wir sind Soldaten. Wir sind nichts anderes gewöhnt."

Keine weiße Weihnacht

Am Morgen unseres Aufbruchs herrschte eine drückende Hitze. Meine Haut war von einer unangenehm riechenden Schweißschicht bedeckt. Ich fühlte mich schwach und leicht fiebrig. Das konnte an der Hitze liegen, aber die Lymphdrüsen in meinen Achseln waren so stark geschwollen, dass sie gegen die Rippen drückten – ein untrügliches Zeichen dafür, dass mein Immunsystem einen höheren Gang eingelegt hatte. Magen und Darm hatten Probleme, all die merkwürdigen Wesen zu verarbeiten, ihre Bakterien reagierten nicht sehr routiniert auf Eindringlinge, sie wollten keine Variationsbreite, sondern Sicherheit und protestierten mit einem lauten Kollern. Mein Bauch war durch die Unmengen Wasser und Maniok, die am Ende meiner Speiseröhre einen dicken Klumpen zu bilden schienen, so aufgedunsen und schwer, dass ich nur stoßweise atmen konnte. Ich fühlte mich körperlich erschöpft und bewegte mich wesentlich langsamer als sonst. Die vielen halb durchwachten Nächte auf einer harten Matte in einem feuchten Zelt forderten ihren Tribut.

Obwohl eigentlich Trockenzeit war, regnete es fast jede Nacht. Ein leichter Nieselregen, der Stunden dauern konnte und in Watsi Kengo ‚die Diskussionen der *Mamas*' hieß, weil auch die sich über Stunden hinziehen können. Zwischendurch gingen erbarmungslose Platzregen nieder, die das Zelt im Nu durchweichten und im Dorf schwere Schäden anrichteten. Als wir einen Arbeiter mit einem Hemd bezahlen wollten, fragte er uns mit Tränen in den Augen, ob er nicht vielleicht Geld bekommen könnte, um sein vom Sturm zerstörtes Haus zu reparieren. Zum letzten Mal hatte es 1960 so lange und so viel geregnet. Das Glück war nicht auf unserer Seite. El Niño ist dafür verantwortlich, vermute ich, zur Zeit gehört es eben zum guten Ton, extremes Wetter diesem Golfstromphänomen zuzuschreiben.

Ich machte mir Sorgen um meine Widerstandskraft, die nun offenbar einen Härtetest zu bestehen hatte. Ein erschöpfter Körper kapituliert schneller vor den Attacken der Natur. In Watsi Kengo wimmelte es von den winzigen, nur vier Millimeter großen Kriebelmücken, gemeinen, buckligen, beißwütigen Biestern, die ohne Warnung zubeißen. Sie übertragen den Fadenwurm *Onchocerca*, deren Weibchen bis zu einem halben Meter lang werden, während die Männchen winzig klein bleiben. Auf ihrer Reise durch den menschlichen Körper verursachen sie einen unerträglichen Juckreiz und können, wenn sie sich an ihrem Lieblingsplatz, den Augen, einnisten, sogar zu Erblindung führen. Sie waren der Grund dafür, dass viele Dorfbewohner sich ständig auf die Schenkel klatschten. Obwohl es wegen des Hochwassers nur wenige Mücken gab, litten viele Einheimische unter schweren Malariaanfällen. Allein während unseres dreitägigen Aufenthalts in Watsi Kengo starben zwei Menschen an einer Tropenkrankheit.

Ich war der Verzweiflung nahe, als ich sah, was alles auf dem Boot untergebracht werden musste: zwölf Menschen, vier Enten und vier Hühner, drei Ziegen, ein halbes Krokodil, Stapel von Wurzeln und Kochbananen, ein Berg Maniokblätter, vier Fässer Benzin plus die Koffer mit dem Forschungsmaterial. Das Beladen dauerte Stunden. Ich fuhr dem Kommandanten über den Mund, als er lauthals verkündete, dass er bei der Abfahrt ein paar Schüsse in die Luft abgeben würde. Beim letzten Mal hatte es Stunden gedauert, um die Bevölkerung wieder zu beruhigen. Ich war so schlecht gelaunt und so kurz angebunden, dass er sich stumm auf seine Bank setzte und verärgert vor sich hin starrte. Ellen und ich richteten uns nebeneinander auf einer Plane ein, die wir über einen Koffer gelegt hatten. Demanu reckte seinen Daumen in die Höhe und warf den Motor an. Unter lautem Jubel und wildem Winken der Menschen am Ufer fuhren wir ab. Watsi Kengo war wieder zu einem nichtssagenden Fleck auf der Landkarte geworden.

Das nervöse Gemecker einer Ziege riss mich aus dem Schlaf. Ich war unter der sengenden Sonne eingedöst. Die Ziegen standen wie Gämsen hoch oben auf den Koffern. „Sie wissen, dass sie sterben werden", sagte der Fischer, der sich redlich bemühte, uns die Umgebung zu erklären. Vorläufig gab es allerdings noch nichts Interessantes zu sehen. Er blieb jedoch optimistisch: „Gott hat viel Schönes auf dem Yenge geschaffen." Allerdings schien Gott geschlafen zu haben, als Johnson unseren Motor produzierte, denn nach einem störrischen Stottern fiel er aus. Sofort verstummten auch die Gespräche. Wir fuhren zwar stromaufwärts, sodass wir uns zurücktreiben lassen konnten, aber eine Panne am entferntesten Punkt unserer Reise würde bedeuten, dass wir bis Watsi Kengo Tage und bis Mbandaka Wochen brauchen würden. Der Motor durfte einfach nicht schlappmachen. Ich ertappte mich dabei, wenig Vertrauen in die Fähigkeiten Demanus zu besitzen. Aber er bewies, dass er ein ausgezeichneter Mechaniker war. Innerhalb von fünf Minuten brachte er den Motor wieder in Gang.

Wir hatten gerade die lästigen Kriebelmücken abgeschüttelt, als die ersten Tsetsefliegen, bremsenartige Monster und Überträger der Schlafkrankheit, uns ihre Aufwartung machten. Die Natur hielt uns fest im Griff.

Ich war nach wie vor in einer Katastrophenstimmung. Am Himmel ballten sich schon wieder die ersten dunklen Wolken zusammen, und ich war fest davon überzeugt, dass der nächste Regenguss das Boot endgültig zum Sinken bringen würde. Da der Fluss in zahlreichen engen Windungen verlief, ließ sich kaum feststellen, ob die Wolken in unsere Richtung trieben. Um den ersten trockenen Übernachtungsplatz zu erreichen, hatten wir noch mindestens vier Stunden ununterbrochen zu fahren.

Es war noch immer trocken, als wir die unsichtbare Grenze des Parks überquerten. Eine Viertelstunde später lag die Mündung des Yenge vor uns. Namentlich erwähnt wurde der Fluss zum ersten Mal 1901 in der belgischen geographischen Fachzeitschrift *Le Mouvement Géographique: Journal Populaire des Sciences Géographiques*. Bei genauem Hinsehen stellt man jedoch fest, dass der Autor, ein gewisser Leon Thierry, den Salonga mit dem Yenge verwechselt hatte. Ein bedauerlicher Irrtum. Bisher haben wir noch nicht herausgefunden, wer nun als erster Nicht-Einheimischer den Yenge hinaufgefahren ist. Leopold III. vielleicht?

Auf dem Boot brach Jubel aus, als wir auf den Yenge einbogen. Ellen gab mir unter großem Gejohle der Besatzung einen schmatzenden Kuss auf die Wange. Ich fühlte mich nicht wohl in meiner Haut, absolut nicht wie ein Abenteurer, der sein Ziel erreicht hat. Meine erste Wahrnehmung war der Rauch von Delites Zigarette. Nicht besonders spektakulär. Ist Stanley etwa genauso cool geblieben, als er Livingstone fand, hat sich John Speke möglicherweise eine Zigarette angezündet, als er den Victoriasee sah, ist Wallace vielleicht doch nicht im Kreis herumgetanzt, als er seinen ersten Paradiesvogel entdeckte? Wallace' Begeisterung war sicherlich größer, aber ich hatte auch ein wenig Pech. Ich sah als Erstes einen schäbigen jungen Geierseeadler, der mir nicht unbedingt das Gefühl gab, dass wir in ein Gebiet vorgedrungen waren, in das zuvor noch kein Forscher einen Fuß gesetzt hatte.

Nur wenig später war ich nicht nur ein ernüchterter Entdeckungsreisender, sondern auch ein frustrierter Biologe. Unsere Führer entdeckten alle naselang in den Bäumen Affen, die sie genau lokalisieren und benennen konnten, während ich nur federnde Äste wahrnahm. In beunruhigender Regelmäßigkeit sahen wir auch Fischer- und Jägerhütten am Ufer, die überflutet und demzufolge unbewohnt waren, aber zeigten, dass der Park möglicherweise dicht besiedelt war. „Die Wilderer haben den Park besetzt", stammelte der Konservator Bofenda entsetzt, als wir an einer Ansammlung von Hütten vorbeikamen, die fast an die Größe von Watsi Kengo heranreichte.

Der Lagerplatz, den die Führer vorgeschlagen hatten, machte vieles wett. Er lag hinter einem wunderschönen Flussabschnitt mit einem bewaldeten Steilufer oberhalb eines fjordartigen Einschnitts. Das Flussbett war hier so schmal, dass wir manchmal den Eindruck hatten, als führen wir durch einen königlichen Park. Der Platz war strohtrocken. Die ersten Ameisen, die wir sahen, gehörten zu einer Art, die nicht beißt. Auch die Anzahl der Bienen hielt sich in akzeptablen Grenzen. Unsere Ziegen fühlten sich sofort wie zu Hause, obwohl sie fürs Erste zwischen Benzinkanistern und Ölbüchsen deponiert wurden. Der Fischer wusste, dass es hier reichlich Fische gab, und Delite kam zu dem Urteil, dass das Lager gut abgeschirmt war und notfalls erfolgreich verteidigt werden konnte.

Diese Erkenntnis erhielt eine sehr konkrete Bedeutung, als wir entdeckten, dass das Lager noch vor kurzer Zeit

bewohnt gewesen war. In den Hütten fanden wir graue
Aschekreise von Feuern, und an einem Papayabaum hingen reife Früchte, die mit Sicherheit von Hornvögeln oder
Affen verspeist worden wären, wenn sie die Möglichkeit
gehabt hätten, sich diesem Platz zu nähern. Der Fischer
verpasste der allgemeinen Hochstimmung einen weiteren Dämpfer, indem er erzählte, dass er einmal einige
Flussbiegungen weiter von Wilderern beschossen worden war. Prompt versuchte jeder, sich irgendwie zu beschäftigen. Das Lager musste bewohnbar gemacht werden. Das Unkraut wurde mit Macheten abgehackt und die
Zelte und Netze wurden in Ordnung gebracht, sodass wir
um das Feuer sitzen konnten, um die Ohren zu spitzen.

Gegen Abend hatten sich alle zum Glück beruhigt. Nur
der Kommandant schäumte vor Wut, weil ihm eine der
Ziegen entwischt war. „Sie kommt bestimmt zurück",
fauchte er, aber als sich ihr Gemecker immer mehr im
Dschungel verlor, korrigierte er seine Meinung. „Das
Abendessen für den Leoparden", lautete sein abschließender Kommentar. Er hatte sich in den Dschungel auf-
gemacht, um die Ziege zu erlegen, kehrte aber schon nach
einer halben Stunde wieder zurück – viel zu anstrengend.
„Wenn du einen Bonobo findest, musst du ihn mitbringen", trug er Ellen auf, „ich möchte ihm hier die Hand
schütteln." Für den Kommandanten hatte sich der Urwald schon jetzt erledigt. Er würde das Boot und das Lager bewachen. Immerhin tolerierte er, dass der Konservator in seinem Zelt schlief. Sie waren mit zwei Schwestern
verheiratet, die sogar denselben Vater und dieselbe Mutter hatten – das verband.

Der Schlafkomfort im Lager entsprach der Hierarchie.
Mit Ausnahme des Kommandanten konnte man sagen,
dass die am weitesten gereisten Expeditionsmitglieder

auch die besten Schlafplätze hatten. Die Leute aus Watsi Kengo schliefen die ersten Nächte nicht einmal unter einem Moskitonetz, sondern einfach auf Zweigen in einer Hütte. Die Besucher aus Mbandaka hatten ein Netz, und die von noch weiter her kamen, genossen den Luxus eines Zeltes. Aber niemand beklagte sich. Am Abend wurde das Erreichen des ersten Etappenziels gefeiert. Auf der Speisekarte stand Krokodil mit gebackenen Bananen. Ich öffnete die einzige Flasche Martini, die wir an Bord hatten. Vor allem der Kommandant, der wie alle anderen bisher nur *lotoko* getrunken hatte, war total begeistert. Er füllte die leere Flasche anschließend mit Wasser, in der Hoffnung, dass so noch etwas von dem Aroma hängen bleiben würde.

Am Lagerfeuer wurden bis etwa acht Uhr Geschichten erzählt. Das war spät, meistens gingen wir, erschöpft von der harten Arbeit, früher zu Bett. Der Konservator gab seine Erlebnisse mit den Urwaldtieren zum Besten. Er hatte in den meisten der kongolesischen Parks gearbeitet. In Epulu hatte er dreißig Okapis gefangen, die an europäische Zoos verkauft wurden. In Garamba hatte er ohne Betäubung den Fuß eines jungen Elefanten behandelt und im Zoo von Kinshasa einem kranken Löwen, ebenfalls ohne Narkose, die Nägel gezogen. Im Virunga rettete er einem Kollegen das Leben, als ein Nilpferd den armen Mann samt Zelt zehn Meter weggeschleppt hatte. Und irgendwo im tiefsten Dschungel hatte er mit bloßen Händen eine riesige Python angefasst und in einen Sack gestopft.

Die Wächter waren ganz offensichtlich von ihrem Chef beeindruckt. „Der Urwald ist gefährlich", sagte der jüngere der beiden, der Bogart genannt wurde. Ich hatte einen Moment lang nicht aufgepasst. „Wegen der Wilderer?", fragte ich. Der Mann schüttelte mit großer Bestimmtheit den Kopf. „Wegen der Tiere", korrigierte er mich. „Von den Tieren geht die größte Gefahr aus."

Am nächsten Morgen entdeckten die Bienen das Lager. Sie zwangen uns zu kabarettistischen Arm- und Beinschwüngen, und anstelle der Federboas wedelten wir mit Palmblättern. Noch vor Sonnenaufgang summte es in dem Lager wie in einem Bienenkorb. Das erste Frühstück bestand aus den Resten der Krokodilmahlzeit vom vergangenen Abend. Dennoch brachen wir mutig zu unserer ersten Dschungelerkundung auf. Wir liefen in einer langen Reihe, die aus den beiden Wilderer-Führern, dem Konservator, einem Wildhüter und den drei Wissenschaftlern bestand. Edimo führte den Trupp an, kappte Lianen, stampfte mit den Füßen auf, wenn wir eine Ameisenkolonie überwinden mussten, und brach Zweige ab, um den Weg zu markieren.

Obwohl er einem schmalen, gewundenen Pfad folgte, mussten wir uns den Weg frei hacken. Noch mühsamer wurde es, als Ellen beschloss, den Pfad zu verlassen. Aus Erfahrung wusste sie, dass viele Tiere, einschließlich der Bonobos, die Jägerpfade meiden wie die Pest. Ino hatte sich ein kleines Gerät um die Hüften gebunden, aus dem ein dünner Nylondraht abrollte. Dieser sollte uns davor bewahren, vom Weg abzukommen, und gab gleichzeitig die Entfernung an, die wir zurücklegten – Umweltverschmutzung im Dienst der Wissenschaft.

Unsere erste Tour war ein voller Erfolg. Wir fanden Spuren unterschiedlicher großer Waldtiere, unter anderem von der Wasserchevrotain, einer recht kleinen und seltenen Antilope, und von dem großen Pinselohrschwein, das zu Ellens Lieblingstieren gehört – Ellen hat genau wie ich eine absolute Schwäche für Schweine. Zu unser aller Freude entdeckten wir auch das spektakuläre

Riesenschuppentier, dessen Bestand durch die intensive Bejagung stark bedroht ist. Diese Kolosse, die bis zu einem Meter groß werden können und einen Schwanz von einem halben Meter Länge hinter sich her schleppen, ernähren sich von Ameisen und Termiten. Mit ihren riesigen Klauen graben sie Termitenhügel und Ameisennester aus. Ihr Panzer aus dicken, granitartigen Schuppen schützt sie vor Angriffen der Ameisensoldaten. Mit ihren scharfen Schuppen und dem kräftigen Schwanz können sie unvorsichtige Jäger durchaus verletzen.

Wir fanden auch die Spuren dreier Tierarten, die mit Sicherheit ganz oben auf der Abschussliste der Wilderer stehen. An einer sumpfigen Stelle entdeckten wir die Fußabdrücke eines Leoparden. Kurze Zeit später fanden wir auch einen Baum, an dem das Tier seine Klauen gewetzt hatte. Dann stolperte ich in ein Loch, das ein Elefantenfuß hinterlassen hatte. Ganz in der Nähe fanden wir einen großen Kothaufen, aus dem ein grüner Spross ragte, der nach Meinung von Edimo etwa zwei Wochen alt war. Also musste der Elefant etwa um diese Zeit hier vorbeigekommen sein.

Die Freude über die Entdeckung der Elefantenspuren erreichte ihren Zenit, als Ellen etwa eine Stunde später und siebenhundert Meter weiter mit einem kleinen Glücksschrei die ersten Beweise für die Anwesenheit von Bonobos vom Boden auflas. Es waren abgekaute Stengel der *haumania*, einer schilfartigen Pflanze, die Bonobos fressen, wenn es wenig reife Früchte gibt oder sie von einem Fruchtbaum zum anderen wandern. Aus den Nagespuren leitete sie ab, dass die Bonobos die Stengel vor zwei oder drei Tagen zurückgelassen hatten. Der Konservator beglückwünschte sie, Edimo und Jean lachten zufrieden. Sie fingen an, sich in ihrer neuen Funktion wohlzufühlen. Ein Stück weiter fanden sie selbst Spuren, die vom Imponiergehabe der Bonobos zeugten: lange belaubte Zweige, mit denen die Affen auf dem Boden herumfuchteln, um Lärm und Eindruck zu machen. Aus der Position der Zweige bestimmten sie sogar die Richtung, in der die Tiere verschwunden waren. Sie entpuppten sich als erfahrene Bonobokenner.

Ein Urwald vertreibt große Tiere, den Menschen inbegriffen – das haben uns die prähistorischen Zeiten eindeutig gelehrt. Schon am ersten Tag demonstrierte er uns nachhaltig, dass er vor allem das Zuhause bösartiger kleiner Tiere war. Meine wilden Phantasien über die Entdeckung eines Hybriden zwischen Mensch und Bonobo oder eines Feuer machenden Bonobo wurden im Dschungel vom ersten Tag an auf realistische Dimensionen zurechtgestutzt. Für wissenschaftliche Höhenflüge brauchte es eine andere Art der Expedition als diese, eine, die über mehr Zeit und Mittel verfügte und sich auf leiseren Sohlen bewegte.

Wenn man mit einem Trupp von Fährtensuchern unterwegs ist, hat man kaum die Gelegenheit, Vögel zu beobachten. Damit musste ich mich arrangieren. Wir kamen nur äußerst mühsam voran. Ständig mussten wir Lianen ausweichen, über umgestürzte Bäume steigen, uns gekrümmt durch eine dichte sekundäre Vegetation winden und glitschige Hänge herauf- oder hinunterrutschen. Da es sehr feucht war, waren wir schnell bis auf die Haut durchnässt, während ich gleichzeitig wahnsinnig schwitzte – wie viel Liter Wasser kann ein Körper eigentlich verlieren? Der einzige Bach, den Edimo kannte, war ausgetrocknet. Später warf ich meinen ehernsten Grundsatz über Bord und trank ein wenig ungefiltertes und nicht desinfiziertes Wasser aus einem erbärmlichen verschlammten Tümpel, an dessen Rand zahlreiche Schweine ihre Spuren hinterlassen hatten.

Am Nachmittag fühlte ich mich vor Erschöpfung wie in einem Rauschzustand und verlor das Gleichgewicht, wenn ich die Augen schloss. Ich wurde alt. Der Dschungel brachte meinen körperlichen Niedergang gnadenlos ans Licht. Die Feuchtigkeit nistete sich in meinen Handgelenken ein. Ein rheumaartiger Schmerz, der sich in den kommenden Wochen verschlimmern sollte, schoss mir durch den Arm, wenn ich die Hände faltete. Mein Steißbein war durch das Liegen auf der harten Matte geprellt. Mein Körper fühlte sich wie ausgehöhlt an, bis auf den Magen, der scheinbar nichts mehr aufnehmen konnte. Nicht einmal eine Woche nach unserer Abreise aus Mbandaka musste ich mit meinem Taschenmesser ein zusätzliches Loch in meinen Gürtel bohren – und das nicht auf der Habenseite.

Der Maniok und die Kochbananen schienen nicht auszureichen, um meinen Energiehaushalt aufzufüllen. Die Schwarzen aßen davon so große Mengen, dass ich mich fragte, wo sie das alles ließen, aber wahrscheinlich hielten sie sich nur so auf den Beinen. Vielleicht fehlten mir die Enzyme, um den Maniok zu verdauen, und ich war deshalb am Ende meiner Kräfte. Ein klassisches Beispiel einer biologischen Adaption beschreibt, dass bei einer Population, die sich das Trinken von Milch zur Gewohnheit macht, die Häufigkeit des Gens, das für die Kodierung des Laktase-Enzyms verantwortlich ist, im Laufe weniger Generationen signifikant zunimmt.

In vielen schwarzen Bevölkerungsgruppen ist dieses Gen überhaupt nicht vorhanden. Sie wissen nicht einmal, dass Milch von der Kuh oder Ziege stammt. Ellens Männer am Lomako waren davon überzeugt, dass Milch als Pulver aus der Dose kam. Vielleicht gab es so etwas wie eine Parallele zur Verträglichkeit des Maniok. Ich musste mich dringend auf unseren Konservenvorrat stürzen, auf den Reis und die Spaghetti, bevor mein Magen unter Krämpfen seinen Dienst ganz quittierte.

Um die Katastrophe perfekt zu machen, verloren Edimo und Jean an diesem ersten Nachmittag die Orientierung. Edimo war von der Nylonschnur abgewichen, weil er eine Abkürzung kannte, die jedoch in einem überschwemmten Waldstück endete. Auf dem Rückweg geriet er dann vom Kurs ab. Es dauerte eine Weile, bevor uns das klar wurde. Auch Ellen, die ein sehr gutes Orientierungsvermögen besaß, hatte nicht wie sonst ab und zu auf ihren Kompass geschaut. Zum ersten Mal verfluchte ich sie. Aber zuerst hatte ich mich selbst verflucht, weil ich zum wiederholten Mal diese Entbehrungen auf mich nahm, um zum Erhalt des kongolesischen Naturerbes beizutragen, das den meisten Kongelesen völlig einerlei war, und weil ich mich für das Überleben einer Tierart engagierte, die sich in Zoos gut fortzupflanzen schien und dort in jedem Fall besser zu beobachten war als in ihrem ursprünglichen Biotop.

Da dies mein Elend nicht milderte, schimpfte ich auf Ellen, während ich wieder einmal auf Händen und Füßen über einen Hügel kroch, zum x-ten Mal durch denselben verschlammten Flußlauf stolperte oder mich in einem Wirrwarr von Lianen verfing. Ich rang nach Atem, während mir der Schweiß in die Stiefel rann. Hemd und Hose klebten mir am Leib – ein widerliches Gefühl, vor allem, wenn ich daran dachte, dass ich in diesem Hemd auch die nächste Nacht verbringen würde, in einem feindlichen Urwald voller Ameisen und Mücken, auf den gegen drei Uhr morgens unter Garantie ein heftiger Regen niederprasseln würde. Warum sind Träume um so vieles schöner als die Wirklichkeit? Und warum ist die Realisierung eines Traums so wesentlich, um ihn beschreiben zu können? Das ist das Dilemma jedes aktiven

Träumers, ein Dilemma, das mich schon seit zwanzig Jahren immer wieder dazu zwang, die Zähne zusammenzubeißen.

Ich verfluchte Ellen mitsamt ihren Affen und zahlreichen Verehrern, die jetzt zu Hause hinter dem warmen Ofen ihren Träumen nachhängen konnten. Den italienischen Restaurantbesitzer in meiner Straße, der sie immer mit einem breiten Grinsen und einem Amaretto bedachte, den Mann von der Autowerkstatt, der jedes Mal aus seinem Büro stürmte, um ihr beim Tanken behilflich zu sein, den Kneipenwirt, der ihr schon beim ersten Besuch innerhalb einer halben Stunde einen Heiratsantrag gemacht hatte, und die Crew Antwerpener Biologen, die allesamt in sie verliebt gewesen waren und nie verstanden hatten, warum sie einen Außenstehenden in ihr Leben gelassen hatte. Sie konnten sie meinetwegen haben, ihre Verehrer, und eine kostenlose Reise dazu, alles inklusive.

Ich schaute wütend zu Ellen herüber und sah, wie sie mit hochrotem Kopf und einem verbissenen Zug um den Mund versuchte, mit ihrem GPS (*Global Positioning System*) unsere Position zu orten. Aber in dem dichten Laub konnte das Gerät unmöglich die Satellitenverbindung herstellen. Also wussten wir nach wie vor nicht, wo wir waren. Schließlich beschloss Ellen, anhand ihres Kompasses die Führung zu übernehmen und Edimo zu dirigieren. Mit Erfolg, denn nach weniger als einer halben Stunde stießen wir auf die Schnur, und eine weitere halbe Stunde später hatten wir das Lager erreicht. Als ich mich hier in den Yenge stürzen wollte, stellte ich fest, dass es an der einzig schönen Wasch- und Badestelle von Insekten wimmelte, die sich auf den Abfällen einer geschlachteten Ziege niedergelassen hatten. Selbst darüber konnte ich mich jetzt nicht mehr aufregen. Ziege, das war mein letzter Gedanke an diesem Tag, bevor ich, ungewaschen und zu müde, um noch etwas zu essen, einschlief.

Der Kommandant dagegen hatte ausgesprochen gute Laune. Er war fest davon überzeugt, dass wir ihm als zusätzliche Belohnung für seinen exzellenten Beitrag zum Gelingen der Expedition ein Visum für Belgien verschaffen würden. Bis es so weit war, würde er sich aus den Kleidungsstücken, die wir aus Belgien mitgebracht hatten, das Passende auswählen und an die Wildhüter verteilen. Da die Sachen in dem Metallkoffer nass geworden waren, hatte Demanu sie ausgepackt und auf dem Dach einer langen Hütte in der Sonne ausgebreitet. Der Kommandant hatte sein Auge auf ein schickes weißes Hemd und eine leuchtend pinkfarbene Sporthose fallen lassen, die seiner Meinung nach gut zu seiner Trainingsjacke passen würde. Er holte auch ein schmal geschnittenes Kleid vom Dach und hielt es prüfend vor sich hin. *„Taille Mama Ellen"*, urteilte er mit Kennerblick. Seine Wahl fiel auf einen etwas größeren Rock, den er sich selbst anhielt und ausgiebig begutachtete. Er lächelte traurig, bevor er ihn sorgfältig zurückhängte. *„Taille Mama Chantal"*, seufzte er. Die Köchin aus Watsi Kengo ging ihm offensichtlich nicht aus dem Sinn.

Heiligabend. Es war ein heißer Tag gewesen, an dem die Insekten gestochen und gebissen hatten wie nie zuvor. Meine Hände schmerzten von den Bissen, und nach zwei Bienenstichen konnte ich meinen Daumen nicht mehr biegen. Da Jean-Baptiste wenig gefangen hatte, würde das Weihnachtsmenü bescheiden ausfallen, es sei denn, wir öffneten einige Konserven. Allerdings hatte er eine abgestorbene Palme gefunden, die voller *makokolos*, dicker Nashornkäferlarven, war, aber die passten nicht zu einem Fest, an dem normalerweise Truthahn serviert wird. Es würde keine weiße Weihnacht werden in diesem Jahr. Nicht einmal einen Nadelbaum gab es, tropische Regenwälder liefern keine Weihnachtsbäume. Aber meine Mutter hatte mir in einem Plastikbeutel Geschenke mitgegeben. Ich musste nur wie ein ungeduldiges Kind auf Ellens Rückkehr warten, um sie am heutigen Heiligabend auszupacken.

Unser Weihnachtsmenu bestand aus Reis und den Resten der Ziege vom vorherigen Tag. Wir hatten einen solchen Hunger, dass wir schon gegen halb sechs mit dem Essen begannen – ein Riesenfehler, denn die Bienen zogen sich erst gegen sechs Uhr zurück. Sie stürzten sich nicht nur massenhaft auf die Teller, sondern auch auf das Fett auf unseren Lippen, sodass wir in den Wald flüchten mussten, um ungestört weiteressen zu können. Über unseren Köpfen ballten sich unheilverkündende Wolken zusammen, die sich zu einer dunklen Wand verdichteten. Noch vor dem Abzug der Bienen zeichnete der Wind willkürliche Muster auf den Fluss, prasselten die ersten Tropfen, kräuselte sich das Wasser in immer größeren Kreisen und brachte ein tropischer Platzregen Abkühlung in unseren schwülen Heiligabend. Delite, der sich nicht nur als ein hervorragender Soldat profiliert, sondern auch die Wettervorhersage übernommen hatte – was ihm den Spitznamen *Monsieur Météo* einbrachte –, hatte normales Wetter verkündet. Aber wie fast jeden Abend trafen die Voraussichten nicht ein.

Die Artenvielfalt in unserem Zelt erreichte allmählich tropische Spitzenwerte. Bienen, Käfer, Grillen, Ameisen, Mücken, Falter und Kakerlaken, die man eigentlich nur in schmutzigen Küchen, nicht jedoch in freier Natur erwarten würde, eine Tsetsefliege und Wanzen, die die ganze Nacht einen üblen Geruch verbreiteten, wenn man sie aus Versehen totschlug. Das Zelt lieferte den Beweis, dass Artenvielfalt in erster Linie bei Insekten zu beobachten ist. Leider hatten wir jedoch kein Interesse an Insekten. Wohl aber an dem Plastikbeutel meiner Mutter. Und an der Flasche weißen Mateus, die Ellen von ihrem Freund Flop in Kinshasa vor mehr als einem halben Jahr bekommen hatte. Die ganze Zeit war sie in einem Koffer mitgereist, und nun stand sie hier herrlich warm in der Sonne. Zur Krönung des Festes machten wir eine Büchse Lachs auf, und zum Nachtisch gab es belgische Schokolade.

Ich hasse obligatorische Familienfeste, aber jetzt, wo ich weit weg von zu Hause verschwitzt in einem brütend heißen Zelt voller Insekten und stinkender, durchweichter Schuhe lag, hätte ich mit Freuden ein Geschenk für mein Patenkind ausgesucht und bei meinen Eltern die Qual des Geschenke Auspackens auf mich genommen. Ich dachte immer nur an Weihnachten, wenn ich überhaupt nicht davon berührt wurde. Im Beutel meiner Mutter fanden sich zwei T-Shirts, die ihre Karriere in meinem Leben als Kopfkissen begannen, und ein raffiniertes Taschenmesser für Ellen. Typisch meine Mutter – für ihren Sohn kauft sie etwas zum Anziehen und ihrer Schwiegertochter in spe schenkt sie eine Waffe.

Zum Schluss gab es noch eine umweltfreundliche, aber immerhin richtige Weihnachtskarte mit einem Elefanten, einem Zebra und zwei Giraffen, die voller Verwunderung auf einen Weihnachtsbaum starrten, in dessen Spitze ein Engel saß. „Wir werden euch in diesen Tagen vermissen, aber wir hoffen natürlich, dass die Expedition planmäßig und erfolgreich verläuft", hatte meine Mutter geschrieben. Das hofften wir auch.

Männer mit Grundsätzen

Nie zuvor in meinem Leben hatte ich so viele Vogelbäuche gesehen wie in dem Regenwald am Yenge. Der Vogelführer, den mir meine Eltern vor der Abreise geschenkt hatten – *Birds of West Africa* – war darauf nicht eingerichtet. Und nie zuvor war ich frustrierter gewesen, weil sich drei Viertel der beweglichen Schatten, die ich nach langem Suchen in den Baumwipfeln ins Visier bekam, als undefinierbare, braune Wesen entpuppten. Obwohl meine Erfahrung nicht ausreichte, um mich nur auf die Laute verlassen zu können, fühlte ich mich verpflichtet, möglichst viele Namen zu sammeln, denn wir hatten in der Fachliteratur keinen einzigen Kommentar über die Vogelwelt des Salonga gefunden. Ornithologisches Neuland.

Meistens passierte in der ersten Stunde nichts, nicht einmal, wenn ich allein unterwegs war. Unter dem undurchdringlichen Blätterdach der Urwaldriesen zu wandern, ähnelte einem nächtlichen Spaziergang durch die Straßen einer Großstadt, deren dunkle Mauern und Fenster auch nichts von dem Leben preisgaben, das sich hinter ihnen abspielte. Ich brauchte Zeit, um in den Dschungel einzutauchen und so mit seiner Kulisse zu verschmelzen, dass mir die Tiere nicht mehr aus dem Weg gingen. Dann sah ich kleine bunte Vögel mit langen Namen wie den Halsbandschnäpper und den Braunrückennektarvogel. Ich entdeckte ein Eichhörnchen mit einem Schwanz, der mich an die Bürste erinnerte, mit der meine Mutter früher die Milchflaschen spülte, und ich hörte den klagenden Ruf des Langschwanzhabichts, den ich bereits vom Lomako kannte.

Ein riesiger Kronenadler flog über mich hinweg. Es war ein gutes Zeichen, dass er im Park so verbreitet war, denn der Adler gilt als eindeutiger Indikator für ein nicht zu zerstörtes Ökosystem. Der Kronenadler macht unter anderem Jagd auf Affen. Er greift sich ein Tier aus einer Baumkrone und lässt sich mit seiner Beute in den Klauen durch die Blätter und Äste hindurch auf den Boden fallen, wo der Affe durch den Aufschlag getötet wird. Ellen hatte dieses beeindruckende Schauspiel einmal im Lomako beobachten können. Als ihre Männer hörten, wie das kurzzeitig liierte Pärchen unter dem Knacken der Äste nach unten stürzte, rannten sie los, um den Affen zu retten.

Ab und zu musste ich meinen Platz wechseln, denn die Bienen und Tsetsefliegen fanden mich sehr schnell. Ihre Kundschafter versuchte ich noch totzuschlagen, denn wie in Europa informieren sie ihre im Nest verbliebenen Genossen mit einem zweifellos possierlichen Tanz über die Position einer reichen Nahrungsquelle – und die war ich bestimmt, mir brach schon der Schweiß aus, wenn ich regungslos auf einem umgestürzten Baumstamm saß. Meist waren es jedoch die kleinen schwarzen Schweißfliegen, die mich in die Flucht schlugen. Sie übertragen zwar keine Parasiten, besitzen aber die unangenehme Angewohnheit, sich in den Augen und vor allem in den Tränenkanälen einzunisten. Die Insekten begriffen einfach nicht, dass man als Biologe ein Auge für Vögel hat.

Auf einer meiner Wanderungen traf ich unseren Fischer. Er stand unter einem Baum und schaute nach oben. „Ngila", flüsterte er – das Lingalawort für den Schwarzen Mangaben. Diese Affenart mit dem charakteristischen spitzen Haarschopf kann ein breites Spektrum seltsamer Laute von sich geben, vermutlich als Kompensation für das schwarze Fell, das wenig informativ ist. In Jonathan Kingdons Führer für afrikanische Säugetiere ist nachzulesen, dass Mangaben sehr beliebte Jagdobjekte sind und man deshalb wenig über ihr Vorkommen im Salongapark weiß. Ich kann Kingdon beruhigen, sie sind durchaus verbreitet.

Der Fischer zog mich tiefer in den Wald hinein. „Er hat uns gehört, und deshalb verhält er sich sehr still." Zu meinem maßlosen Erstaunen begann er, schrille Pfeiftöne auszustoßen. „Der Ruf des Kronenadlers", erklärte er mir. „So warnen wir die Affen, bis sie sich bewegen." Damit bestätigte er meinen Verdacht, dass er eigentlich gar kein Fischer, sondern ein Jäger war. Da der Affe nicht reagierte, setzte der Fischer seinen Weg fort. Affen können stundenlang unbeweglich in einem Baum verharren.

In der Fachzeitschrift *New Scientist* hatte ich gelesen, dass die Diana-Meerkatzen an der Elfenbeinküste in der Lage sind, die Pfeiftöne von Wilderern von echten Urwaldgeräuschen zu unterscheiden. Die Arbeitshypothese der Untersuchung lautete, dass Arten, die ein sensibles Ohr für unterschiedliche Rufe und Knurrlaute besitzen, die imitierten Rufe eines Jägers nicht mit dem echten Schrei eines Kronenadlers verwechseln. Und tatsächlich zeigte es sich, dass Meerkatzen, die regelmäßig mit Wilderern in Berührung kamen, fast immer nur bei den Originalrufen eines Kronenadlers flüchteten. In Gebieten, wo nicht gewildert wurde, waren die Reaktionen nicht signifikant anders.

Die Diana-Meerkatze kam im Kongo nicht vor, wohl aber eine nahe Verwandte, die Brazza-Meerkatze (*bosila* in der Landessprache). Wir begegneten diesem sehr großen Affen mit dem grauen Fell, dem hübschen weißen Bart und dem auffälligen, orangefarbenen Stirnband auf fast jedem unserer Streifzüge am Flussufer. Seine tiefen, rhythmischen Rufe klingen etwas angsteinflößend. Das Männchen hat nach Kingston ein grellblaues Skrotum, aber das bekamen wir leider nie zu Gesicht. Offensichtlich war die Art an das Leben am Fluss gewöhnt, denn eines Abends sahen wir eine ganze Familie über den doch immerhin fünfzig Meter breiten und schnell strömenden Yenge schwimmen. Wir gaben uns alle erdenkliche Mühe, die äußerst seltene Salonga-Meerkatze (*ekele*) aufzuspüren, die Wissenschaftler bisher nur tot zu Gesicht bekommen haben, aber wir hatten kein Glück. Merkwürdig war, dass unsere Führer das Tier auf der Abbildung in Kingdons Buch nicht erkannten. Allerdings entdeckte Ellen ein ihr völlig unbekanntes Affenweibchen mit einem fuchsroten Fleck auf dem unteren Rücken, aber die Zeit war leider zu kurz, um das Tier identifizieren zu können. Am Flussufer sahen wir auch Allens Sumpfmeerkatze (*misi*), die nach Aussage der Jäger vor allem bei Mondschein eine leichte Beute war.

Der Park war reich an Primaten. Später sollten wir feststellen, dass es am Salonga noch mehr Affen gab als am Yenge, wahrscheinlich, weil hier weniger intensiv gejagt wurde. Wir sahen viele Schwarze Mangaben, die manchmal völlig furchtlos und ungedeckt in einer Baumkrone sitzen blieben, um sich dann plötzlich metertief fallen zu lassen, unzählige Rote Meerkatzen (*nsoli*) und noch mehr Wolf-Meerkatzen (*mbeka*) mit ihren rostroten Hosenträgern. Sie zogen in Gruppen von fünfzig bis hundert Tieren durch den Urwald, angeführt von den weiblichen Tieren mit mittelgroßen Babys, denen die kinderlosen Weibchen folgten. Auch den schwarzweißen Mantelaffen (*ibuka*) mit ihrer langen weißen Schwanzquaste begegneten wir oft. Sie waren Demanus erklärte Lieblinge. Bei der geringsten Bewegung, die sie machten, brach er in schallendes Gelächer aus. „Der Magistrat", nannte er sie.

Mein Favorit war der Rote Mantelaffe (*djofe*), der hier in einer anderen Version vorkam, als das unglückliche Exemplar, das in Uganda auf der Speisekarte der Schimpansen steht. Die Roten Mantelaffen unterscheiden sich äußerlich sehr. Menschen neigen manchmal dazu, Tiere einfach auf einen biologischen Gattungshaufen zu werfen, aber ebenso wie der eine Mensch schöner ist als der andere, sind auch nicht alle Affen gleichermaßen attraktiv. Die Tshuapa-Variante des Roten Mantelaffen, die wir am Salonga sahen, war ein bildschönes orangebraunes Tier mit einem etwas traurigen schwarzen Gesicht, einer weißen Brille und einer braunen Haube.

Wir konnten ihn nicht observieren – leider –, denn ein spannender Artikel über die Sansibar-Version dieser Affenart im *International Journal of Primatology* hatte mich neugierig gemacht. Er beschrieb, wie erfinderisch die Natur, selbst nach menschlichen Normen, sein kann. Obwohl sich das Biotop der Tiere auf Sansibar durch die zunehmende menschliche Besiedlung drastisch verkleinerte, nahm ihre Population explosionsartig zu. Der Grund? Ein innovatives Affenhirn hatte entdeckt, dass Stoffe in der Holzkohle von den Lagerfeuern die Widerstandskraft ihres Magens gegen giftige Blätter stärkte.

Durch die Holzkohle konnten sich die Affen von Blättern ernähren, ohne Magenschmerzen zu bekommen. Menschen mit einem begrenzten Horizont, die sich in ihrer Arroganz hinter dem Argument verstecken wollen, dass diese Affen die Heilkraft der Holzkohle nicht in einem bewussten oder intellektuellen Akt entdeckt haben, sollten einmal darüber nachdenken, dass hinter unseren bahnbrechenden Neuerungen auch nur in den seltensten Fällen ein einziges geniales Hirn steckt.

Ich ging mit dem Fischer zum Lager zurück. Schon von weitem schallte die Stimme Demanus zu uns herüber. Er pflegte seine plastischen Schilderungen von Außenbordmotoren und Bienenkörben so laut kund zu tun, dass sich kein Affe in die Nähe des Lagers wagen würde, es sei denn, er hätte dort geschäftlich zu tun. Hier heftete sich der Kommandant an meine Fersen, um eine große Neuigkeit loszuwerden. Die verschwundene Ziege war zurückgekehrt. Allgemeiner Jubel. „Lasst uns den fettesten elektrischen Karpfenfisch schlachten, denn der verlorene Sohn ist wieder da", rief ich euphorisch, stieß mit diesem Vorschlag jedoch auf wenig Gegenliebe. „Warum esst ihr keinen elektrischen Karpfenfisch?", fragte ich den Konservator. Er zuckte mit den Achseln. „Ein Tabu", sagte er. „Was für ein Tabu?", fragte ich weiter. Er wusste es nicht, es war halt schon immer so gewesen.

„Warum esst ihr Weißen nicht die Köpfe von Fischen?", fragte der Kommandant seinerseits. Es war mir noch gar nicht aufgefallen, dass dies tatsächlich in der Regel so war. Mein Argument, dass der Kopf nicht lecker wäre, vermochte den Kommandanten überhaupt nicht zu überzeugen. Für Schwarze waren Fischköpfe eine Delikatesse. Auch mir fehlten schlagende Argumente. „Aber das macht nichts", meinte der Kommandant fröhlich, „*Mama* Ellen mag elektrischen Karpfenfisch sehr gern."

„Und *Monsieur* Dirk", sagte ich laut und deutlich. Totenstille. „Habt ihr im Dschungel etwas Interessantes gesehen?", fragte der Kommandant. Es ist schwer, im Inneren des Kongo, wo eine absolute Lieblosigkeit herrscht, wo sich Männer und Frauen manchmal wie zwei verfeindete Clans mit widersprüchlichen Interessen gegenüberstehen, Gefühle zuzulassen. „Männer stellen immer Regeln auf und beharren auf ihren Grundsätzen", hatte *Mama* Martha in Mbandaka gegenüber Ellen geklagt.

„Und diese Regeln schreiben vor, dass nur sie das beste Fleisch, zum Beispiel von der Python und vom Leoparden, bekommen. Für Frauen ist das grundsätzlich tabu, weil es sie angeblich unfruchtbar macht. Aber dieses ungeschriebene Gesetz gilt auch für Frauen, die schon mehr als zehn Kinder haben und alt sind. Bah."

Die abendlichen, vor allem aber auch die morgendlichen Gespräche am Lagerfeuer waren sehr lebhaft und drehten sich meistens um die Vergangenheit und die Zukunft von Kongo/Zaire. „Das Problem besteht darin, dass die meisten Intellektuellen, die wie ich das Land verlassen haben, nicht mehr zurückkommen", behauptete Ino, der sich wie immer auf dem besten Stuhl räkelte. „Ich bin einer der wenigen, die ihr Wissen in den Dienst ihres Landes stellen und zurückzahlen, was sie der Allgemeinheit schulden." Delites Analyse war knapp und bündig: „Unsere Probleme werden erst dann gelöst sein, wenn hier alle Bäume abgeholzt sind und in den Gruben kein einziger Diamant mehr zu finden ist, so dass sich niemand mehr bereichern kann."

Für Demanu mit den langen grauen Wollstrümpfen, die ich ihm gegen die Mücken und Stechinsekten gegeben hatte, lag das Hauptproblem in der vollkommenen Apathie der jüngeren Generation. „Unter den Älteren, die bessere Zeiten gekannt haben, herrscht eine hohe Arbeitslosigkeit. Ihre Mutlosigkeit strahlt auf die Kinder aus. Viele Eltern machen sich nicht einmal die Mühe, die schulischen Leistungen ihrer Kinder zu verfolgen und ihre Hausaufgaben nachzusehen. Sie verteilen ein paar Ohrfeigen, wenn ihr Kind versagt hat, und damit ist die Sache für sie erledigt. Ich kenne einen Jungen, der schon seit Jahren die Schule schwänzt und auf der Straße herumlungert, aber trotzdem noch Schulgeld bekommt, weil seine Eltern völlig ahnungslos sind."

Das letzte und lauteste Wort hatte normalerweise der Kommandant; vor allem, wenn er einiges von dem geschmuggelten *lotoko* intus hatte, wiederholte er jeden Satz siebenmal – einmal für jedes seiner Kinder. Der Kern seiner Botschaft war, dass ihn selbst keinerlei Schuld treffe. Die Kinder würden zwar ein wenig vernachlässigt, weil die Eltern zu sehr damit beschäftigt waren, etwas zum Essen aufzutreiben, aber im Grunde sei es der materielle Wohlstand, der das Land in den Abgrund führe. Seine Kinder waren in Kinshasa geboren und aufgewachsen, hatten dort Strom und Fernsehen gehabt und waren nicht bereit, dies aufzugeben – nicht einmal nach Mbandaka hatten sie ihn begleiten wollen. Sie waren süchtig nach *piondi*, dem kongolesischen Junkfood, das aus getrocknetem Meeresfisch aus der Hafenstadt Matadi besteht. Sie lachten ihren Vater aus, weil er ein Mongo war. Das implizierte natürlich, dass sie sich absolut nicht als Mongos betrachteten. Eine Schande, so der Kommandant.

Eine Schande war es in seinen Augen auch, dass er Ellen nicht das Versprechen abringen konnte, ihm am Ende der Reise das Zelt zu schenken, in dem er schlief. Er war fest davon überzeugt, dass man ihm Hunderte, vielleicht sogar Tausende Dollars extra zustecken würde, wenn er sein Bestes täte. Aber er tat nicht sein Bestes, er tat normalerweise einfach gar nichts, er baute sein Zelt auf und hockte sich daneben. Ganz anders Delite, der sich überall nützlich machte. Ihm ging das ewige Gezeter des Kommandanten über das Zelt, das Hemd, den Rock und das Geld derart auf die Nerven, dass er Demanu irgendwann einmal zuflüsterte – und zwar genau so laut, dass der Kommandant es hören konnte –, dass *Mama* Ellen ihm ein Zelt versprochen hatte, er es aber niemandem sagen sollte, um keinen Neid zu wecken.

Nach nicht einmal einer Minute kam der Kommandant aus seinem Zelt gekrochen und begann mit seinem selbstgemachten Besen wütend zu fegen. „Auf welcher Seite stehst du eigentlich?", fragte er Demanu, der ihn völlig erstaunt ansah. „Es geht doch wohl nicht an, dass Delite, der keinen einzigen Schulterstreifen aufweisen kann, ein Zelt bekommen soll und ich, der wesentlich Ranghöhere, nicht. Das kann *Mama* Ellen nicht machen. Ich muss sie dringend sprechen." Delite tauchte prustend vor Lachen unter seinem Moskitonetz ab. Demanu beruhigte ihn damit, dass Delite nicht an einem Zelt interessiert wäre. Für den Kommandanten war das jedoch der ausschlaggebende Beweis: „Das heißt, dass er schon eins bekommen hat. Sonst hätte er bestimmt Interesse." Für den Rest des Tages war er todunglücklich.

Die Organisation des Camps wurde von Tag zu Tag perfekter. Demanu, Delite und der Fischer reparierten Dächer und fertigten Bänke, Tische und Gepäckablagen an. Sie banden Besen und Bienenklatschen, richteten eine Stange für die Hühner ein und hingen die Öllampen an biegsamen Zweigen hoch über dem Feuer auf. Für Edimo und Jean war eine Wanderung durch den Urwald wie ein Schlendern durch den Supermarkt. Bienenschwärme hießen bei ihnen ‚Honig'. Edison, ein an sich ruhiger Typ, bekam fast eine Krise, als Ellen ihm verbot, eine große Schildkröte mitzunehmen. Er wollte das Tier sogar unter seinem Hemd verstecken, als er genau in dem Moment von einer Lotofliege gestochen wurde – eine gerechte Strafe, wie er selbst fand.

Mit den Pflanzen konnten sie machen, was sie wollten. Die vielen Früchte, die auf dem Boden herumlagen, waren leider verfault. Aber sie fanden überall etwas Nützliches: Blätter, in die man etwas einwickeln konnte, Lianen für Stricke und klebriges Harz eines seltenen Baumes, aus dem sie Kerzen zogen. Sie schälten die Rinde eines Baumes, die eine heilkräftige Wirkung hatte, und buddelten einen großen Brocken Amber für das Feuer aus. Ich untersuchte das erstarrte Harz auf gefangene Insekten. Auf diese Weise hatten Wissenschaftler einmal fossile, Blut saugende Fliegen entdeckt, deren Stechwerkzeuge Dinosaurierblut enthielten. Eine Geschichte, die in dem Film *Jurassic Parc* eine entscheidende Rolle spielt. Aber ich fand keine Fliegen und musste somit auch meinen Traum von der Rekonstruktion eines neuen Dinosauriers begraben.

Wir waren angenehm überrascht, dass uns der Konservator jeden Tag ohne Murren in den Urwald begleitete. Er schaute sich um, hörte aufmerksam zu und machte sich eifrig Notizen in seinem Bonobo-Heft – Teil einer Aufklärungskampagne von Delfi in Kinshasa –, das Ellen ihm geschenkt hatte. Nach seiner Rückkehr wollte er auf einem Kongress einen Vortrag über Artenvielfalt halten. Er war zumindest jemand, der trotz aller Aufstiegschancen das Interesse an seiner Arbeit nicht verloren hatte, der nicht die Flucht nach vorn antrat und es sich auf einem komfortablen (wenn auch ebenfalls nicht sehr lukrativen) Bürosessel in Kinshasa bequem machte.

Edimo war im Urwald einfach unverbesserlich. Er hatte gesagt, dass Ellen ihn entlassen sollte, falls er sich noch einmal verlief. Zu seinem Glück ließ Ellen jedoch nicht einmal für einen Moment ihren Kompass aus den Augen, sonst wäre er wohl nicht lange in unseren Diensten geblieben. Er wurde niemals müde, schwitzte nie und klagte nicht. Morgens im Lager zog er seine Slipper aus, und legte sich seine Machete wie einen Dirigentenstock über den Arm, um so die Führung zu übernehmen. Er aß und trank nichts auf der Tour und genehmigte sich nur hin und wieder einige Züge von einer Zigarette, die in einer kurzen Holzpfeife steckte.

Mit seinem Vater gab es größere Probleme. Dem alten *Papa* Jean fehlte die Kraft für die tagelangen Fußmärsche durch den Dschungel. Wir machten ihm den Vorschlag, dass er als *sentinel* (Bewacher) im Lager bleiben solle, damit wir bei unseren weiteren Fahrten stromaufwärts das Gepäck zurücklassen konnten. Darauf erwiderte er völlig entsetzt und mit hoher Stimme, dass er dann durch den Dschungel zum Salonga laufen und dort ins Wasser springen würde. Er hüpfte umher und vollführte zuckende Bewegungen, um zu illustrieren, dass er ertrinken und in Watsi Kengo tot an Land gespült werden würde. Wir beschlossen, ihn mitzunehmen.

Nach fünf Tagen zogen wir weiter. Ellen hatte nicht einmal Schlafnester, sondern nur Fressspuren von Bonobos gefunden. Das Ganze war ihr ein absolutes Rätsel. Sie hielt nichts von meiner Hypothese, dass die Tiere sozusagen in den Untergrund gegangen waren, um aus der Sicht- und Schussweite der Jäger zu bleiben. Ellen war Wissenschaftlerin und keine Phantastin. Sie vermutete, dass es in diesem Teil des Dschungels zu wenige geeignete Nest- und Fruchtbäume gab, sodass sich die Tiere mit kurzen Ausflügen in die reiche Bodenvegetation begnügten.

Der Tag unserer Weiterreise begann vielversprechend. Das Wetter war ausgezeichnet, und ich kam in den Genuss phantastischer Vogelbeobachtungen. Ich pries den Schöpfer, dass er manchen Vögeln ein so auffällig buntes Federkleid verpasst hatte. So konnte selbst ein simpler Amateurornithologe mit seiner Bestimmung nicht falsch liegen. In einem Gebüsch am Flussufer stöberten wir den großen Zügelliest mit seinem prächtigen azurblauen Federkleid auf. Im Wipfel des höchsten Baumes entdeckten wir eine prachtvoll gefärbte Racke mit einem gelben Schnabel, rostbraunen Rücken, blauen Schwanz und einer dunkelroten Brust. Eine üppige Farbpalette, die vergessen ließ, dass der Herr bei der Erschaffung des Urwalds und seiner Tiere vielleicht nur Grün im Kopf gehabt haben könnte. Wir sahen einen Vogel etwas ungeschickt über den Fluss fliegen, der so grün war, dass er uns an einen Sittich erinnerte. Aber Sittiche sind exzellente Flieger, die mit kräftigen Flügelschlägen pfeilgerade durch die Luft schießen, während dieses Tier ständig abzustürzen schien. Als wir seine knallrote Brust sahen, erübrigte sich alles weitere Grübeln – es war der Narina-Trogon, der laut unserem Vogelführer gar nicht fliegen kann und auch nicht in diesem Gebiet zu Hause ist. Der Führer müsste wohl dringend überarbeitet werden.

Sehr bezeichnend für den Zustand der Elefantenpopulation des Parks war eine Stelle, die nach Aussage unseres Fischers einmal völlig baumlos gewesen war, weil Elefanten und andere Großtiere dort regelmäßig in den Fluss wateten, um zu trinken, sich zu waschen und von den Wasserpflanzen zu naschen. Diese Tiere waren so arg von Wilderern aufs Korn genommen worden, dass sie sich tief in den Dschungel zurückgezogen hatten. So glich diese Stelle eher einem Dschungel als einer Wasserstelle, an der man früher wohl die phantastischsten Beobachtungen hätte machen können. Aber leider hat es außer Wilderern keine früheren Besucher gegeben, so dass wir nie erfahren werden, was sich hier abgespielt hat. Ein einsamer Fischadler, der kerzengerade in der Krone eines toten Baumes saß, stimmte uns einen Moment lang fröhlich – einen kurzen Moment, denn es sollte das einzige Exemplar bleiben, das wir auf unserer Reise sahen. Ein schlechtes Zeichen für diesen Vogel und seinen Schutz.

Nach guter alter Gewohnheit wurden wir von einem

heftigen Unwetter überrascht. Wir steuerten das Boot unter die Bäume, wo die Wildhüter aus der schweren grauen Plane im Handumdrehen ein Regendach bastelten. Die Plane, umwickelt mit einem kräftigen Strick und einem grünen Geschenkband, hatte Ellen in Kinshasa von Johan und Magda Baert bekommen. Die Baerts waren ein sehr sympathisches Paar, das sich trotz aller Gegenschläge seinen Optimismus bewahrt hatte. Sie hatten im Landesinneren des Kongo eine florierende Segelmacherei mit rund sechshundert Angestellten besessen, eine prächtige Villa und sogar ein kleines Flugzeug, mit dem sie an den Wochenenden nach Kinshasa flogen. Das alles wurde 1974 durch die unselige Zairisierung Mobutus hinweggefegt, die das Ende der zairischen Wirtschaft eingeläutet hatte. Der Betrieb der Baerts wurde an einen Zairer übereignet, der ihn einzig für seine eigenen Interessen ausbeutete und verkommen ließ. Vollkommen desillusioniert gingen die beiden nach Belgien. Als Johan dort keine Arbeit fand, kehrten sie nach Kinshasa zurück, wo Johan in einer brütend heißen Lagerhalle mit drei Angestellten eine neue Segelmacherei aufbaute.

Es war Sonntag – Zeit für das Wunschprogramm von *Radio Vlaanderen International,* eine etwas deprimierende Sendung, die hauptsächlich aus Mitteilungen von Menschen bestand, die eigentlich nichts zu sagen hatten, es sei denn, Missionare im Ruhestand berichteten von kranken Schwestern und sterbenden Patern. Wir erfuhren etwas über Pater Kees de Lange, der in der Mission in Baringa, einem großen Dorf am Maringa, lebte. Ein Ort, wo im Hafen ein Speedboot in einem Käfig vor sich hin rostete, wo nachts gigantische Schwärme von Feuerfliegen das einzige Licht auf die leerstehenden Villen warfen, wo ein alter Wegweiser mitten im Urwald in drei Richtungen ins Nichts zeigte, weil die alten Straßen vollkommen zugewachsen waren, und wo wir bei Vollmond um Mitternacht die Mission besuchten, während die Schatten der Kühe im Nebel über die Felder voller Kuhfladen schwebten und Ellen mir einen leidenschaftlichen Kuss gab, den ich nie vergessen werde. Dieser Pater Kees also hatte Magenkrebs und war in die Niederlande gegangen, um sich behandeln und notfalls operieren zu lassen.

Wir hörten in dem prasselnden Regen auch eine traurige Nachricht von Ellens Kollegin Kathleen, mit der sie im Lomako gewesen war. Ihr Antrag auf ein Stipendium für ihre Bonoboforschungen war abgelehnt worden, und so hatte sie nun eine Stelle als Lehrerin angenommen – für sie war das Abenteuer also vorbei. Und wir bekamen eine Nachricht von meiner Freundin Anna Luyten. Sie hatte mich am Vorabend meiner Abreise aus Belgien aufgemuntert und mir versprochen, einen Musikwunsch durchzugeben. Weil das nicht möglich war, hatte sie einen Satz vorgelesen: „Wenn ich könnte, würde ich dir eine Nummer von Pink Floyd vorsingen: *Wish you were here.*" Es klang wie Musik in den Ohren. Wir lasen etwas, redeten ein bisschen, und nach etwa zwei Stunden klärte sich der Himmel auf. Die Zeit drängte. Wir mussten vor Einbruch der Dunkelheit wieder eine trockene Anlegestelle finden.

Im Spätnachmittag verengte sich der Fluss, und Demanu postierte einen der Wildhüter an der Spitze des Bootes, der nach tückischen Baumstämmen unter Wasser Ausschau halten sollte. Wir durften nicht zu lange auf dem Yenge bleiben, weil das Boot vielleicht zu groß sein würde, um sich bei einem Absinken des Wasserspiegels problemlos navigieren zu lassen. Der Fischer Jean-Baptiste hatte vorgeschlagen, bis zu der Stelle zu fahren, an der die einzige Nord-Süd-Verbindung durch den Park den Fluss kreuzte. Man konnte dort ohne weiteres die

Zelte aufschlagen, zudem wäre der Weg eine gute Ausgangsbasis, um den Urwald nach links und rechts und auf beiden Flussufern zu erkunden. Die Idee klang gut, hatte aber leider einen Haken, denn ganz in der Nähe dieser Stelle war Ende der achtziger Jahre ein Boot mit Wildhütern überfallen worden. Um die Verhaftung eines ihrer Kumpanen zu rächen, hatten Wilderer aus einem Hinterhalt mit ihren Maschinengewehren das Feuer eröffnet und vier Wildhüter niedergemäht. „Das Leben ist schön, aber die Welt ist schlecht", fasste der Wildhüter Bogart das Ganze philosophisch zusammen.

Wir sollten die Straße nie erreichen. Plötzlich standen Delite und die Wildhüter aufrecht im Boot. Ino legte sich flach auf den Boden. Am Ufer stieg eine Rauchfahne über dem Dschungel auf, obwohl wir auf den ersten Blick keine Hütte erkennen konnten. Demanu stellte Motor ab und steuerte auf das Ufer zu. Prompt schoss ein kleines Boot mit drei Männern an Bord hinter einer grünen Wand hervor, um im Dickicht des Dschungels zu verschwinden. Unsere Besatzung war in heller Aufregung. Der Konservator gab den Befehl zum Angriff. Demanu manövrierte unser voll beladenes Gefährt mühsam unter die Äste in Richtung der beiden Hütten, von denen der Rauch aufstieg. Delite lud demonstrativ seine FAL. Bogart und sein Kollege Bokongo sprangen mit ihren Kalaschnikows im Anschlag ins Wasser und rannten auf das Wildererlager zu. Nur der Kommandant schien nicht auf der Höhe des Geschehens zu sein.

Schon nach kurzer Zeit bekamen wir von den Wildhütern das Zeichen der Entwarnung. Das Lager war verlassen. Demanu schaffte es, das Boot bis vor die Hütten zu schieben und dort zu vertauen. Das Lager stand in einer dünnen Wasserlache. Überall lagen Fischerutensilien herum, Reusen, Haken und lange, aufgerollte Taue.

Netze hingen zum Trocknen aus. Während in der einen Hütte frisch gefangene Fische zum Räuchern über dem Feuer hingen, lagen in der anderen Stapel getrockneter Fische und Dutzende dunkel geräucherter Kaimane mit halb aufgesperrten Schnauzen, die Körper stocksteif um die Achse aufgerollt. Hier wurde ganz offensichtlich kommerziell gewildert – also setzte der Konservator seine Leute auf die geflohenen Fischdiebe an.

Nachdem die Wildhüter in einem kleinen Boot unverzüglich die Verfolgung aufgenommen hatten, schlug die Stimmung ins Alberne um. Fischer statt schwer bewaffneter Wilderer, wie hatten wir nur so hysterisch reagieren können? Kurze Zeit später hallte ein Schuss durch den Wald. Niemand machte sich darüber Gedanken. Das waren sicherlich unsere Wildhüter. Und tatsächlich. Eine Viertelstunde später kehrten sie stolz zurück, in ihrer Mitte einen Mann in einem zerlumpten grauen Hemd und einer kurzen Hose, der ein äußerst klägliches Bild abgab. Er war zu Fuß in den überfluteten Urwald geflohen. „Die Wildhüter hätten mich fast erschossen", jammerte er – die Kugel war knapp an seinem Ohr vorbeigepfiffen. Mit den Stofffetzen, die er am Leibe trug, dem ungepflegten Stoppelbart und den wilden Locken, die von einem monatelangen Aufenthalt im Urwald zeugten, sah er wirklich wie ein armseliger Fischer aus, aber Delite fiel auf, dass er recht kräftige Muskeln hatte.

Die Wildhüter schleppten ihn auf das große Boot, wo ihm der Kommandant die Hände auf dem Rücken fesselte. Der Konservator setzte sich auf den Rand des Bootes und begann mit seinem Verhör. Der Mann jammerte in den höchsten Tönen. Er sei nur ein armer Fischer, er wisse nicht einmal, dass es verboten sei, im Park zu fischen, außer ihm habe niemand die Hütte bewohnt. Das konnte nicht stimmen, denn schließlich hatten wir seine Kumpane flüchten sehen, und auf dem Feuer brutzelte ein großer Topf mit Fisch – eine viel zu große Portion für nur einen Mann. Unser Fischer schnitt ein paar Lianen durch und ließ diese Peitschenbündel mit voller Wucht auf den nackten Rücken des Mannes niedergehen. Der schrie und wimmerte wie ein kleines Kind. Als niemand eine Regung zeigte, präsentierte der Mann unverzüglich eine andere Version. Seine Freunde waren geflüchtet, weil sie unsere Gewehre gesehen hatten. Für ihn war es dafür zu spät gewesen, da er gerade damit beschäftigt gewesen sei, eine Reuse für die Kaimane zu kontrollieren. Und nun sollte nur er verhaftet werden – das konnten wir nicht machen, wo er doch nicht einmal der Chef des Lagers war. Der Konservator schien geneigt, ihm zu glauben, und seufzte, dass er dem Mann vielleicht eine Buße auferlegen, aber ihn nicht verhaften würde.

Jean-Baptiste war von der Geschichte jedoch nicht überzeugt, er durchsuchte weiter die Hütte. Die aufgelockerte Stimmung verschwand ebenso schnell wie die Abendsonne am Äquator, und jeder griff nach seiner Waffe, als er mit einem Haufen Blätter in der Hand wütend aus der Vorratskammer kam. „Das habe ich im Bauch eines großen Kaimans gefunden", schrie er. „Ich wusste es doch. Das sind keine Fischer. Das sind organisierte Wilderer." Der Konservator nahm die Blätter auseinander und schnalzte mit der Zunge. „Gewehrkugeln", sagte er. „Kugeln aus einer FAL. Armeemunition." Er überschlug die Anzahl der Kupferhülsen in seiner Hand. „Mindestens hundertdreißig Kugeln. Das ist viel mehr, als wir bei uns haben." Niemand sagte etwas.

Der Kommandant richtete sich auf und sah ruhig auf den Mann herab, der sich zu seinen Füßen krümmte. „Ex-FAZ", murmelte er. „Wir müssen vorsichtig sein. Das ist eine äußerst gefährliche Sache."

Die Grimasse eines Toten

Ellen hatte Erfahrung mit Wilderern. Auf der Suche nach einem geeigneten Platz zur Beobachtung ihrer Bonobos war sie einmal nördlich vom Lomako den Yekokorafluss hinaufgefahren. Sie hatte damals von mehreren Seiten gehört, dass in diesem Gebiet viele Bonobos leben sollten. Aber kurz zuvor hatte das deutsche Holzunternehmen Siforzal die Konzession für großflächige Rodungen erhalten. Somit musste nicht nur eine große Anzahl von Holzfällern versorgt werden, es gab auch eine regelmäßige Zulieferung von Munition und die Möglichkeit, Wildfleisch und gefangene Bonobos stromabwärts mit den Holzbooten zu verschiffen. Die Holzindustrie hatte auf dem Yekokora einem blühenden Handel mit Wildfleisch Tür und Tor geöffnet.

Ellen hatte mit ihren Männern zwei Märkte besucht, die in einer beträchtlichen Entfernung vom Fluss versteckt im Dschungel lagen. Nachdem sie eine halbe Stunde durch eine enge Fahrrinne zu einem Binnenhafen mit Hunderten von Booten gefahren war, musste sie über die Boote hinweg zu einem sumpfigen Pfad kriechen, wo sie bis zu den Knien im Schlamm versank. Die Märkte befanden sich auf abgeholzten Lichtungen, wo sich die Menschen drängten, um Antilopen- und Affenfleisch zu verkaufen – und während Ellens Besuch auch zwei bedauernswerte Bonobobabys. Sie hatte die Tiere notgedrungen zurücklassen müssen, ein offenes Engagement hätte Verdacht erregt.

Als sie sich auf dem Markt nach einem guten Führer umsah, hatte man ihr den besten Jäger der Gegend, einen gewissen Mobuli Moto, genannt, der die gestreifte Haut einer frisch geschossenen Bongo-Antilope im Angebot hatte. Er konnte ihr auch zu einem Leopardenfell verhelfen, Papageien besorgen und ihr eine starke Geschichte erzählen. Sie entschied sich für Letzteres. Mobuli Moto hatte in den achtziger Jahren als Elefantenwilderer für Mobutu gearbeitet, der keine Einkommensquelle seines Landes ungenutzt ließ, um sich selbst zu bereichern. Es war eine schöne Zeit gewesen, die zwangsläufig zu Ende gegangen war, nachdem Mobutu sich aus dem Geschäft zurückgezogen hatte. Da die Elefanten zu knapp wurden, sank auch der Profit, zudem häuften sich die Klagen über den Terror der Wilderer. „Wir fühlten uns so mächtig, dass wir die Dörfer auf unserem Weg plünderten, die Männer folterten und die Frauen vergewaltigten", gestand ihr der Mann in einem Anflug von Offenheit. „Das wurde zur Routine, wie es auch Routine wurde, wahllos auf alles zu schießen, was uns über den Weg lief – in erster Linie natürlich Elefanten, die damals noch nicht daran gewöhnt waren, dass man auf sie schoss. Es ist völlig logisch, dass es um den Lomako und Yekokora keine Elefanten mehr gibt. Wir haben sie bis auf das letzte Tier abgeknallt."

Mit ihm hatte sich Ellen auf Bonobosuche begeben. Die Erfahrungen, die sie dabei machte, waren mehr als ernüchternd. Als sie Urwaldbewohner zum ersten Mal fragte, ob es in der Nähe Bonobos gäbe, hatte jeder überzeugend genickt. Zur Bestätigung hatte ein Mann das getrocknete Schulterstück eines Bonobos aus seiner Hütte geholt. In einem anderen Dorf war sie auf sehr freundliche Leute getroffen, die sich freuten, nach fünfundzwanzig Jahren wieder eine Weiße zu sehen. Diese gaben ihr eine Ente als Geschenk mit auf den Weg. Sie hatte bei den Einheimischen einen bleibenden Eindruck hinterlassen, weil sie der Dorfziege das Kunststück beibrachte, sich mit den Vorderbeinen auf einen Stuhl zu stellen, um etwas zu essen zu bekommen. Dadurch erwarb sie sich den Ruf, Macht über Tiere zu besitzen. Auch diese Leute zeigten ihr einen frisch geschossenen Bonobo, der in einer Hütte über einem Feuer geräuchert wurde. Sein schwarzes Fell war verkohlt, und mit seinen weit aufgerissenen, blicklosen Augen und der Totengrimasse sah er, ähnlich dem sterbenden Bonobobaby in Kinshasa, noch menschlicher aus als in seinem Dschungel. Sie fand in insgesamt sechs Hütten einen toten Bonobo. Im Urwald entdeckte sie ein paar alte Schlafnester und ein einziges Mal, mindestens zwanzig Kilometer vom Fluss entfernt, einen Bonobo, der pfeilschnell davonschoss.

Selbst Mobuli Moto verstand die Welt nicht mehr; vor gar nicht langer Zeit hatte es in dem Wald noch Bonobos gegeben. Er meinte, dass ein Teufel die Bonobonester aus den Bäumen geschüttelt habe, sodass niemand sehen konnte, dass die Tiere noch dort saßen. Ellens Männer waren jedoch fest davon überzeugt, dass der Urwald um den Yekorora innerhalb von zwei Jahren vollkommen leer geschossen worden war. In den Bäumen lebten keine großen Tiere mehr. Ein Biotop ohne Inhalt, eine geplünderte grüne Stadt. Vor allem die Jagd mit Armbrust und Giftpfeilen beschleunigte die Ausrottung – eine diskrete, weil lautlose Methode, bei der man nicht einmal gut zielen musste. Da selbst die leichteste Verwundung zum Tod führte, war sie wesentlich effizienter als der Schuss aus einem Gewehr. Auch in anderen Teilen Afrikas hatte die Jagd so dramatische Auswirkungen auf die Affenpopulation, dass engagierte Wissenschaftler von Naturschutzorganisationen in Panik gerieten. Sie gründeten die sogenannte *Ape Alliance*, um den überall geltenden Gesetzen zum Schutz von Menschenaffen mehr Gewicht zu verleihen. Auf einem Markt in Kongo-Brazzaville fanden sie im Verlauf einer kurzen Enquête fünfzehntausend Gerippe, darunter die von Riesenschuppentieren, Urwaldelefanten und von fast dreihundert Schimpansen. Nach ihren Schätzungen wurden jährlich sechshundert Flachland-Gorillas nur wegen ihres Fleisches getötet. In Gabun ließen zwanzigtausend Schimpansen ihr Leben – das sind zehn Prozent der geschätzten Weltpopulation. Jane Goodall äußerte die feste Überzeugung, dass es in fünfzig Jahren keine lebensfähigen Menschenaffenpopulationen in freier Wildbahn mehr geben würde, wenn diese Praktiken nicht schnellstens gestoppt würden. Ein Kollateralschaden der an sich schon zerstörerischen Holzgewinnung.

Das Tempo, in dem die Ngombe-Jäger das Gebiet um den Yekokora leer schossen, wirkte sich auch auf die Situation am Lomako aus. Eines Morgens war Ellen ganz allein im Camp, als sie einen Schuss hörte. Als sich ihre Männer zu ihrer täglichen Arbeit meldeten, überzeugte sie Mangé, einen Bruder des lokalen Häuptlings, davon, dass man nach den Wilderern suchen müsse, um ihnen das Jagen in dem Gebiet zu untersagen. Der Mann ging widerstrebend mit. Die Ngombes standen bei der Mongobevölkerung, zu der auch Ellens Leute gehörten, in einem schlechten Ruf. Sie galten als skrupellose Jäger, die Bonobos hemmungslos abschossen. An manchen Tagen erlegten sie bis zu zwanzig Tiere. Im Gegensatz zu ihnen gingen die Mongos nur auf die Jagd, wenn sie Gewehrkugeln und Hunger hatten. Sie lebten zwar vom Urwald, waren aber im Grunde keine Jäger, sondern eher Fänger. „Hundefresser", so nannten die Ngombes die in ihren Augen verwöhnten Mongos manchmal.

Zu zweit war es Ellen und Mangé gelungen, das Lager

273

der Wilderer zu finden. Zu ihrem Erstaunen stießen sie hier auf den netten *Papa* Lik, der Ellen am Yekokora die Ente geschenkt hatte. Er war nach Süden gezogen, weil es in seinem angestammten Gebiet kein Wild mehr gab. Ellen erklärte ihm in freundlichem Ton, dass in dieser Zone weder gejagt noch Fallen aufgestellt werden dürften, um die Bonobos nicht zu verschrecken und die Wissenschaft nicht zu behindern. Sie forderte die Jäger höflich auf, das Gebiet zu verlassen.

Da diese Aktion jedoch verpuffte, beschloss Ellen, ein Exempel zu statuieren, um die Kontrolle über den Urwald mit seinen Bonobos nicht gänzlich zu verlieren. Also begab sie sich zu dem Oberst in Boende und engagierte Soldaten für eine Aktion, in der sie Bögen und Fallen zerstören, Fleisch beschlagnahmen und Wildererhütten mit Benzin übergießen und anzünden ließ. Genau wie Fossey ließ sie sich dabei von den Tränen der Frauen und Kinder nicht umstimmen. Dieses Vorgehen zeigte Wirkung und stärkte sie in ihrer Überzeugung, dass die Präsenz von Wissenschaftlern schon ausreichen konnte, um die Tiere zumindest für eine bestimmte Zeit zu schützen. Die Ngombes verließen den Wald, mit der Wilderei war zunächst einmal Schluss.

Ganz ohne Folgen blieb ihr hartes Durchgreifen jedoch nicht. Wie ihr später zu Ohren kam, hatte man gegen das Dorf Ndele, von wo aus das deutsche Forscherteam operierte, einen Rachefeldzug organisiert – ein offensichtlicher Irrtum. Zudem streute man das Gerücht aus, sie wäre keine Wissenschaftlerin, sondern auf der Suche nach Diamanten. Und sie bekam Besuch von einem alten *Papa*, der ihr scheu seine Situation erklärte und drei Männer um ihr Camp postiert hatte, für den Fall, dass sie ihn verhaften lassen wollte. Ihr Ruf war gefestigt.

Da sich im Salonga keine Wissenschaftler zum passiven Schutz der Tiere aufgehalten hatten, nicht einmal Wildhüter, waren sie all die Jahre vogelfrei gewesen. Überall kursierten die wildesten Geschichten. In Mbandaka wurde uns von einem berüchtigten Wilderer erzählt, der Mitte der achtziger Jahre im Salonga an einem einzigen Tag vierundzwanzig Elefanten erlegt hatte. Er unterhielt eine Miliz, die vom ehemaligen zairischen Verteidigungsminister finanziert wurde. Auch vor Geiselnahmen war er nicht zurückgeschreckt; zu seinen Opfern gehörten Pater, die ihm kein Benzin geben wollten, der frühere Konservator, der *commissaire de zone* von Boende, ein hochrangiger Staatsbeamter und eine ganze Menge Soldaten, die ihn verhaften sollten. Er hatte sie in einen Hinterhalt gelockt und zwei Monate lang durch den Park getrieben, bis der Kommissar an Erschöpfung starb. Die restlichen Soldaten ließ er gehen, in der Annahme, dass sie ihre Lektion wohl gelernt hätten.

Der Papageienforscher Fotso berichtete, dass die Elefantenwilderer, die ihm 1966 auf dem Salonga begegnet waren, für einen Oberst der Armee Mobutus in Mbandaka arbeiteten. Besucher sollten später bei ihm sieben der ungefähr zwanzig Meter langen Stoßzähne finden, die von den Wilderern erbeutet worden waren. Vielleicht war dies derselbe Mann, der unsere Fahrt auf dem Yenge zu einem solchen Risiko machte. In Mbandaka trafen wir einen ehemaligen Soldaten, der einige Jahre im Auftrag eines, wie er sagte, Ex-Ex-Gouverneurs, im Salonga gejagt hatte. Von seinem Lohn und dem Geld für das Elfenbein hatte er sich zwei Außenbordmotoren gekauft, die er vermietete. Dies sicherte ihm eine angenehme Existenz. Er hatte Leoparden getötet, Bongos, Riesenschuppentiere und viele, viele Elefanten, die er mit einer alten Mauser 52 erlegte. Dieses deutsche Gewehr aus dem Zweiten Weltkrieg war zwar etwas umständlich zu bedienen, konnte aber durchaus einen Elefantenkopf zerfetzen. In Uganda erzählte man sich, dass ein britischer Universitätsprofessor die verheerende Wirkung dieser Waffe empirisch nachgewiesen und sich damit die Wut der Umweltschützer zugezogen habe. Über Bonobos wusste unser Mann in Mbandaka nichts zu erzählen.

Selbstverständlich konnte auch der Konservator Bofenda mit Wilderergeschichten aufwarten. Als hohe Offiziere in Kinshasa und Mbandaka ab 1984 mit der organisierten Jagd begannen und gut bewaffnete Banden in motorisierten Booten die Flüsse im Salonga terrorisierten, waren die Zustände im Park außer Kontrolle geraten. Vor allem der Yenge war zu einem gefährlichen Terrain geworden, weil an seinen Ufern viele Tiere lebten, die einen hohen Marktwert hatten. Der Konservator hatte eigenhändig eine Frau auf einem großen Boot voller Elfenbein verhaftet. Wie sich später herausstellte, war sie die Geliebte eines hohen Generals. Keine zwei Wochen nach ihrer Verhaftung erhielt Bofenda aus Kinshasa über Funk den Befehl, alle Gefangenen freizulassen und alle konfiszierten Güter zurückzugeben. „Mir blieb nichts anderes übrig", erzählte er gelassen, „aber besonders motivierend war das natürlich nicht."

Mit dem Sturz Mobutus und seines Clans verloren die Wilderer ihre Unterstützung von oben. Die Wildhüter wurden endlich wieder zu einem gleich starken Gegner. Unser Wildhüter Bokongo war stolz auf den Schuss, den er auf den flüchtenden Wilderer abgefeuert hatte. Noch am Abend zuvor hatte er sich am Lagerfeuer damit gebrüstet, dass er in seiner Karriere vier Wilderer verhaftet hatte. Aber er wurde ausgelacht, als er einräumte, dass er schon siebzehn Jahre seinen Dienst versah und somit alle vier Jahre einen – noch zudem unbewaffneten Fischwilderer – dingfest gemacht hatte. Dafür gelang ihm jetzt eine eindrucksvolle Revanche, denn der Mann, den er jetzt an der Angel hatte, war mit Sicherheit kein kleiner Fisch. Ich fragte mich, ob er sich genauso engagiert auf seine Fährte gesetzt hätte, wenn er ihn nicht für einen vereinzelten Fischer gehalten, sondern zuerst die Munition entdeckt hätte. Oder wenn ihm aufgefallen wäre, dass die *nganda* mit einem dichten Wall von Ästen verstärkt worden war, in dem sich Gucklöcher fanden, die als Schießscharten dienten. Aber ich ließ ihm seinen Triumph.

Nachdem die Munition aufgetaucht war, wurde der Wilderer heftig verprügelt. Er hielt jedoch mit einem demütigen Hundeblick an seiner Version fest, ein armer Fischer zu sein, der die Hütte nur zufällig genutzt hatte. Die Munition gehörte Jägern, die stromaufwärts ihr Lager hatten. Von den geflüchteten Männern wusste er sicher, dass sie äußerst gefährlich waren und unser Boot auf dem Rückweg aus einem Hinterhalt heraus überfallen würden. Um uns in ihre Gewalt zu bekommen, würden sie zuerst den *chauffeur* abknallen. Offensichtlich wusste er sehr genau, wie man aus einem Hinterhalt zu operieren hatte, zudem sprach er fließend Französisch.

Der frühere Wilderer Jean, der die ganze Aktion schweigend verfolgt hatte, besiegelte das Schicksal des Mannes. Er kannte ihn als Mitglied einer Bande ehemaliger FAZ-Soldaten, die mit zwei motorisierten Booten und mindestens zehn Gewehren aus Armeebeständen den Fluss unsicher gemacht und selbst einheimische Jäger wie ihn überfallen hatten.

Bei Einbruch der Dunkelheit war noch immer keine Entscheidung gefallen. Der Kommandant fand, dass wir die Nacht im Lager verbringen sollten – eine Idee, die schon deshalb nicht taugte, weil sie von ihm stammte.

Der Konservator und der Fischer plädierten dafür, in einem Überraschungscoup die *nganda* der Fischer zu überfallen. Delite, der als Einziger mit dieser Art von Überfällen Erfahrung hatte, zeigte durch sein Schweigen, dass er diesen Vorschlag nicht für gut hielt. Und er hatte zweifellos Recht. Mit einem hoffnungslos überladenen Boot, das sich schlecht manövrieren ließ, eine bewaffnete Bande vom Fluß aus anzugreifen, kam einem Kamikaze-Kommando gleich.

Auch Ellen äußerte sich nicht. Ich habe wenige Menschen getroffen, die wie sie absolut keine Angst kennen, aber Konfrontationen mit bewaffneten Männern hatte sie so gut wie nie erlebt, und Gewehre gaben ihr ein ungutes Gefühl. Ich war in den letzten Jahren mehr mit als ohne Waffe unterwegs gewesen und traf die Entscheidung: Wir kehren um. Der Gefangene gab sich ein wenig zu viel Mühe, uns zum Weiterfahren zu bewegen. Demanu warf erleichtert den Motor an. Der Wilderer wurde in das Boot geworfen. Delite wies die Wildhüter an, den Mann zu verstecken, falls wir seinen Kumpanen begegnen sollten. So wurde er unter die Fische und Kaimane aus den Hütten gestopft. Unsere Wilderer packten flink seine Töpfe und Pfannen ein, während unser Fischer die Seile und Netze bereits zusammengerollt und in einem Sack verstaut hatte. Es war fast schon dunkel, als wir endlich unseren Platz unter den Büschen verließen.

Der Mond schien hell, aber nicht hell genug, um Demanu genügend Vertrauen einzuflößen. Wir waren noch keine zehn Minuten unterwegs, als er den Motor abstellte. Er fand eine Weiterfahrt zu riskant, weil man die Äste, die den Motor beschädigen konnten, nicht mehr auszumachen waren. Vielleicht war seine größte Angst aber auch, dass das Motorengeräusch Gewehrsalven hervorlocken

würde, und da er als Einziger aufrecht stand, bot er eine
ideale Zielscheibe. Zudem war ihm die freundliche Bemerkung des Wilderers über den *chauffeur* natürlich nicht
entgangen. Ich forderte ihn auf, das Boot mit der Strömung treiben zu lassen, wobei die Wildhüter darauf achten sollten, dass wir in Ufernähe nicht auf Grund liefen.
Bokongo und Bogart griffen zu einem Ruder. Niemand
sagte ein Wort. Es war plötzlich totenstill.

Das Ufer und das Wasser waren tiefschwarz, aber der
Himmel blieb klar. Ich legte mich mit dem Rücken auf das
Gepäck. Eine Weihe flog mit trägem Flügelschlag über
mich hinweg, ein hellgrauer Raubvogel mit langen gelben Beinen, die einen starken Kontrast zu dem schwarzen
Schwanz bilden, der von einem weißen Streifen unter-
brochen wird. Das Tier trägt eine gelbe Maske – vielleicht,
weil es wie ein Dieb in Bäumen herumkriecht und mit
seinen langen Beinen in Hohlräume langt, um seine
etwas eintönige Speisekarte mit ein wenig Fleisch oder
Eiern anzureichern. Ich sah den noch geheimnisvolleren
Fledermaushabicht mit seinen breiten, sichelförmigen
schwarzen Batman-Flügeln und dem langen schwarzen
Schwanz, ein Vagabund, der an kein Biotop gebunden ist.
Mit seinen großen gelben Augen kann er sowohl bei heller Straßenbeleuchtung als auch im Tiefdunkel des Ur-
waldinneren kleine Fledermäuse aufspüren. Er greift sich
seine Beute in der Luft und schlingt sie auf einmal herunter. Ich schloss gelassen die Augen. Der Dschungel
gehörte nun den seltsamen Geschöpfen der Nacht.

Wir trieben nicht lange. Ein äußerst nervöser Demanu
weigerte sich, weiterzufahren, angeblich, weil das Boot
große Krokodile anziehen würde. Er steuerte das Boot in
die Uferböschung, wo wir natürlich nicht an Land gehen
konnten. Wenn es nach ihm ging, sollten wir dort, versteckt unter der Plane der Baerts, die Nacht verbringen.

Keine gute Idee, vor allem, weil es bisher jede Nacht geregnet hatte und das Boot nach der Konfiszierung Dutzender Kilos Fisch und Kaimane so überladen war, dass es nur wenige Zentimeter über dem Wasser lag. Zudem fuchtelte jeder so hektisch mit seiner Taschenlampe herum, dass uns mögliche Angreifer schon von weitem gesichtet hätten. Nachdem Ellen mit ihrem GPS unseren Standort bestimmt hatte, beschlossen wir, uns noch bis zu dem nächsten Jägerlager treiben zu lassen. Dort hätten wir es zumindest etwas bequemer und würden uns gegen einen eventuellen Angriff ehemaliger FAZ-Soldaten besser verteidigen können.

Es wurde eine lange und unsichere Nacht. Wie befürchtet, stand das Lager unter Wasser. Allerdings entdeckten wir ganz in der Nähe des Ufers eine sumpfige Wiese voller Ameisen, die gerade genügend Platz für zwei Zelte bot. Ein einziger kräftiger Schauer, und auch hier wäre alles überschwemmt. Aber das war unsere geringste Sorge. Den Wildhütern wurde ans Herz gelegt, die Zelte über Nacht nicht aus den Augen zu lassen; die Soldaten blieben auf dem Boot, um den Gefangenen zu bewachen, während sich die anderen auf die aus Zweigen gemachten Lager in einer *nganda* legten und die ersten beschlagnahmten Fische brieten. Ellen und ich krochen in unser Zelt, wo uns eine unruhige Nacht bevorstand. Alles wirkte plötzlich unheimlich. An dem Fledermaushabicht hatte ich mich noch erfreuen können, aber nun ließen sich in nächster Nähe zwei große Fischeulen vernehmen. Ihr guttural vorgetragenes Duett klang, als wollten sie sich eine unheilvolle Botschaft zuspielen, die von niemandem zu entschlüsseln war. Vom Fluss drang ein tiefes Knurren herüber, das, glaubte man den Wildhütern, von ‚menschenfressenden Krokodilen' stammte. Ich vermisste das

Zirpen der Singzikaden, die sich scheinbar bewusst zurückhielten.

Mir war schnell klar, dass wir auch hier für potentielle Angreifer leicht zu entdecken waren. Die Wildhüter fühlten sich in der Dunkelheit so verunsichert, dass sie nach der stärksten Lampe verlangt hatten, mit der sie ständig die Umgebung ableuchteten und sie in ein grell zuckendes Diskothekenlicht tauchten. Die Zelte waren kreischend gelb, die Plane über dem Boot hellgrau. Die Hühner, die man im Boot festgebunden hatte, gackerten ununterbrochen, da sie unter die plumpen Füße der Enten geraten waren. Eine der Ziegen hatte eine Lungenentzündung und hustete die ganze Nacht. Und da es der Kommandant für übertrieben gehalten hatte, dem Gefangenen einen Knebel in den Mund zu stopfen, würde der sich bestimmt lautstark bemerkbar machen, wenn seine Kumpane anrückten.

Ellen und ich taten die ganze Nacht kein Auge zu. Ich redete mir ein, dass ich auf den Ruf eines Kongopfaus achten musste. Aber stattdessen fing ich nur höchst verdächtige Geräusche auf. Ein vorsichtiges Plätschern im Wasser, das entfernte Summen eines Motors, das leichte Krachen von Ästen am Flussufer. Ich musste mir immer wieder einreden, dass die ehemaligen FAZ-Soldaten selbst in ihrer aktiven Zeit keineswegs in dem Ruf standen, gut ausgebildete und gewiefte Kämpfer zu sein und von daher sicherlich nicht wie ein professionelles Kommando ein Lager mit bewaffneten Soldaten überfallen würden. Dennoch spähte ich immer wieder durch das Moskitonetz nach draußen und bildete mir ein, über dem Schwarz der Bäume einen schwachen Lichtschein wahrzunehmen und seltsame Schatten durch die Büsche huschen zu sehen. Erst im Morgengrauen bemerkte ich, dass ich den Fluss überhaupt nicht sehen konnte und die ganze Nacht auf einen dichten Strauch gestarrt hatte, der nicht einmal zehn Meter vom Zelt entfernt stand.

Ellen war ein dickköpfiges Mädchen. Im Laufe der Nacht war unter uns der stillschweigende Konsens entstanden, dass es sicherer wäre, den Yenge zu verlassen, bis die Soldaten aus Boende am Fluss aufgeräumt hatten. Ellen jedoch, die den wissenschaftlichen Wert ihrer Expedition gefährdet sah, bestand darauf, mindestens noch ein Mal am Yenge die Zelte aufzuschlagen. Da sie im Prinzip der Chef war – das musste selbst der Kommandant zugeben –, wurde beschlossen, nach einem zweiten Lagerplatz zu suchen.

Wie gewöhnlich wusste Jean-Baptiste Rat. Er war eindeutig am besten über den Yenge informiert. Er lotste uns zu einer schönen Stelle mit drei großen *ngandas*, von wo aus schon ein Pfad in den Dschungel angelegt war. Leider lag das Lager ungeschützt und weithin sichtbar am Fluss, so dass es ständig bewacht werden musste. Schwere Zeiten für die Wildhüter; einer musste die Forscher und den Konservator in den Dschungel begleiten, während der andere vom Boot aus den Fluss im Auge behielt. Die Soldaten erhielten den Auftrag, das Lager und den Gefangenen zu bewachen.

Ich war völlig entsetzt, als ich am Spätnachmittag den Wilderer ohne Handschellen am Wasser sitzen sah, wo er die Sachen des Kommandanten wusch. Er hatte uns inzwischen erzählt, dass er Janvier hieß und sein Französisch als Krankenpfleger bei den Nonnen von Wafanya gelernt hatte. Nach der Flucht der Nonnen war er auf den Fischfang umgestiegen. Sofort wurde mir klar, warum der Kommandant als einziger so gut gelaunt war und die ganze Zeit fröhlich pfeifend durchs Lager lief. Bis dahin hatte ich mir seine aufgeräumte Stimmung mit seinem

Vorschlag erklärt, den konfiszierten Fisch so zu verteilen, dass ihm der Löwenanteil zufiel.

Aber es steckte etwas ganz anderes dahinter. Unser Kommandant war auf die Idee gekommen, den Gefangenen als seinen persönlichen Sklaven zu betrachten. Der Mann wusch seine Sachen, zerstampfte seine Maniokblätter, reichte ihm sein Glas *lotoko*, mähte das Unkraut vor seinem Stuhl und fegte sein Zelt aus. Die FAL lag inzwischen irgendwo achtlos herum. „C'est un petit rien – der ist doch völlig harmlos", war seine abfällige Reaktion, als ich ihn in scharfem Ton darauf hinwies, dass keine Waffe herumzuliegen habe, wenn sich der Gefangene frei im Lager bewegte. Unwillig legte er sich die FAL über die Knie. Zu allem Überfluss bekam Delite, der unseren Mann für alles andere als harmlos hielt, Fieberanfälle. Er fürchtete, dass er Malaria hatte. Das wäre ein empfindlicher Verlust, gerade jetzt, wo wir seine Erfahrung so dringend brauchten. Aber noch hielt er sich auf den Beinen.

Janvier war inzwischen dahinter gekommen, dass wir uns für Bonobos interessierten. Er hielt ein flammendes Plädoyer, um Ellen davon zu überzeugen, dass es keinen besseren Platz für die Beobachtung von Bonobos gäbe, als die Stelle, an der wir ihn gefangen genommen hatten. Dabei sah er sie mit einem merkwürdig verschwommenen Blick an, der selbst ihr nicht ganz geheuer war. Vor nicht einmal einer Woche, so Janvier, hatte ihm eine große Bonobofamilie beim Schrubben seines Bootes zugesehen. Die Affen hatten in den Baumkronen gehangen und sich nicht vertreiben lassen. Auch in der Nähe des Pfades, der durch den Park führte, hielten sich Bonobos auf. Niemand glaubte ihm. „Dieser Mann ist lebensgefährlich", sagte Ino. „Der lügt, dass sich die Balken biegen. Von allem, was er sagt, stimmt mindestens die Hälfte nicht."

Janvier war kein *petit rien*, kein einfacher Fischer. Janvier war wichtig und gefährlich. Den Beweis lieferten seine Kumpane noch am gleichen Tag. Nach der schlaflosen Nacht saßen Ellen und ich früh am Abend vor unserem Zelt und dösten ein wenig vor uns hin, als Delite Gefahr im Anzug meldete. Die Wildhüter hatten auf dem Fluss eine Stimme gehört. Offensichtlich waren Männer im Anmarsch. Man stopfte dem Gefangenen ein Tuch in den Mund und versteckte ihn in einer der Hütten; die Wildhüter bezogen verdeckt Posten, und während die Soldaten ihre Waffen unter der Kleidung verbargen, hockte sich der Konservator allem Anschein nach ganz entspannt in den Bug des Bootes, die FAL zu seinen Füßen. Es kam ein ziemlich heruntergekommener Mann angerudert, der den Konservator höflich fragte, ob er seinen Onkel gesehen hätte. Der Konservator verneinte und lud den Mann ein, ins Lager zu kommen. Kurz darauf drückte er ihm seinen Gewehrlauf in den Rücken und nahm ihn fest. Sein Misstrauen war absolut berechtigt. Nach einigen Schlägen stellte sich heraus, dass dem Neuankömmling die beschlagnahmte Munition gehörte.

Von einem Moment zum anderen sahen wir uns Fragen konfrontiert, die von existentieller Bedeutung waren. Der Mann konnte unmöglich in seinem kleinen Boot in weniger als einem Tag die ganze Strecke bis zu unserem Lager zurückgelegt haben. Was er getan hatte, war zwar sehr mutig, aber unverantwortlich, es sei denn, er war von einer Bande als Kundschafter vorausgeschickt worden. Die beiden Spießgesellen wurden gefesselt, nebeneinander in den Staub und die Ameisen gesetzt und von dem Konservator einem unerbittlichen Verhör unterzogen. Der neue Mann blieb dabei, dass er befürchtet hätte, sein Onkel wäre von Wilderern überfallen worden. Deshalb hätte er sich auf die Suche gemacht, um zu sehen, ob sie ihn irgendwo – tot oder lebendig – über Bord geworfen hatten. Er hätte den Konservator zwar bemerkt, aber zunächst nicht erkannt. Plötzlich jedoch wäre ihm mulmig geworden, und als er sich umdrehte, hätte er den „alten Leoparden" vor sich gesehen.

Auch dieser neue Mann machte einen erbärmlichen Eindruck, aber sein Gesicht und sein Oberkörper waren von Narben übersät und sein Blick verriet Hass. Er war einer der Typen, die ohne zu zögern töten, die ungeschützte wissenschaftliche Expeditionsmitglieder wegen vier Fässern Benzin und einem Haufen Material abschlachten würden. Dieser Mann war äußerst gefährlich. Ich fragte ihn nach der Herkunft der Munition. Er warf mir einen schrägen Blick zu. Schließlich gestand er jammernd, dass er in Kinshasa als Soldat gekämpft und nach dem Fall der Stadt geflohen sei.

Im Juli war er mit seinen Waffen und der Munition im Salonga angekommen, um ‚makakken' – im Kongo sind das Affen – zu töten. Ein ehemaliger FAZ-Angehöriger also, genau wie wir befürchtet hatten. Er war in einem Dorf an der Südgrenze des nördlichen Parksektors gelandet, wo Soldaten 1982 während einer Razzia dreihundert Kriegswaffen gefunden hatten. Und er behauptete mit Nachdruck, dass der Konservator seine Waffe bereits bei seinem Bruder in Monkoto beschlagnahmt habe. Der Konservator schaute etwas verwundert, gab jedoch zu, dass er vor einigen Monaten in Monkoto Waffen hatte konfiszieren lassen. Es wäre nicht das erste Mal, dass konfiszierte Waffen nach kurzer Zeit wieder im Wilderermilieu auftauchten.

Wir waren ratlos. Niemand wusste, was von der Situation zu halten war. Aber da es für einen Aufbruch ohnehin zu spät war, legten wir uns schlafen. Am Himmel standen so viele Sterne, dass selbst die Gefangenen beeindruckt waren. Ich war so müde, dass ich glaubte, trotz der großen Anspannung gut zu schlafen, aber mitten in der Nacht überfiel eine Kolonne Wanderameisen das Zelt und stellte alles auf den Kopf. Die Gefangenen, die gefesselt auf dem Boden lagen, jammerten so herzzerreißend, dass wir sie losbanden, die Ziegen stampften ununterbrochen mit den Hinterbeinen, um die beißenden Ameisensoldaten abzuschütteln. Bis zum frühen Morgen waren sie kläglich meckernd auf der Suche nach einem ameisenfreien Platz. Der Mut, das Lager zu verlassen, war ihnen wegen der Leoparden inzwischen abhanden gekommen.

Trotz all dieser Widrigkeiten begaben wir uns am nächsten Morgen gut gelaunt auf eine Erkundungstour. Wir hatten zwar wenig geschlafen, aber den Kongopfau in der Nähe des Lagers gehört und sogar einen Baum gefunden, in dem er lange gesessen haben musste. Davon zeugten die hellen Kotflecken und die fluoreszierende weiße Brustfeder, die jetzt einen Ehrenplatz in meinem Schrank mit den Reisesouvenirs hat. Wir versuchten, uns bei Laune zu halten, indem wir uns brauchbare Foltermethoden ausdachten, um unsere Gefangenen zu mehr Ehrlichkeit zu bewegen. Wir dachten an das Lotonest am Fluss, an giftige Raupen, an das Kielholen unter dem Boot oder an das Verfüttern der billigen Blätterteigpastete, die wir unter unseren Konserven entdeckt hatten.

Wir sahen große blaue Turakos über einen Ast laufen, fanden Elefantenmist und frische Fußspuren von Bonobos, aber wieder keine Nester, obwohl das Biotop äußerst geeignet schien. Trotz eines unglaublichen Sturzregens, der uns bis auf die Haut durchnässte, harrten wir aus, weil Ellen aus ihrer Zeit am Lomako wusste, dass Bonobos auf Blitz und Donner reagieren. Sie rufen sich etwas zu und strömen zusammen, vielleicht aus Angst vor dem Donner. Aber nichts. Kein Lebenszeichen. Unsere Führer meinten, dass sie vielleicht am Ufer des Solanga Schutz vor dem Regen gesucht hatten. „Unsinn", sagte Ellen, „Bonobos laufen nicht vor dem Regen davon." Sie begann sich wirklich Sorgen zu machen, weil sie schon so oft gehört hatte, dass die Leute in der Gegend von Boende Bonobofleisch als Delikatesse betrachten. „Sie wollen hier nichts sagen, weil sie die Bonobos verspeisen", nörgelte sie auf dem Rückweg.

Wir wanderten deprimiert zum Lager zurück. Alle schwiegen. Auch hier sah der Urwald wie eine natürliche Ruine aus. Die Bäume lebten zwar, aber sie bewegten sich nicht. Wir sahen nur eine einzige, sternförmige weiße Blume, die tapfer ihren Kopf aus dem Sumpf reckte. Vielleicht war sie einfach aus dem Laubdach auf den farblosen Boden gefallen. Tiere hörten wir in dem Prasseln des Regens nicht, bis wir nach einigen Stunden von weit her ein Geräusch auffingen, das wie das Meckern einer Ziege klang. Es war tatsächlich Ziegengemecker. „Die Ziege", begriff ich. „Die Ziege ist wieder abgehauen." Edimo zog los und kam zurück – nicht mit einer, sondern mit zwei Ziegen. Mit der braven Schwarzen, die er an ihrem Strick hinter sich her zog, und der unternehmungslustigen Braunen, die trotz ihrer schlechten Erfahrungen im Dschungel zum zweiten Mal geflüchtet war.

Die Angst schnürte mir die Kehle zu. Der Konservator war offensichtlich zum selben Schluss wie ich gekommen. Er gab einen tiefen Seufzer von sich. „Die Ziegen müssen in Panik geraten sein, sonst wären sie niemals so weit in den Urwald gelaufen", meinte er. „Das kann nur eins bedeuten: Das Lager ist überfallen worden."

Die Helden des Dschungels

Der betagte Häuptling von Watsi Kengo hatte noch sehr lebendige Erinnerungen an die gute alte Zeit der Elefanten. „Heute weiß im Kongo jeder, was eine Ausgangssperre ist", meinte er, „aber wir kannten so etwas schon früher. In den sechziger Jahren hatten wir hier die Elefanten-Ausgangssperre. An manchen Abenden konnte man sich unmöglich nach draußen wagen, weil die Elefanten das ganze Dorf besetzt hatten. Wenn jemand gegen sechs Uhr abends nicht zurück war, kam er nicht mehr in sein Haus. Am Morgen war oft der Maniok verschwunden, den die Kinder mit zur Schule nehmen sollten. Jeder im Dorf hatte dann Hunger – außer den Elefanten. Der Häuptling sinnierte gern über die längst vergangenen Zeiten, als auf den Straßen noch Autos fuhren. „Ich hatte einen Mercedes", erzählte er wehmütig. „Im Licht der Scheinwerfer sahen wir abends auf den Straßen Nachtschwalben mit ihren langen Schwänzen oder Elefanten, die manchmal stundenlang den Weg blockierten. Jetzt sind hier die Lichter ausgegangen, sowohl die Autos wie auch die Elefanten sind verschwunden. Das ist sehr schade, denn auch wenn die Elefanten früher ein Problem waren, so bedeutet ihr Verlust doch eine wesentliche Verarmung unseres Naturerbes."

Die verschwundenen Elefanten weckten bei vielen Leuten nostalgische Gefühle. Ellens Arbeiter am Lomako erinnerten sich mit Wehmut daran, wie die Elefanten an einer Wasserstelle ein Bad nahmen und mit dem Rüssel knapp über dem Wasser einen tiefen Fluss überquerten. Die Pater von Basankusu wurden traurig, wenn sie an

288

ihre weit zurückliegende Glanzzeit dachten, als sie die Pfarrbezirke noch in ihren VW-Käfern abklappern konnten. Sie erinnerten sich, dass sie links und rechts der Straße nicht nur regelmäßig Bonobos gesehen hatten, die die Autos wütend mit Stöcken bewarfen, sondern auch die grauen Kolosse, die sich durch ihre wenig eindrucksvolle Hupe in keiner Weise von der Fahrbahn verscheuchen ließen. Aber all das war längst nicht so schlimm wie das Aussterben des Elefanten.

Selbst der Konservator sprach mit Respekt von den Dickhäutern: „Elefanten und Bonobos reden wie Menschen miteinander, und sie haben so viel Verstand, dass ihnen zum Menschen nur eine Kleinigkeit fehlt." Ino hatte bei seiner Arbeit im Park von Kahuzi-Biega im Ost-Kongo einige *close encounters* mit Urwaldelefanten gehabt, an die er sich immer noch mit Schrecken erinnerte. „Ich bin noch nie so schnell einen Hügel heruntergerutscht wie damals, als plötzlich vor mir ein Elefant wie aus dem Nichts auftauchte. Ich wußte, dass unten eine Gorillafamilie saß, aber ich brauchte nicht lange zu überlegen."

Unser Fischer Jean-Baptiste, der immer gesprächiger wurde, erzählte, dass es am Yenge in den siebziger Jahren von Tieren nur so wimmelte. „Jedes Mal, wenn man dort entlangkam, sah man massenhaft Affen, darunter auch Bonobos. Die Bonobos waren noch so zahlreich, dass sie sogar in den Bäumen am Ufer saßen, obwohl sie kein Wasser mögen. Aber die Bäume standen hier so dicht, dass sie einfach durch ihre Kronen spazieren konnten. Für Elefanten war der Park ein Paradies. Auf den freien, sumpfigen *pistes* am Fluss, die wir *toka ndjoku* – das Bad des Elefanten – nennen, waren immer ganze Herden. Da sie so zahlreich waren, mussten sie sich ihre Nahrung notgedrungen in den Dörfern und auf den Feldern suchen. Aber das war relativ schnell vorbei."

Wilderer rotteten den Elefanten in weniger als zwanzig Jahren aus. Keine Glanzleistung des Menschen. Manche Wissenschaftler vertreten die Auffassung, dass der Vorläufer des heutigen Elefanten, der vier Millionen Jahre diverse klimatische Attacken überlebte, vor ungefähr zwanzigtausend Jahren ausgestorben ist. Ebenso wie das Mammut in Europa überlebte er die intensive Jagd unserer Vorfahren nicht. So ist das, was gegenwärtig geschieht, beileibe nichts Neues – die Geschichten über die harmonische Beziehung primitiver Menschen und moderner Naturvölker zu ihrem Naturraum gehören großenteils ins Reich der Mythen. Tatsache ist, dass die Dickhäuter mit dem Rüssel und den eindrucksvollen Stoßzähnen ohne eine dritte Chance verloren sind. Statistiken belegen, dass in den siebziger und achtziger Jahren allein in dem damaligen Zaire vierhunderttausend Elefanten getötet wurden.

1992 erschien im *African Journal of Ecology* eine Übersicht zum Status des Urwaldelefanten in Zaire. Der Artikel ging von der Annahme aus, dass die ausgedehnten Regenwälder am Äquator aufgrund ihrer enormen Größe und Unzugänglichkeit einen geschützten natürlichen Lebensraum für Elefanten bieten. Von Zaire aus sollten Gebiete wieder besiedelt werden, in denen der Elefant wegen seines Elfenbeins abgeschossen worden war. Eine Utopie. Den beiden Forscherteams gelang es nicht einmal, ihre Zählungen präzise durchzuführen, weil sie viele Plätze wegen der Wilderergefahr nicht besuchen konnten. Sie sammelten sozusagen mehr Informationen über Elefantenwilderer als über die Elefanten selbst.

Der niederländische Forscher Allard Blom hatte gehört, dass große Teile des Salonga Nationalparks von Wilderern kontrolliert würden. Dennoch gelang es ihm, zusammen mit dem damaligen Konservator Tshobo Masunda in einigen Zonen des Parks lange Erkundungstouren zu unternehmen. Sie stießen dort zwar noch auf Elefantenspuren, erfuhren jedoch, dass die Tiere vor allem im nordwestlichen Sektor ausgerottet wurden. Zwischen dem Salonga und dem Yenge sollte es große Elefantenpopulationen gegeben haben. Blom und Masunda errechneten, dass in dem Park noch insgesamt achttausenddreihundert Tiere lebten, davon dreitausendsechshundert im nördlichen Sektor. Insgesamt soll es Ende der achtziger Jahre in Zaire vierundsechzigtausend Urwaldelefanten gegeben haben.

Eine der größten Überraschungen unserer Expedition bestand darin, dass es im Salonga noch Elefanten gab. In den vier Zonen, die wir intensiv erkundeten, fanden wir Spuren, die meistens von vereinzelten Tieren stammten. Einmal entdeckten wir eine Stelle, an der eine Herde von schätzungsweise zehn Tieren, einschließlich eines Jungtiers, vorbeigezogen war. Unsere Führer reagierten besorgt, als wir versuchten, den Spuren zu folgen. „Sogar eine ganze Elefantenherde kann nachts völlig unbemerkt in ein Lager eindringen, um sich Maniok zu holen", wusste Edimo. „Einzelne Tiere können einen Jäger im Urwald überraschen. Wenn sie regungslos verharren, sieht man sie nicht, und wenn sie sich doch bewegen, ist es für eine Flucht meistens zu spät. Ein Jäger muss sehr vorsichtig sein, wenn er auf Elefantenspuren stößt." Edimo ging nicht auf Elefantenjagd, weil sein Vater, der ihm die Feinheiten des Fachs beigebracht hatte, das für zu gefährlich hielt. „Elefanten sind die wahren Helden des Dschungels", fand er. „In einem Dorf muss der Mensch das Sagen haben, aber der Urwald gehört dem Elefanten."

Für das Ökosystem des Urwalds spielten die Elefanten eine entscheidende Rolle. Sie warfen Bäume um, und durch die entstehenden freien Räume fiel Licht auf den Waldboden. Dies förderte den Wuchs von Pflanzen, die für Antilopen und Bongos lebenswichtig waren. Sie sorgten dafür, dass Sträucher nicht allzu sehr wucherten und verhinderten so, dass die Schößlinge der Waldriesen verkümmerten. Sie fraßen Früchte, deren Samen über den Kot verbreitet wurden. Für manche Bäume gibt es wahrscheinlich nur die Möglichkeit, ihre Samen über den Elefanten zu verbreiten. Seine Ausrottung hätte für lange Zeit katastrophale Folgen für die ökologische Gesundheit des Regenwalds.

Ob die Elefantenpopulation des Salonga vital genug ist, um sich regenerieren zu können, war eine Frage, die wir nicht beantworten konnten. Unsere Wilderer gestanden nach ihrer Verhaftung, dass sie zuletzt vor drei Monaten ein Jungtier geschossen hatten, das sich tief in den Dschungel zurückgezogen hatte. Für das Elfenbein hatten sie in Mbandaka anderthalb Millionen neue Zaïres oder fünfzehn Dollar bekommen. Keine große Summe für ein derart aufwendiges Unterfangen, aber sie reichte für einen Kasten Bier oder eine halbe Ziege. Trotz dieser geringen Ausbeute war das besser als gar nichts. Das Geld für das Fleisch war an den Mann gegangen, der sich um den Transport gekümmert hatte. Und was würden sie tun, wenn es keine Elefanten mehr gäbe? Darüber hatten sie sich noch keine Gedanken gemacht. Fischen vielleicht.

Als wir nach dem Einfangen der Ziegen im Dschungel standen und uns die nächsten Schritte überlegten, hatten wir die Entdeckung der Elefantenherde schon lange vergessen. Wenn unser Lager von Wilderern überfallen worden war, blieb uns nur die Möglichkeit, uns durch den Dschungel zum Salonga durchzuschlagen, irgendwie über den Fluss zu setzen und nach Watsi Kengo oder

Boende zu fahren, um Soldaten zu holen. Da wir dafür bestimmt einige Wochen einkalkulieren mussten, würde die Hilfe für unsere Freunde im Lager in jedem Fall zu spät kommen. Wir sannen darüber nach, wie weit man Gewehrschüsse im Dschungel hören kann, denn bei einem Überfall wäre mit Sicherheit geschossen worden. Es sei denn, unser Kommandant hatte den Wilderern aus Nachlässigkeit eine Waffe in die Hände gespielt, so dass es zu einer Geiselnahme gekommen war. Wir beschlossen, der Situation auf den Grund zu gehen.

Wir setzten unseren Weg bis zum Fluss fort. Von dort aus war es noch ein halber Kilometer bis zum Lager. Aus der Ferne klang ein fröhliches Pfeifen herüber, aber es war nicht der Kommandant, sondern ein kleiner Vogel, den ich später noch einmal hören, jedoch niemals zu Gesicht bekommen sollte. Der Konservator und Ino übernahmen die riskante Aufgabe, sich an das Lager heranzupirschen und die Lage zu peilen. Ino, unbewaffnet und der Jüngere von beiden, wurde vom Konservator vorausgeschickt. Als er behutsam auf das Lager zukroch, sah er den Kommandanten, bewaffnet und in Slippern, auf dem Weg stehen. Der Mann legte sofort mit einer wilden Geschichte los, in der es darum ging, dass er eine Ziege für den Silvesterabend schlachten wollte und die Tiere ihm durch eine Ungeschicklichkeit entwischt waren. Er hatte noch auf sie schießen wollen, es sich dann jedoch überlegt, um uns nicht in Panik zu versetzen.

Ich hatte eine solche Wut auf die braune Ziege, dass ich auf der Stelle das Todesurteil über sie verhängte. Edimo schnitt ihr mit einem gezielten Schlag seiner Machete die Kehle durch. Als das Tier blutüberströmt zusammenbrach, tat mir meine Entscheidung schon wieder leid. Schließlich hatte auch sie nur ihre Haut retten wollen. Da das Fleisch nicht mehr rechtzeitig gar wurde und der

Fischfang alles andere als üppig ausgefallen war, beschlossen wir zum Entsetzen des Kommandanten, dass es zu Silvester Corned Beef und Erbsen aus der Dose geben sollte. Er hatte noch nie in seinem Leben Erbsen gesehen und weigerte hartnäckig, auch nur eine einzige zu probieren. Was so grün aussah, konnte nicht gesund sein.

Das neue Jahr begann recht konstruktiv. Eingeläutet wurde es mit dem Anzünden des Wildererlagers. Vor allem Edimo war sehr bei der Sache, schließlich ging es um ein Lager der Konkurrenz. Es war ein wunderschönes Bild, als die schlanken Flammen in den Himmel züngelten und der Rauch sich mit den letzten Schwaden des feuchten Frühnebels verflocht. Innerhalb einer Viertelstunde war das Lager zu einem schwelenden Trümmerhaufen zusammengesunken, aber wir machten uns keine Illusionen. Da unsere Arbeiter für den Aufbau eines funktionsfähiges Lagers nur wenige Stunden brauchten, würde es auch für die Wilderer kein Problem sein, ein neues Lager zu errichten. Wichtig war der psychologische Effekt. Ich war inzwischen zu der Überzeugung gelangt, dass wir für die Wilderer abschreckender wirkten, als uns selbst bewusst war. Zwei Weiße, ein Schwarzer aus Kinshasa, Soldaten aus Mbandaka und der Konservator des Parks hatten sich zusammengetan. Das konnte nur nach einer äußerst schlagkräftigen Allianz klingen.

Als bekannt wurde, dass eine wissenschaftliche Expedition im Anmarsch war, hatte die lokale Wildererwelt eine Welle der Panik erfasst – so erzählte man uns. Diese Angst hatte mindestens zwei Männern das Leben gekostet. Sie waren so hysterisch geworden, dass sie nur noch nachts zu fahren wagten und nach einer falschen Bewegung aus dem Boot gefallen und in der starken Strömung ertrunken waren. Bei unserer Rettungsaktion für bedrohte Tiere hatten wir also zwei Menschenleben auf dem Gewissen. Doch es machte mir nichts aus. Kollateralschaden nennt man das im Militärjargon, unschuldige Opfer, die bei der Verfolgung eines legitimen Ziels immer zu beklagen sind. Wenn Soldaten so etwas in den Mund nehmen dürfen, dann wir auch. *„C'est comme ça* – das ist nun einmal so", sagen die Kongolesen.

Es ließ mich auch völlig kalt, dass unsere Wilderer wahrscheinlich hingerichtet wurden, wenn wir sie der Armee in Boende übergaben. Ehemalige FAZ-Soldaten, die mit FAL-Gewehren in der Region operierten – damit war nicht zu spaßen. Der Konservator widersetzte sich allerdings dem Plan, sie auszuliefern. Noch wußte er keine Alternative, aber er brütete etwas aus.

Wir beschlossen, einen Umweg über Watsi Kengo zu machen, bevor wir den Teil des Parks am Salongafluss erkundeten. Es wurde zu riskant, mit den beiden Banditen weiter herumzuziehen. Gleichzeitig konnten wir den völlig erschöpften und abgemagerten *Papa* Jean abliefern, bevor er endgültig zusammenbrach. Zudem hatte Delite tatsächlich Malaria, und es war besser, wenn er sich erst einmal behandeln ließ, statt seine Gesundheit weiterhin aufs Spiel zu setzen.

Unterwegs sank die Laune des Kommandanten auf einen absoluten Tiefpunkt. Er war sauer, weil ich ihm nicht erlauben wollte, mit Delite in Watsi Kengo zu bleiben. „Wir Soldaten müssen zusammenhalten, das könnt ihr Zivilisten nicht verstehen", behauptete er. Ich fuhr ihn an, dass Delite einen Arzt brauche und keinen Gesellschafter, aber es nützte nichts, der Kommandant brach bockig sein Zelt ab und erklärte, dass er nicht daran dächte, die Reise mit uns fortzusetzen. Er war zwar kein guter Soldat und die meiste Zeit über ein Klotz am Bein, er bewegte sich nur, wenn es etwas zu essen gab und kontrollierte ständig, ob wir nicht vielleicht vergessen hatten, unsere Koffer zu verschließen, um einen Griff in ihre Inhalte zu tun, aber er war und blieb ein Soldat aus Mbandaka. Zu wissen, dass wir nur mit unerfahrenen Wildhütern unterwegs waren – Delite hatte ihnen den Umgang mit ihren Waffen erst beibringen müssen –, könnte die Wilderer auf falsche Gedanken bringen. Zudem wollte ich dem Kommandanten nicht die Gelegenheit gönnen, der netten *Mama* Chantal nachzustellen und das Dorf zu terrorisieren.

Aber unterwegs erklärte mir Demanu hinter vorgehaltener Hand, warum ich mit dem Kommandanten nicht zu hart ins Gericht gehen sollte. Dass er in Watsi Kengo bleiben wollte, hatte seiner Meinung nach weder etwas mit Delite noch mit Chantal zu tun, wobei ich Letzteres nicht so recht glauben wollte. Ich schaute Demanu verständnislos an. „Er ist krank", flüsterte Demanu. „Er trinkt schon seit einigen Tagen den Sud einer heilkräftigen Rinde, die ihm Edimo aus dem Wald mitbringt, aber es hilft nicht. Erst hat er behauptet, es wäre die Bandscheibe, dann eine Lungenentzündung – deshalb hat er sich auch abends am Feuer immer so demonstrativ die Nase geputzt. Aber das war es nicht. Seit einigen Tagen hat er Blut im Urin. Er hat die Krankheit von einer Frau."

Ich musste einfach lachen. Unser großer Held, niedergestreckt durch eine Frau. Drei Tage Watsi Kengo hatten gereicht, um ihn in die Knie zu zwingen. Später las ich die Diagnose in unserem *Medizinischen Handbuch für Abenteurer* nach – ein völlig unbrauchbares Buch, aus dem man zwar manchmal eine Diagnose ableiten konnte, das jedoch meistens völlig unmögliche Behandlungen empfahl. Der Kommandant hatte Gonorrhö. „Er hat Angst, dass es nicht vorbei ist, wenn er wieder bei seiner Frau in

Mbandaka ist", sagte Demanu. „Wenn er dann nicht sofort mit ihr ins Bett gehen kann und ihm das nötige Geld fehlt, um sie mit Ziegen und Maniokwurzeln zu ködern, wird das eine Katastrophe. *C'est un grand problème.*"

Seit unserer Abreise aus Watsi Kengo hatte es nicht aufgehört zu regnen. Durch das rasch ansteigende Wasser war unser privater Waschplatz am Fluss völlig überschwemmt. So beschloss ich, mich an der kleinen Brücke zu waschen. Als ich gerade im Begriff war, meine schmutzige Hose auszuziehen, tauchte ein alter Mann aus dem Urwald auf. Er kam auf mich zu und streckte mir seine Hand entgegen. Ich schüttelte ihm die Hand und sagte freundlich: „*Merci*". Daraufhin begann er mir eine Geschichte über sein Hab und Gut in dem nassen Urwald zu erzählen, die zweifellos ewig gedauert hätte, wenn ich mich nicht demonstrativ meiner Hose entledigt hätte. Er verstand den diskreten Hinweis und ging weiter. Ich schlang mir ein Handtuch um die Hüften und inspizierte das Wasser. Auf den ersten Blick machte es einen guten Eindruck, aber dann entdeckte ich eine Schnecke, die an den Steinen unter der Brücke klebte. Süßwasserschnecken sind Zwischenwirte von Parasiten, die Bilharziose verursachen – das hatte ich vor langer Zeit in einem Kurs über Parasitologie gelernt. Und Bilharziose kann zu einer tödlichen Infektion der Harnwege führen.

Ich trödelte zu lange, denn bevor ich zu dem Entschluss gekommen war, die Anwesenheit der Schnecke zu ignorieren, kam der Pfarrer auf seinem Rad vorbeigefahren. Auch er hielt an, um einen Schwatz zu halten und mir von seiner völlig misslungenen Messe am Neujahrsmorgen zu erzählen. Er beschloss spontan, sein Fahrrad zu säubern, und zwar genau an der Stelle, wo ich den Schmutz des Yenge-Urwalds von mir abwaschen wollte. Das Fahrrad des Pfarrers verwandelte den kleinen Fluss in einen Pfuhl. Ich lernte daraus, wie unsinnig es ist, sich über statistische Infektionsrisiken den Kopf zu zerbrechen. Ein Schnecke, sei's drum. Ich tauchte in den Fluss, fühlte modrige Blätter unter meinen Füßen und stellte fest, dass mein Körper in dem rotbraunen Wasser eine Farbe annahm, die mich stark an die geölte Haut meiner früheren Haushälterin erinnerte, wenn sie sich in der Vorbereitungsphase auf einen ihrer Bodybuilding-Wettbewerbe befand.

Bei meiner Rückkehr ins Dorf wurde ich höflich von zwei Männern gegrüßt, die mir irgendwie bekannt vorkamen. Einer der beiden machte sogar eine leichte Verbeugung. Mir wurde schlagartig klar, dass es unsere Gefangenen waren. Anständig gekleidet, mit einem ordentlichen Haarschnitt, gewaschen und rasiert, schlenderten sie wie selbstverständlich durch das Dorf, um hier und dort mit den Leuten einen kleinen Schwatz zu halten. Von Ellen hatten sie eine Zigarette und Kekse bekommen, das hatte sie wieder hoffen lassen, und zudem hatten sie mit dem Konservator eine günstige Vereinbarung getroffen. Leute im Dorf kannten ihren Vater und würden Schwierigkeiten machen, wenn wir sie an die Armee auslieferten. Außerdem wollte der Konservator kein Risiko eingehen, da auch er Verwandte in der Nähe hatte. Also ließ er die Männer im Tausch gegen vier Ziegen frei. Im Kongo wunderte mich gar nichts mehr.

„Wir haben großes Glück gehabt auf dem Yenge", sagte der Konservator später mit Nachdruck. Als Teil des Deals hatten die Wilderer einige Informationen preisgegeben. „Noch in der Nacht unserer Attacke sind vier bewaffnete Männer in zwei Booten den Yenge stromabwärts gefahren. Da sie unser Lager nicht anzugreifen wagten, haben sie uns geräuschlos passiert, um zu einer schmalen Stelle des Yenge zu kommen. Dort wollten sie sich in den Hinterhalt legen, um das Feuer auf uns zu eröffnen, während der Gefangene die Gelegenheit genutzt hätte, um über Bord zu springen. Zu ihrem Pech fuhren sie gerade durch einen schmalen Kanal, um eine breite Flussbiegung abzukürzen, als wir vorbeikamen. Sie kamen zu spät. Da sie nun nicht mehr weiterwussten, schickten sie einen Kundschafter voraus. Durch seine Festnahme fiel der ganze Plan ins Wasser."

All die Mühe für nur einen Mann? Vielleicht war unser Janvier der ehemalige Oberst höchstpersönlich. Der Konservator zuckte mit den Achseln. „Vielleicht. Sie haben behauptet, der Oberst und der Rest der Bande operierten viel weiter stromaufwärts, weil sie bei dem Hochwasser dort leichte Beute machen können." Ich glaubte von all dem kein einziges Wort.

Seit unserem ersten Aufenthalt war die Stimmung im Dorf deutlich zugunsten des Parks umgeschlagen. Manche führten dies darauf zurück, dass wir lokale Wilderer als Führer angeheuert hatten, und nahmen dies als Beweis, dass die ganze Bevölkerung von dem Park profitieren könnte. Ellen betonte immer wieder, dass ein wirksamer Schutz der Bonobos und ihres Urwalds nur durchzusetzen war, wenn die lokale Bevölkerung auch etwas davon hatte. Wilderer zu überrumpeln und ihre Hütten abzufackeln, war eine äußerst unschöne Sache, aber die Dorfbewohner hatten durchaus Verständnis dafür. Wilderer waren Unmenschen, die eine große Gefahr darstellten. Der Schutz und die Beobachtung der Bonobos musste den Einheimischen Arbeitsplätze und mehr Wohlstand bringen, zum Beispiel, indem man sie die logistischen Möglichkeiten eines Projekts nutzen ließ. Unsere Expedition war ein erster Schritt in diese Richtung; sie zeigte den Einheimischen, dass es Leute gab, die sich für ihre gottverlassene Gegend interessierten.

Die Dorfbewohner schienen das begriffen zu haben. Die Preise waren um die Hälfte gesunken. Notgedrungen, weil immer mehr Leute ihre Ernte loswerden wollten und manche die Spielregeln verletzten, indem sie den Weißen ihre Produkte zu normalen Preisen verkauften. Junge Männer boten sich als Arbeitskräfte an, und ehemalige Häuptlinge aus den umliegenden Dörfern wollten wissen, ob aus dem Salonga wieder ein echter Park werden würde. Ein sehr alter Häuptling verstieg sich sogar zu der Behauptung, dass die Elefanten seit der Rückkehr der Weißen wieder ihre früheren Pfade benutzten.

Auch bei unserem zweiten Aufbruch waren die Leute wieder massenhaft zum Hafen geströmt. Diesmal forderten sie, dass der Konservator in die Luft schießen sollte. Zur großen Begeisterung der Bevölkerung und seiner Wildhüter feuerte er zwei Schüsse ab. Die Stimmung war bestens. Endlich schien für den Park eine neue Ära anzubrechen. Unser Problemkind, der Kommandant, blieb in Watsi Kengo. Wie wir befürchtet hatten, sollte er sich dort die ganze Zeit gratis versorgen lassen und sogar etwas Geld zusammenkratzen, indem er den Leuten ominöse Geldstrafen unterjubelte. Also mussten wir uns im Salonga auf die Wildhüter verlassen. Und auf die Gunst des Schicksals.

Unser erster Stopp am Salonga war das Lager von Edimo. Da es ein Stück vom Fluss entfernt lag, war es vom Wasser aus nicht zu sehen – das versprach zunächst einmal mehr Sicherheit. Der Platz war trocken, aber Edimos *nganda* machte einen so verfallenen Eindruck, dass eine neue gebaut werden musste. Wie er sagte, war er 1970 zum letzten Mal dort gewesen. Er erntete lautes Gelächter mit dieser Behauptung. 1970 war der Park ins Leben gerufen worden, Edimo war damals acht Jahre alt. Und woher kamen dann die Kugelhülsen auf dem Boden und das Avocadobäumchen, das bestimmt kein Vierteljahrhundert, sondern höchstens einige Monate alt war? Edimo grinste, er hatte keine Ahnung. In Gegenwart des Konservators würde ihm kein Schuldbekenntnis über die Lippen kommen.

Immerhin gab er Ellen die Garantie, dass wir Bonobos finden würden. Es war zwar Jahre her, dass er die Tiere zuletzt gesehen hatte, aber er stieß regelmäßig auf ihre Spuren. Dabei suchte er nicht einmal gezielt nach ihnen, da er sie nie gejagt hatte. Sein Vater hatte ihn gewarnt, dass die Jagd auf Bonobos genauso gefährlich wäre wie die auf Elefanten. Zudem war es äußerst mühsam, Bonobos ins Visier zu bekommen. Im Busch gab es so viele Affen, Antilopen und Schweine, dass es nur Zeitverschwendung gewesen wäre, nach ihnen zu suchen.

Wir waren gespannt. Nach den sonstigen vagen Geschichten war diese endlich einmal zu überprüfen. Nach Wochen im Urwald brauchte es allerdings auch nicht viel, um uns ein bisschen optimistischer zu stimmen. Außerdem war ich froh, dass meine Reis- und Spaghettikur wie auch die heimlich ins Zelt geschmuggelten Kekse und Schokoladen ihre Wirkung nicht verfehlten. Mein Körper passte sich allmählich dem Urwald an. Ich konnte endlich mithalten.

Die Sumpfvegetation am Ufer des Flusses war viel niedriger als der Baumbestand auf dem trockenem Waldboden. Nach Expertenmeinung war sie auch weniger reich an Baumarten. Bäume mögen keine Nässe. Viele finden mit ihren Wurzeln zu wenig Halt in dem durchweichten Untergrund und fallen relativ schnell um. Dadurch entstehen Lücken für ein üppig wucherndes Unterholz, das uns die Suche nach Bonobos nicht gerade erleichterte. Geschlagene zwei Stunden mussten wir uns durch den Sumpf kämpfen, bevor wir trockenen Boden unter den Füßen hatten.

Wir waren nicht die Ersten, die durch Edimos Dschungel zogen. „Das ist ja eine richtige Wilderer-Autobahn", knurrte der Konservator, der mit Edimo nicht besonders gut auskam, weil er sah, dass Ellen seiner Anwesenheit und Meinung große Bedeutung beimaß. Edimo war wirklich zu hundert Prozent zuverlässig. Nur ein einziges Mal, als ihn die anderen am Abend zuvor derart mit *lotoko* abgefüllt hatten, dass er sich am nächsten Morgen übergeben musste, wollte er vorzeitig ins Lager zurück. Es wurde ihm großmütig erlaubt. Ich hatte meine Zweifel, ob ihm die Teilnahme an unserer Expedition gut tat. Ellen belohnte ihn so reichlich mit Zigaretten, dass er inzwischen rauchte wie ein Schlot.

Noch schlimmer als die Entdeckung, dass es einen Pfad durch den Dschungel gab, war die Feststellung, dass neben diesem Pfad eine unwahrscheinliche Menge an Schlingen und Fallen ausgelegt war. Auf drei Kilometern zählten wir nicht weniger als achtzig Fallen. Wir entdeckten eine Variante zu unserem Straßenmüll in Form geflochtener Tragetaschen, in denen die gefangenen oder geschossenen Tiere transportiert wurden. Mitten im Busch stießen wir plötzlich auf *ngandas*. Und wir fanden eine große Falle, die nach Meinung Edimos für den Kronenadler bestimmt war – eine regelrechte Schande. Er erklärte uns, dass Wilderer den Adler verjagen, wenn dieser mit einem Affen in den Klauen auf dem Boden gelandet ist. Dann bauen sie um den Affen eine Falle, um den Adler zu fangen, wenn er sich seine Beute zurückholen will. „So raffiniert ist man nicht einmal im Lomako", seufzte Ellen. „Da freut man sich schon, wenn man den Affen findet. Die hier müssen offensichtlich auch den Adler haben."

Aber wir entdeckten auch Positives: Stachelschweine und viele Eichhörnchen, eine gemischte Riesengruppe von Wolf-Meerkatzen und Schwarze Mangaben – der eindeutige Indikator für ein gut untermauertes Ökosystem. Eine der prachtvollen, rotbraunen Goldkatzen, die dem Luchs ähneln, hatte ihre Fußabdrücke in dem sumpfigen Untergrund hinterlassen. Kleinere Abdrücke an einem Wasserlauf identifizierte der Konservator als die einer Ginsterkatze. Nach Kingdons Lexikon der Säugetiere scheint diese Schleichkatze an den Limbalibaum aus alten und intakten Urwäldern gebunden zu sein, der auch den Salonga dominiert. Die Ginsterkatze ernährt sich von Fischen und lebt häufig mit dem nervösen Sumpfmangusten zusammen, der nach Meinung des Konservators ebenfalls im Salonga zu Hause war. Und um die Vielseitigkeit dieses Biotops zu illustrieren, zeigte er uns in Kingdons Lexikon auch noch den Sumpfotter.

Der Ornithologe in mir erkannte den großen Babali-Hornvogel mit seinem auffälligen weißen Schwanz, der von einem breiten schwarzen Streifen durchzogen wird. Edimo hatte endlich begriffen, dass ich mich für Vögel interessierte, und lockte einen ganzen Trupp von Haubenperlhühnern herbei, indem er die Laute ihrer Küken imitierte. Eigenartig, denn Perlhühnern eilt der Ruf voraus, schlechte Eltern zu sein, die eine große Nachkommenschaft produzieren und hoffen, dass einige die gefahrvolle erste Lebensphase heil überstehen. Edimo behauptete, dass ihm dieser Trick auch beim Kongopfau gelänge. Aber der wagte sich leider nie so dicht an uns heran, um die Probe aufs Exempel machen zu können.

Aber gekommen waren wir natürlich wegen der Bonobos. Und wir sollten sie finden – oder zumindest sehr konkrete und wissenschaftlich brauchbare Hinweise auf ihre Existenz. Keine halbe Stunde nachdem wir den Sumpfwald verlassen und den echten, immergrünen Regenwald erreicht hatten, entdeckte Ellen in einem kleinen Baum das erste Bonobonest. Ich habe selten erlebt, dass Menschen beim Anblick eines unansehnlichen Haufens Zweige in eine solche Begeisterung ausbrechen können, wie das damals bei Ellen, Edimo und den Wildhütern geschah. Da ich meine Skepsis nicht so ohne weiteres ablegen konnte, fragte ich Ellen, woher sie so genau wisse, dass dies ein Bonobo- und nicht vielleicht ein Vogelnest sei. Sie erklärte mir, dass Bonobos für ihren Nestbau immer die Äste zerbrechen, während Vögel das nie tun. Ich ließ mich überzeugen – manchmal geht das schnell.

Wir fanden, nicht weit voneinander entfernt, sage und schreibe acht Bonobonester, alle ungefähr drei Wochen alt. Das sah vielversprechend aus. Ich bettete mich auf einen umgestürzten Baumstamm und döste vor mich hin. Der Bann war gebrochen. Die Arbeit konnte beginnen.

Das Blut der Liane

Im Urwald ist nichts so, wie es scheint. Manchmal weiß sogar ein Biologe nicht, woran er ist. Grillen balancieren Halme auf ihrem Hinterleib, Schmetterlinge auf dem hinteren Rand ihrer Flügel, so dass Angreifer meinen, Antennen zu sehen, und sich auf die falsche Seite des Insektenkörpers stürzen. Ein frisches, aufgerolltes grünes Blatt beginnt plötzlich über seinen Ast zu kriechen; ein welkes Blatt bewegt sich raschelnd auf dem Boden fort. Ein Rüsselkäfer stellt sich bei Gefahr tot, indem er seine Beinchen in die Höhe reckt. Samenfäden setzen sich auf unsichtbaren Gehwerkzeugen in Bewegung. Auf dem Wasser treiben stachlige Früchte, die unvermutet wilde Sprünge machen. Dornen, die in einem fast identischen Abstand auf einer dünnen Liane sitzen und in dieselbe Richtung zeigen, entpuppen sich als winzig kleine Käfer, die in einer symbiotischen Gemeinschaft mit der Pflanze leben. Ein dreieckiges Eichenblatt – ein Unding in einem Wald ohne Eichen – mustert mit lila leuchtenden Augen tückisch seine Umgebung. Fliegen sehen aus wie Wespen, Wespen wie Bienen und Bienen wie Fliegen. Frösche klingen wie Vögel, Vögel wie Zikaden und Zikaden wie Frösche. Der Urwald trägt vielerlei Masken und kennt zahllose Manipulationen, um möglichst vielen Lebewesen einen langen Lebenszyklus zu ermöglichen.

Ich zertrat ohne Skrupel den Turm eines Termitenbaus – kein Drama für die Bewohner, denn der Schaden war innerhalb weniger Tage repariert. Ich war auf der Suche nach dem Termitenkäfer, einem Wahnsinnstier mit einem kleinen Körper und einem großen Kopf, der Ausstülpungen in Form einer Termite besitzt, so dass er unbehelligt in Termitenbauten eindringen kann. Diese Mimikry funktionierte perfekt, ich fand kein einziges Exemplar. Ich beugte mich über ein Tier, das seinen klitzekleinen Körper unentwegt in seinen dünnen, abgeknickten Beinchen wiegte. Das Ganze erinnerte mich an die rhythmischen Bewegungen der Arme einer Seeanemone – ein ganz und gar schiefer Vergleich, eine Halluzination, die zweifellos mein Verlangen nach Meereswogen, Ozeanen und Orkas widerspiegelte und dem tiefen Bedürfnis entsprang, endlos lange zu schwimmen. Eine Art Weberknecht, dachte ich, aber später sah ich das Tier mit seinen sechs flatternden Beinen wegfliegen. Eine Wiesenschnake, wie es schien.

Ich ließ mich mit einem Buch auf unserem bequemsten Stuhl an einem romantischen kleinen Fluss nieder, doch aus dem Lesen wurde nichts, die Natur fesselte mich zu stark. Inzwischen war ich mit dem Leben im Urwald so vertraut, dass ich häufig vorkommende Insekten anhand ihres Summens oder der Intensität ihrer Bisse oder Stiche identifizieren konnte. Aber ich war nicht der Einzige, der litt. Die Pflanze, die neben mir aus dem Boden spross, wurde von einem massiven, kupferfarbenen Käfer gefoltert, der seinen Rüssel in eines ihrer spärlichen Blätter bohrte. All ihre Blätter waren an den Rändern angefressen. Eine dunkelbraune, eckige Raupe gab vor, der Stiel eines abgefallenen Blattes zu sein. Sogar um dieses Miniaturbäumchen wand sich eine Würgepflanze, selbst diese winzige Pflanze war bereits zum Biotop verschiedener Moosarten geworden war. Alles Leben im Urwald wurde von Anfang an kolonisiert und ausgebeutet. Ich wünschte dem zerbrechlichen Gewächs viel Kraft und eine phantastische Zukunft als Urwaldriese.

In das Flusswasser fielen Tropfen, die Kreise bildeten, obwohl es nicht regnete. Auch von den Bäumen tropfte kein Wasser. Bei genauerem Hinsehen entdeckte ich, dass die Tropfen nicht von oben kamen, sondern aufsteigende Luftblasen waren. Ab und zu war unter der Wasseroberfläche eine Bewegung zu erkennen, aber ich bekam nicht heraus, was es war. Eine rotbraune Schlange wand sich vorbei. Ein totenblasser Gecko mit einem abgerissenen Schwanz trieb ohne jede Tarnung auf einem Ast entlang, wesenlos ins Nichts starrend. Ich spähte angestrengt ins Wasser und sah auf dem Boden ein stumpfes Holzstück, das sich entgegen allen physikalischen Gesetzen verhielt. Es bewegte sich gegen die Strömung, hatte Gliedmaßen, einen abgeflachten Biberschwanz und kräftige Kiefer: eine Libellenlarve, die Luftblasen aufzuwühlen schien.

Im Unterholz des Dschungels sah ich relativ wenig Libellen, in den Baumkronen hingegen entdeckte ich durch mein Fernglas riesenhafte Exemplare. Sie waren so groß, dass ich immer wieder meinte, Vögel vor mir zu haben. Sie lebten von dem, was sie aus den Spinnennetzen stahlen. In die Nähe des Waldbodens begaben sie sich nie. Ihre Eier legten sie in kleinen, mit Wasser gefüllten Astlöchern oder in den Moosbetten einer Baumkrone ab. Auch bei Schmetterlingen irrte ich mich regelmäßig, weil ich sie für Vögel hielt, außer wenn die Vertreter der wunderhübschen, hellblauen Art wie diskrete Wasserjungfern durch den Urwald flatterten. Aber auch sie lassen sich auf Urin und Fischleichen nieder – die Schönheit der Schmetterlinge ist trügerisch.

Ich entdeckte Wasserläufer, die von den Teichen meiner Kindheit zu kommen schienen, und Regenwürmer, die genauso dick waren wie die Exemplare im Komposthaufen meines Großvaters. Ich sah einen Taumelkäfer seine Kreise auf dem Wasser ziehen, dieses Wasserwesen mit seiner schwarzen Kapuze, das in die Gedichte des belgischen Priesters und Lyrikers Guido Gezelle Eingang gefunden hat. Jedenfalls weckte das Tier Erinnerungen in mir, Erinnerungen an die Bäche in meiner Heimat Kempen, als sich in ihnen noch Hechte tummelten und Grundel schwammen, als dort noch angsteinjagende Libellenlarven hausten, selbst ein ungeduldiges Kind noch erfolgreich Kaulquappen fangen und man in ihnen baden konnte, ohne sich über gestörte Menstruationszyklen oder mögliche transsexuelle Deformationen als Folge im Wasser gelöster industrieller Steroide Gedanken machen zu müssen.

Ich stellte Spekulationen an, welches Urwaldtier ich als Wirt für einen tödlichen Virus auswählen würde. Das große Eichhörnchen mit seinem langen Schwanz, das hoch in den Bäumen wie ein Inline-Skater über die Äste jagte? Das Stachelschwein, das mit rauschendem Fell aus seiner Höhle trottete? Eine der vielen Fledermäuse, die sich aus ihren Verstecken in den Astlöchern ständig zu unterhalten schienen, um das Problem des Platzmangels in ihrem Stamm zur allseitigen Zufriedenheit zu lösen? Den großen und deshalb so begehrten Bongo, dessen Kot unsere Arbeiter immer wieder auflasen und gründlich prüften? Oder den Bonobo, der sich hartnäckig versteckt hielt, aber überall seine Essenreste herumliegen ließ?

Hatten sich vielleicht Viren in der klebrigen blutroten Substanz eingenistet, die aus den abgeschlagenen Lianen tropfte und Flecken hinterließ, die nicht mehr auszuwaschen waren? Und was handelte man sich mit den vielen Wunden ein, die einem der Urwald schlug? Lianen brannten wie Feuer und hinterließen tiefe Schnitte auf den Armen. An der Unterseite von Blättern verbargen sich behaarte Raupen, die bei der geringsten Berührung starke Hautreizungen auslösten. Blätter waren in ihrem

Inneren von Gängen durchzogen – das Werk mikrosko-
pisch kleiner Wesen, die sich trotz ihrer Winzigkeit durch
ein Blatt bohren konnten. Ich betrachtete vorsichtig die
Beiß- und Stechapparate der Insekten. Die Vielfalt ihrer
Penetrationswerkzeuge war einfach verblüffend.

Ich blieb vor allem vorsichtig. Wenn ich einen farben-
prächtigen Frosch sah, war mein erster Reflex nicht etwa:
„Wie hübsch", sondern: „Hände weg!" Farbe signalisiert
Gefahr. Tiere, die nichts außer sich selbst zu verbergen
haben, treten nicht in Erscheinung. Meine Suche nach
Farben blieb frustrierend. Ein kläglicher weißer Pilz stach
schrill von dem dunklen Waldboden ab. Der rote Fleck an
einer unreifen Feige, an der sich eine Affenschnauze vorsichtig versucht hatte, sprang ins Auge. Die abgehackte
schwarzweiße Schwanzquaste eines Mantelaffen, die als
Trophäe an der Decke einer Jägerhütte hing, illustrierte
auf unübertroffene Weise das Risiko, das mit dem Kultivieren farbenprächtiger Ornamente verbunden ist.

Viele Tiere haben sich notgedrungen für eine farblose
Existenz entschieden. Nur die Superschnellen, die Eisvögel zum Beispiel, donnern sich auf. Ich entdeckte eine
zunächst wenig aufregende grünbraune Wasserjungfer,
die ihre durchsichtigen Flügel in einem bestimmten Winkel zu einem prachtvollen Lilablau entfalten konnte. Das
Tier schien Angst zu haben, Farbe zu bekennen, aus dem
Rahmen zu fallen und als exzentrisch beiseite geschoben
zu werden. Oder, was natürlich näher liegend ist, aufge-
fressen zu werden. Der nackte Kopf eines Scincus lugte
aus einem Erdloch – ihren Körper, der in den schönsten
Rot-, Gelb- und Grüntönen schillert, hielt diese schup-
penlose Eidechse sorgsam verborgen. Ein kleiner, gerade
geschlüpfter Kaiman stand stocksteif in einem Gebüsch
und tat so, als wäre er ein Zweig. Eine eingerollte
Schlange ließ sich von ihrer dunkelsten Seite sehen.

Vögel versteckten ihre leuchtend roten Federn ängstlich unter den Flügeln, die schwatzhaften Bülbüls übertrafen sich in ihren Grau-Grün-Kombinationen an Langweiligkeit. Bei einer Honigfresserart begnügte sich sogar das Männchen mit einem schlichten grünbraunen Federkleid. Der Pirol, der in Büchern häufig in einem fröhlichen gelbschwarzen Gefieder posiert, ließ sich im Urwald überhaupt nicht blicken.

Trommelwirbel waren im Urwald nicht zu vernehmen, nur die endlos langen Klagegesänge der Vögel, die sich zumindest für meine Ohren an Eintönigkeit überboten. Der Urwald inspirierte nicht zu fröhlichen Melodien. Die Tigerrohrdommel entrang ihrer Kehle dumpfe Seufzer, der Keulenhornvogel blökte schlimmer als ein Esel. Und der Grünschopf-Turako nörgelte und schwieg und nörgelte und schwieg. Die Maidtaube gurrte monoton, während sich Ellens Lieblingszwergeule regelmäßig mit drei krächzenden *Kroos* begnügte. Und die Rufe der vielen Kuckucke waren schlicht und einfach nervtötend.

Selbst Vögel wie der Pirol, der doch einige hübsche Lieder in seinem Repertoire haben musste, brachen ihren zögerlichen Gesang ab oder ließen ihn in katzenartige Schreie übergehen. Der morgendliche Vogelchor, der in unseren Breiten während der Brutzeit so ausgelassen klingt, bot im Urwald eine klägliche Vorstellung. Man hatte den Eindruck, als würden die Sänger den Anbruch eines neuen Tag nur wenig begeistert begrüßen. Ich hörte die Morsezeichen eines Bartvogels, die aufdringliche Autoalarmanlage einer Ralle im feuchten Unterholz und das Gemecker eines Tieres, das keine Ziege sein konnte. Die waren schließlich alle geschlachtet worden, und zudem saß der Produzent dieser Töne hoch im Wipfel eines Baumes.

Der Fluss hielt immer wieder neue Überraschungen

bereit. Ein unbewohnt scheinender Baum erwachte plötzlich zum Leben, als ein vorbeifliegender Kronenadler eine Affengruppe in Alarmbereitschaft versetzte. Es waren Wolf- und Rote Meerkatzen, ich hatte sie nicht einmal gehört. Eine der Wolf-Meerkatzen kroch umsichtig auf den nächsten Baum, um mich von dort aus so ungeniert zu betrachten, wie ein alter Stammgast einen Fremden mustert, der zum ersten Mal seine Kneipe betritt. Mir wurde bewusst, dass ich sie mindestens ebenso voyeuristisch anstarrte, wobei sie hier Hausrecht hatte, während ich der Eindringling war, der Wissenschaftler, Schriftsteller und Tourist. Der Affe war zweifellos ein Kundschafter, der ein Stück vorausgeeilt war, um die Lage für den größten Teil der Gruppe zu sondieren. Laut unserer Bücher war ein solches Tier immer etwas magerer und kleiner als die anderen, so dass die Jäger es vorbeiziehen ließen. Aber wehe dem Jäger, wenn der Kundschafter ihn bemerkte, dann war sein Tag gelaufen.

Zu meiner großen Freude sah ich unter demselben Baum einen kongolesischen Schlangenadler. Er ist relativ klein, hat einen langen Schwanz, schwarze Tupfen auf seinem weißen Gefieder und große braune Augen, die ihm in dem lichtarmen Dschungel die Jagd auf Reptilien und Säugetiere erleichtern. Als ich ihn gerade gut im Visier hatte, entdeckten die Schweißfliegen wieder meine Augenflüssigkeit. Ich pries die Natur, die meinem Körper gute Reflexe verliehen hatte. Meine Augen schlossen sich, bevor die Fliegen darin verschwanden. Als ich sie wieder öffnen konnte, war der Adler allerdings weg – die Natur war wirklich nicht sehr zuvorkommend gegenüber ihrem interessierten Beobachter.

An meinem Tag am Flussufer sah ich nur einen schwachen Abglanz der unvorstellbaren Kreativität und Vielfalt, die die Natur in einem tropischen Regenwald zur Schau stellt. Diese Vielfalt ist umso überraschender, als die klimatischen Bedingungen im Urwald sehr stabil sind: wechselnde Niederschläge, aber eine ständige große Feuchtigkeit und hohe Temperaturen. Über Hunderte von Kilometern erstreckt sich dasselbe Biotop, ein riesiger Wald auf einem einförmigen Boden, der von Flüssen durchzogen wird, die in ähnlichen Windungen verlaufen. Wenig Grund für Variationen, wie es scheint, doch ganz falsch. Es gibt eine wichtige, vertikal angelegte Biotopverteilung im Regenwald, die von Menschen leicht übersehen wird, weil sie nicht daran gewöhnt sind, den Blick nach oben zu richten. Das Dach ist anders als der Boden. Darüber hinaus haben eingehende Untersuchungen das beeindruckende Ergebnis zu Tage gefördert, dass auf einem Hektar tropischen Regenwalds bis zu sechshundert ausgewachsene Bäume von bis zu dreihundert verschiedenen Arten stehen können, die ein ebenso breites Spektrum an Lianen und Würgepflanzen tragen.

Noch verrückter wurde es, als Biologen einzelne Bäume mit Insektenvertilgungsmitteln besprühten und alles, was sich in den unteren Regionen tummelte, in großen Tüchern auffingen. Es regnete im wahrsten Sinne des Wortes Käfer. In einem knapp zwei Seiten langen Artikel, der 1982 in dem ansonsten nicht sehr aufregenden *The Coleopterists Bulletin* erschien, behauptete der Entomologe Terry Erwin, dass ein einziger Baum im tropischen Regenwald fast tausend Käferarten beherbergen kann. Auf dem besprühten Baum sollen exklusiv sogar hundertsechzig Arten gelebt haben. Dabei hatte er, um es nicht noch komplizierter zu machen, die Rüsselkäfer nicht einmal mitgezählt.

Extrapolierende Berechnungen ergaben, dass auf einem Hektar Regenwald 12 448 Käferarten herumkriechen. Eine andere Extrapolation führte zu der bestürzenden Feststellung, dass die Erde ein Biotop für insgesamt vielleicht fünfzig Millionen Insektenarten ist. Eine astronomische Zahl, die in einem schrillen Kontrast zu den viertausend Säugetier- und den neunzehntausend Vogelarten steht, die auf den Gesamtlisten der Taxonomen erfasst sind. Klar, dass angesichts dieser Zahlenverhältnisse ein Besucher des Regenwalds zwar Ameisen und Bienen zu Gesicht bekommt, aber keine Riesenschuppentiere oder Pittas.

Der Entomologe Edward Wilson, der als Verfasser des epochalen Werks *Der Wert der Vielfalt* als ungekrönter König der Artenvielfalt gelten könnte, schrieb 1987 in der Fachzeitschrift *Conservation Biology*, dass wir Menschen sehr geneigt sind, unser Denken auf den Maßstab unserer Lebenswelt zu reduzieren. Kleine Wesen sind in der Lage, mit hoch spezialisierten und räumlich extrem begrenzten Biotopen auszukommen. Der Ameisenfanatiker Wilson illustrierte dies anhand des klassisch gewordenen Beispiels von Milben, die sich auf spezifische Körperteile einer ganz bestimmten Wanderameise zurückgezogen haben. Während die eine Milbenart ihr Zuhause auf den Kauwerkzeugen der Soldaten fand, um sich von den Resten zu ernähren, die nach einem Biss an den Spitzen hängen blieben, machte es sich eine andere Art auf den Hinterbeinen derselben Ameise bequem, um hier ein Leben als Blutsauger zu führen.

Ich habe einen Kollegen, der jedes Mal beim Anblick eines Insekts die Erfindung der Insektizide als eine wesentliche Errungenschaft des Menschen preist. Wilson beschreibt jedoch in seinem Buch, welche Folgen eine komplette Ausrottung der Insekten haben würde – eine sehr unwahrscheinliche Hypothese angesichts des ungeheuren Tempos, in dem sich Mücken, Ameisen und Bienen den jeweiligen Veränderungen anpassen. Insekten sind natürlich keineswegs nur Ungeziefer. Sie leben in einer harmonischen Verbindung mit Pflanzen, von denen sie Zucker bekommen und für deren Vermehrung sie sorgen. Sie fungieren als erstklassige Putzkolonnen und wandeln abgestorbenes Material in Nahrungsstoffe um, die zu Wachstum und neuem Leben führen können. Ohne Insekten würde die Menschheit nur wenige Monate überleben. Auch die anderen Tiere, die Pflanzen und Wälder wären ohne Insekten zum Tode verurteilt. Das organische Leben würde verfaulen, die Erde würde auf die Entwicklungsstufe zurückfallen, die sie vor vierhundert Millionen Jahren durchlaufen hat. Sie würde wieder zu einer ausgedehnten Ebene mit niedriger Vegetation, vereinzelten Sträuchern und nur sehr wenigen Tieren werden.

Das eigentliche Wesen des Urwalds spielt sich in einer Dimension ab, die wir nur erahnen können, wenn wir zu Hause zehn Meter lange Fadenwürmer aus unserem Körper abführen, wenn wir den Kampf zweier Bienenschwärme beobachten, die gleichzeitig von unserem Schweißgeruch angezogen werden, oder wenn wir auf dem Schwanz eines toten Katzenfisches einen blauen Schmetterling in den Kauwerkzeugen eines großen Ameisensoldaten flattern sehen. Und wenn wir uns bewusst machen, dass in diesem Soldaten Schimmel oder unschädliche Zwischenwirte von Parasiten wuchern, die erst im Gehirn einer Antilope, die zufällig ein Blatt samt dieser Ameise verputzt hat, zu ihrer vollen Entfaltung kommen.

Ein Urwald bildet auch eine hilfreiche Pufferzone gegen dramatische Klimaveränderungen. Durch Fotosynthese versorgt er die Erde mit dem lebensnotwendigen Sauerstoff und fängt dabei Kohlendioxid auf, sodass der berühmte Brutkasteneffekt zumindest ein wenig gemildert wird. Der Regenwald gleicht ungesunde Klimaschwankungen aus – zu hohe Temperaturen bedeuten Fieber.

Die Frage, ob unsere hoch gepriesenen Monokulturen und Produktionswälder ebenso die entsprechenden Mengen Sauerstoff produzieren und damit jene Pufferfunktion übernehmen könnten, ist irrelevant. Monokulturen sind sehr anfällige Biotope. Ihre genetische Variabilität ist zu gering, um gefährlichen Angreifern genügend Widerstand zu bieten. Um es ganz schonungslos zu sagen: Ein einziger gezielter Angriff eines Parasiten kann das Ende einer ganzen Monokultur bedeuten. Genau deshalb gibt es in einem tropischen Regenwald diese Vielfalt an Baumarten. Bäume spielen mit den zahllosen Parasiten ein Fangspiel ohne Ende. Wissenschaftler sind der Meinung, dass die Bäume in einem tropischen Regenwald deshalb so viele Arten ausgebildet haben, um Parasiten keine Chance für groß angelegte Attacken zu geben. Vielfalt ist nötig, um Parasiten die Stirn zu bieten. Und daraus folgt alles andere.

Ich hatte einmal das Glück, mich längere Zeit mit Edward Wilson unterhalten zu können. Wir begegneten uns am Tag des Staatsstreiches in Moskau gegen Michael Gorbatschow. Wilson wollte als Erstes wissen, was passiert war, denn die wissenschaftliche Welt Belgiens nahm ihn so in Beschlag, dass er die Nachrichten nicht verfolgen konnte. „Der Fall des Kommunismus konnte nicht ausbleiben", so sein Kommentar. „Es ist vollkommen unnatürlich, eine so gigantische Gruppe von Menschen, die größtenteils nicht miteinander verwandt sind, für das große Ganze zusammenarbeiten zu lassen. Ameisen können das. Sie verbringen ihr ganzes Leben in einem Nest. Manche

315

arbeiten hier im Land- und Gartenbau, andere kümmern sich um die Klimaanlage, wieder andere sind für die Bewachung zuständig – eine Aufgabenverteilung, die strikt eingehalten wird. Ameisen sind die idealen Kommunisten, weil alle in einem Nest miteinander verwandt sind. Sie sind biologisch gut ausgerüstet, um mit übergreifenden Gesellschaftsstrukturen zurechtzukommen. Der Mensch stammt aus zu kleinen Gruppen, um global zusammenarbeiten zu können."

Wilson plädierte mit großem Engagement für den Erhalt der Artenvielfalt. Sie war in seinen Augen nicht weniger essentiell als die Mutterschaft, die er als die zweite Quelle allen Lebens betrachtete. Der Mensch könnte eine Menge von Arten lernen, die länger als er in einem feindlicheren Umfeld nicht nur Angriffe von Parasiten, Räubern und Konkurrenten erfolgreich abgewehrt, sondern auch vernünftige Methoden der Fortpflanzung gefunden haben. Tiere haben Lösungen für komplizierte technische Probleme gefunden; sie bohren sich durch harte Substrate oder überleben in fast sterilen Böden. Sie entpuppen sich als brillante Chemiker, die biochemische Cocktails komponieren, von denen unsere Technologen momentan nur träumen können. Die Technologie der Natur erbringt schon seit Millionen von Jahren Meisterleistungen, die des Menschen steht erst kurz vor ihrer Gesellenprüfung.

Wilson berief sich auch auf geistig und ästhetisch motivierte Argumente, auf den Drang des Menschen, in die tiefsten Schichten seiner Geschichte vorzudringen, die viel fundamentaler sind als seine nur wenige Jahrtausende alte kulturelle Vorgeschichte. „Ich denke, dass der Mensch auch in einem Lebensraum, der mit dem des Mondes vergleichbar wäre, durchaus überleben könnte", philosophierte er. „Aber ohne die Natur, die ihn hervorgebracht hat, in der seine tiefsten Wurzeln liegen, wird er einen wesentlichen Teil seiner Menschlichkeit einbüßen. Unser Leben sähe aus wie das von Hühnern in einer Legebatterie. Obwohl diese Tiere gut gefüttert werden und viele Eier legen, sind sie doch keine echten Hühner mehr. Ich habe einmal das Urwaldhuhn im Regenwald beobachtet – ein Unterschied wie Tag und Nacht. Ich will die Analogie nicht zu weit treiben, aber die menschliche Existenz kann sich doch nicht darauf beschränken, zwischen toten Steinen zu leben, hinter dem Steuer eines Wagens zu sitzen oder die Zeit an einem Flipperautomaten totzuschlagen."

So hat auch der Bonobo ein Recht auf ein artgerechteres Leben als das hinter den Gitterstäben eines Geheges oder auf einer Affeninsel in einem Zoo. Selbst die ständige Flucht vor Jägern im Urwald ist besser, als sich in einem menschlichen Freizeitpark als Besucherattraktion zu langweilen. Auch wenn sich Bonobos in Gefangenschaft zwar langsam, aber problemlos fortpflanzen, bedeutet das noch nichts. Es ist eine weit verbreitete Auffassung, dass Flüchtlinge kaum Sex und wenig Kinder haben, weil ihre Lebensumstände nicht entsprechend sind. Die Bilder von schmutzigen Lagern, in denen verzweifelte Menschen bettelnd ihre Hände nach Nahrung ausstrecken, lassen keine Gefühle aufkommen, die mit Sexualität, Liebe und Kindern verknüpft sind. Dennoch ist die Geburtenrate in Flüchtlingslagern hoch – Sex aus Langeweile und Kinder als biologische Kompensation für die erlittenen Verluste.

Der Bonobo hat ein legitimes Anrecht auf seinen Urwald. Er ist sein Zuhause. Er spielt dort in den Bäumen und spaziert auf dem Boden herum. Er mag keinen Regen, aber er liebt die süßen Früchte, die duftenden Blüten und das gesellige Tête-à-tête im Kreis seiner Familie. Sein schwarzes Fell scheint ein guter Schutz gegen Parasiten zu sein. Vielleicht waren es die Parasiten, die unsere unternehmungslustigen Vorfahren aus dem Urwald in die Savanne vertrieben, von der aus sie die Welt eroberten und die ersten vorsichtigen Schritte ins All unternahmen. Eine gigantische Entfernung von einer Baumkrone zum Mond und vielleicht noch weiter. Durch die Erforschung des Bonobos und seines Regenwalds werden wir jedoch mehr über uns selbst lernen als auf einer noch so weiten Reise in die unermesslichen Dimensionen des Weltalls – es sei denn, wir stießen dort irgendwann einmal auf Bilder aus unserer Vergangenheit. Wenn es uns gelingt, Aufnahmen von Quasaren weit entfernter Galaxien zu machen und Bakterien aus Geysiren vom Grund des tiefsten Ozeans zu filtern, müssten wir doch eigentlich auch in der Lage sein, das Leben eines nahen Verwandten in seinem natürlichen Umfeld in den Griff zu bekommen.

Urwälder gehören nicht zu den Erfolgsnummern des Menschen. Ihre Kultivierung ist zu schwierig, und es gibt zu viele Parasiten, die Pflanzen und Tiere zerstören. Die einzig wirksame Methode ist die Brandrodung. Der moderne Mensch hat sich vor allem dort entwickelt, wo sich die Landschaft ökologisch hervorragend kultivieren ließ, in gemäßigten Zonen, in fruchtbaren Ebenen in der Nähe großer Flüsse. Menschliche Gemeinschaften, die heute noch in Urwäldern leben, werden gemeinhin als „primitiv" bezeichnet, weil sie angeblich nicht die gesamte Evolution durchlaufen haben, sondern auf der Stufe der Jäger und Sammler stehen geblieben sind. Mit relativ geringem Erfolg übrigens. Im Lomako-Regenwald gibt es weniger Jäger und Sammler als Bonobos.

Dennoch müssen wir mit dem Bonobo und seinem Regenwald vorsichtig umgehen. Vielleicht ist er unsere

Hoffnung für die Zukunft, vielleicht ist er der Mensch von morgen. Teile des afrikanischen äquatorialen Regenwalds haben die klimatische Launenhaftigkeit unseres Planeten länger überlebt als jedes andere Gebiet der Erde. Sollte der Mensch wie eine humane Version des Meteoriten, der die Dinosaurier nach fünfzig Millionen Jahren Alleinherrschaft hinwegfegte, durch die Zerstörung der Umwelt seinen eigenen Untergang besiegeln, und sollte der Urwald auch das überstehen, hätten wir mit dem Bonobo noch einmal die Chance, mit wenigen den Urwald zu verlassen, die Welt zu kolonisieren und es dieses Mal besser zu machen.

Arrogante Affen

Der Psychoterror der Wilderer verfolgte uns bis zum letzten Tag. Auf unserer Rückreise nach Mbandaka kam uns auf dem Salonga eine selbstbewusste dicke *Mama* in einem großen Einbaum entgegengepaddelt, die angeblich Krapfen verkaufte. „Wohl an die Nilpferde und Krokodile", höhnte Delite, der die Frau aus Mbandaka kannte. Die Dame handelte mit Fischen und dem Fleisch wilder Tiere und war stolze Besitzerin eines Außenbordmotors. Sie warnte uns vor Flusspiraten, die ihr das Leben zur Hölle gemacht hatten – es war die Frau, von der Pater Jef in Boende erfahren hatte, dass sie von Wilderern überfallen worden war. Sie erzählte uns, dass die Banditen zwei Tage zuvor bei ihrem Angriff auf eine große Familie zwei Menschen getötet hatten.

Trotz unseres Versprechens, aufzupassen, erlebten wir einen schweren Zwischenfall. Demanu hatte beschlossen, nun doch nachts zu fahren. Das Wasser stand hoch, der Mond war kugelrund und schien so hell wie die Sonne. Die ersten Stunden verliefen reibungslos. Es störte niemanden, dass die fröhlichen Liedchen, die Demanu sang, um sich wach zu halten, nach und nach von wüsten Geschichten über Teufel, Geister und Götter abgelöst wurden. Aber plötzlich wendete er das Boot so rasch, dass es fast gekentert wäre, und lenkte es in hohem Tempo mindestens fünfzig Meter weit in einen Sumpf. Hier stießen wir auf eine Anzahl bemannter Boote. Wir waren äußerst angespannt, denn wir befanden uns genau auf dem Abschnitt des Flusses, wo die Piraten gesichtet worden waren.

Als der Motor aussetzte, hörten wir alle das Geräusch eines Außenbordmotors, das sich langsam näherte. Wir wurden verfolgt. Delite ergriff die Initiative und lud als Erster sein Gewehr. Er vermutete, dass die Männer im Sumpf zumindest passive Mitglieder der Bande waren, die in der Region operierte. Er fuhr sie an, unsere Verfolger keinesfalls zu warnen, dass es bei einem Angriff Tote geben würde, richtete sein Gewehr auf sie und befahl ihnen, uns aus dem Sumpf zu schieben. Im Tausch gegen einige Päckchen Zigaretten erledigten sie diese Aufgabe vorbildlich.

Das Problem war allerdings, dass Demanu ganz entgegen seiner sonstigen Gewohnheit so betrunken war, dass er das Boot nicht mehr richtig steuern konnte. Während die anderen geschlafen oder im Schein des Vollmondes vor sich hin geträumt hatten, hatte er sich heimlich Mut angetrunken, um all den Menschenkrokodilen, den verzauberten Nilpferden und Geistern in Eulengestalt zu trotzen. Wir mussten aber unbedingt weiter, denn im Sumpf waren wir zu angreifbar. Da das Motorengeräusch verdächtig nahe kam, beschlossen wir, uns am Strand des stromaufwärts gelegenen Dorfes Bomputu zu verschanzen.

Dort kam Demanu zu dem Schluss, dass er durchaus weiterfahren könne und niemand an seinen Qualitäten als Steuermann zu zweifeln habe. Inzwischen hatte er allerdings unsere beste Taschenlampe und den Zündschlüssel ins Wasser fallen lassen. Als ich ihm ein Fahrverbot erteilte, ging er in die Luft: „*Monsieur* Dirk sagt, dass ich nicht fahren darf. *Monsieur* Dirk hat keine Ahnung von uns Schwarzen. Er kommt her und sagt, dass ich nicht fahren darf. *Mama* Ellen, die versteht uns Schwarze, die verbietet mir nicht, zu fahren." Das Gezeter ging noch eine ganze Weile so weiter, bis der Konservator ihn aufforderte, ein Nickerchen machen. Er gehorchte prompt. Innerhalb einer Minute hörte man ihn schnarchen.

Ellen fand den Reservezündschlüssel nicht sofort. Sie konnte mit einem Motor umgehen und wegfahren, falls die Situation zu brenzlig werden sollte. Wir hörten, wie das fremde Boot bedrohlich nahe kam und plötzlich der Motor aussetzte. Dann war es eine ganze Weile still. Delite überlegte, ob er sich mit einem kleinen Boot in einen Hinterhalt legen sollte, um die Angreifer abzufangen. Aber das war nicht nötig. Plötzlich hörten wir, wie der Motor wieder angeworfen wurde und das Boot in die Richtung, aus der es gekommen war, verschwand. Fischer erzählten uns, dass sie die Männer sicherheitshalber zurückgeschickt hätten. Niemand hatte Lust auf eine nächtliche Schießerei am Strand. Nach einem vierstündigen Schnarchkonzert war Demanu wieder so weit ausgenüchtert, um das Steuer übernehmen zu können.

Die latente Anspannung war auch in Edimos Lager spürbar geblieben. Als wir eines Morgens laute Stimmen hörten, machte sich jeder startklar, um mit dem Rucksack, den wir für Notfälle gepackt hatten, in den Urwald zu flüchten. Die Wildhüter griffen zu ihren Gewehren und spähten vornübergebeugt durch das Ufergebüsch. Hinter der Flussbiegung tauchten zwei kleine Boote mit vier Bewaffneten auf. Ein kurzer Alarm, die Waffen wurden geladen, aber zum Glück erkannte Bogart die Männer noch rechtzeitig. Es waren Wildhüter, die uns fröhlich zuwinkten und dann den lobenswerten, aber urkomischen Versuch unternahmen, auf dem schwankenden Boot vor dem Konservator zu salutieren.

Wir waren verblüfft, als sie uns nach einer ausgiebigen Begrüßung mit ausholenden Gesten erzählten, dass sie in den zurückliegenden Tagen verschiedene unbewaffnete

Wilderer auf dem Salonga festgenommen hatten. Sie waren genau über unseren Aufenthaltsort und unsere Route informiert. Es gab mehr Menschen im Dschungel, als wir dachten – hoffentlich galt das auch für die Bonobos, die wir bis dato noch immer nicht zu Gesicht bekommen hatten, obwohl wir überall auf ihre Spuren und Schlafnester stießen. Die Männer führten sogar einen Gefangenen mit, es war der drittälteste Sohn unseres Fischers. Dieser versuchte seinem Kind beizustehen, indem er mir die Geschichte auftischte, dass sein Sohn zu Unrecht verhaftet worden sei, gar keine Waffen besäße, auch kein Fleisch verstecke und nichts mit Wilderern zu tun habe. Trotzdem habe man ihn verprügelt und ihm sein Geld und seine Hühner weggenommen.

Die Version der Wildhüter klang ein wenig anders. Sie waren auf ihrer ersten Patrouille auf der einzigen Straße im Park in ein Feuergefecht mit Wilderen geraten. Sie kannten die Bande, die von einem gewissen Lisala angeführt wurde, den sie schon einmal verhaftet hatten. Er besaß ein Boot mit Außenbordmotor, verfügte über ein großes Arsenal an Kriegswaffen und ließ etliche Jäger aus der Gegend für sich arbeiten – unter anderem den Sohn des Fischers. Zumindest behaupteten das viele Zeugen. Der Fischer stritt das mit Nachdruck ab, ebenso wie sein Sohn, der allerdings zugab, „vor sehr langer Zeit" mit den Wilderern umhergezogen zu sein. Wie auf dem Yenge hausten also auch auf dem Salonga Flusspiraten, die, begünstigt durch den hohen Wasserstand, bis weit stromaufwärts aktiv waren.

Die langen Wochen begannen sich bemerkbar zu machen. Der Urwald, der seine Besucher nie mit offenen Armen empfängt, lastete bleischwer auf den Menschen. Das Wasser unter den Bäumen am Ufer lud schon lange nicht mehr zu romantischen Badeszenen ein. Es sah fast immer so schwarz aus, wie der Entdecker Delcommune es schon vor hundert Jahren beschrieben hatte. Nur wenn ausnahmsweise einmal die Sonne darauf schien, nahm es das Braun herbstlicher Blätter an. Und so hatte auch das Wasser, das wir aus dem Fluss schöpften, eine verdächtig rostfarbene Tönung, die sich nicht wegfiltern ließ. Trinken war lebensnotwendig, also mussten wir unsere Bedenken in Sachen Parasiten beiseite schieben. Waschen war hingegen ein Luxus, und so wurden wir im Laufe der Zeit unwahrscheinlich schmutzig.

Zwischen den Zweigen der Uferbewachsung strömte das Wasser wesentlich langsamer als in der Mitte des Flusses. Wir hatten ständig das Gefühl, dass sich merkwürdige Tiere zwischen unsere Zehen setzten und über unsere Beine krabbelten. Zudem wies uns Jean-Baptiste sehr zuvorkommend darauf hin, dass sich Kaimane manchmal am Fuß eines Badegastes festzuklammern pflegten. Aber als mir an einem schönen Nachmittag nach einem der unzähligen Sturzregen auffiel, dass selbst der betäubend schwere Blütenduft durch meinen eigenen Gestank überdeckt wurde, war es an der Zeit, Jacques Dessange und Giorgio Armani zu bemühen. Im Wettbewerb mit den Aromen der Natur standen allerdings auch sie auf verlorenem Posten.

Die gute Stimmung, wie sie während der ersten Hälfte der Reise geherrscht hatte, verdampfte allmählich in den Lagern am Salonga. Nur dem alten Konservator konnten die täglichen langen Erkundungstouren offensichtlich nichts anhaben. Und dem unverwüstlichen Edimo natürlich auch nicht. Waldläufer fühlen sich wohl in ihrem Biotop. Aber Ellen litt unter einem geschwollenen Fußgelenk, das sie beim Laufen behinderte. Ino schlug sich mit einer schmerzhaft entzündeten Schulter herum, der

Wildhüter Bogart hatte eine offene Wunde am Fuß, und ich kämpfte mit dem Rheuma in meinen Fingern, das sich von Tag zu Tag verschlimmerte. Kein Wunder, dass sich die Vorfahren des Menschen nach einer gewissen Zeit auf den Weg in die Savanne gemacht haben.

Ino verhielt sich immer mehr wie einer der arroganten Affen, die den Einheimischen das Leben nicht gerade angenehm machen. Für ihn eine logische Folge ihrer Schwäche für Vorgesetzte und hierarchische Strukturen. Er rührte keinen Finger, ließ sich von den anderen mitschleppen und befahl Edimo von seinem Stuhl aus, seinen Teller abzuwaschen und seine Wasserflasche nachzufüllen. Den alten Wildhüter lachte er aus, weil er alt war, den jungen, weil er sich am Fuß verletzt hatte, und dem hart arbeitenden Jean-Baptiste warf er vor, keine anständigen Fische zu fangen. Mitten in der Nacht kommandierte er aus seinem Schlafsack Demanu dazu ab, die Außenplane über sein Zelt zu ziehen, wenn es zu regnen drohte, oder eine Ziege zu verjagen.

Auch Ellen und ich wurden von Tag zu Tag intoleranter. Von Intimität in unserer Beziehung war keine Rede mehr. Zärtliche Gesten beschränkten sich auf das Abschneiden einer Ponyfranse, die beim Regen in den Augen klebte. Es kam sogar so weit, dass wir uns voreinander zu ekeln begannen. Das Zelt war inzwischen so feucht, muffig und dreckig, dass wir uns das Lüften sparen konnten. Einmal überkam mich sogar ein Brechreiz, als ich hineinkriechen wollte. Zwischen den zerquetschten Leibern erschlagener Insekten lagen Verpackungen und leere Dosen von unseren morgendlichen Gelagen herum. Wir waren uns nicht schlüssig, ob wir sie durch den halben Kontinent mit nach Hause zurückschleppen oder als Haushaltsmüll unter einer Baumwurzel oder in der Höhle eines Schuppentieres vergraben sollten.

Das Wort ‚weich' war zu einem Abstraktum geworden. Vor meinem inneren Auge entstand eine Fata Morgana von Federbetten und dicken Kissen; ich träumte davon, wie zarte Finger liebevoll durch meine Locken fuhren, ich phantasierte von überbackenen Austern, die auf der Zunge zergehen, und sah mich auf einem bequemen Schreibtischstuhl über all die Entbehrungen einer fernen Vergangenheit schreiben. Dramatisch wurde es, als Ellen von Hot Dogs zu schwärmen begann und ich zum ersten Mal in meinem Leben meine Rippenbögen fühlte. Die unerwartete Entdeckung einer Bounty-Packung, die wir auf dem Boden meines Koffers fanden, bescherte uns einen kurzen, aber intensiven Augenblick der Freude.

Auf Ellens Beinen sprossen schwarze Haare. Ihre Brust war von Schrammen und roten Insektenbissen übersät. Ein Biss hatte sich zudem entzündet. Nicht gerade sexy, aber da meine Daumen meistens vollkommen steif waren, konnte ich meine Hände sowieso nicht um ihre Brüste legen, ohne meine Finger zu quälen. Auch meine Freundin Anita Bloemen, die zwei Jahre lang allein und fast ohne Geld um die Welt getrampt war, büßte auf ihren verwegenen Unternehmungen die Attraktivität ihres Busens ein. Man könnte fast auf die Idee kommen, sich zu wünschen, dass Frauen mit schönen Brüsten wie früher am heimischen Herd ausharren, um dort auf die Rückkehr ihrer Abenteurer zu warten.

Sexualität war im Salonga zur blanken Theorie verkommen, zu etwas aus dem Leben der Bonobos. Je tiefer wir in die Lebenswelt der Affen mit ihrer sprichwörtlichen enthemmten Libido eindrangen, desto mehr schwand unsere Lust auf Körperkontakt. Scharfe Frauen im Urwald – ein Witz, wenn man mich fragt.

Nicht einmal ein paar Blumen konnte ich für Ellen pflücken, als deutliches, aber unverbindliches Zeichen

326

meiner Zuneigung. Botaniker schwärmen in den höchsten Tönen von phantastischen tropischen Orchideen, die manchmal für Sammler oder Händler aus den Regenwäldern geschmuggelt werden. Ich habe keine einzige Blume gesehen, die diesen Namen verdient hätte. Wahrscheinlich waren sie im Blätterdach der Bäume versteckt, das sich vor meinem inneren Auge in ein üppiges, farbenprächtiges Feuchtbiotop verwandelte, mit summenden Insekten, die sich für Blüten und nicht für das warme Blut oder schmackhafte Salz eines schwitzenden menschlichen Körpers interessierten, mit Bäumen, die von Affen, Eichhörnchen und Turakos bevölkert waren. Aber obwohl ich früher oft in hohe Bäume geklettert war und wir eine Kletterausrüstung bei uns hatten, um zu den Nestern der Bonobos zu gelangen, brachte ich nicht den Mut auf, in vierzig Metern Höhe eine Blume für meine vernachlässigte Liebste zu pflücken.

Trotz der Berichte der Wildhüter über die Wildererbande bestand Ellen darauf, weiterzuziehen, um an mindestens zwei Plätzen eine gründliche Bestandsaufnahme vorzunehmen. Niemand protestierte. Die Wildhüter würden uns begleiten, sodass wir sechs Waffen an Bord hatten. Zudem hielten sich in dem stromaufwärts gelegenen Dorf Ika zehn weitere Wildhüter auf. Hier würden wir in der Nähe unser Lager errichten. Es gab dort viele Bonobos, betonten die Männer immer wieder, wenn auch weniger als an der Straße, wo sie sich mit den Wilderern ein Feuergefecht geliefert hatten. Aber niemand war scharf darauf, sich so weit vorzuwagen.

Beim Aufbruch sorgte eine Schlange für helle Aufregung, die, aufgerollt auf einem Ast, in das Boot zu fallen drohte. Sogar Demanu stand bereit, um im nächsten Moment über Bord zu springen. Selbst eine noch so kleine

Schlange konnte tödlicher sein als ein Boot voller Wilderer. Zum Glück landete das Tier haarscharf neben dem Boot. Auf dem Fluss legte sich die Aufregung. Auf dem Fluss kehrte immer Ruhe ein, mental wie körperlich. Ich lag lang ausgestreckt auf dem Gepäck, im Hintergrund summte statt der verhassten Bienenschwärme der Motor. Ich genoss die angenehm wärmenden Sonnenstrahlen und das Gefühl, nicht auf Insekten achten zu müssen, sondern nur auf Vögel, die sich an den Flußufern eher zeigten als im Dschungel. Der häufigste Ufervogel war ein Fliegenfänger, der sich nicht genauer klassifizieren ließ. Nach reiflicher Überlegung entschied ich mich für Cassins Grauen Fliegenfänger. Auch der Vogelführer gab explizit an, dass dieser Vogel gern auf einem toten oder überhängenden Ast an einem Urwaldfluss sitzt, um von dort aus Insekten zu fangen. Dies stimmte mit meiner Beobachtung überein.

Die Wasservögel hatten sich wegen des Hochwassers verzogen, aber für Raubvögel war der Salongapark ein phantastisches Revier. Wir sahen überall Eulen, Geierseeadler, Adler und Habichte. Für Hornvögel war der Salonga ein wahres Paradies – ein untrügliches Zeichen dafür, dass das Ökosystem des Parks absolut intakt war. Wir bestimmten fünf Arten und sahen ab und zu einen Vogel mit einem vollkommen weißen Schwanz, der in keinem Buch zu finden war. Experten meinten später, dass diese Schwanzfärbung vielleicht die zeitweilige Folge einer abweichenden Mauser des bunten Hornvogels war, bei der die schwarzen Federn möglicherweise vor den weißen ausfallen. Mein Favorit war der lebhafte rotbraune Zwergtoko, der fröhlich singend allein zwischen den Zweigen umherspazierte. Er tauchte fast täglich in meinem Blickfeld auf – manchmal war ich sogar etwas enttäuscht, wieder nur einen alten Bekannten zu sehen.

Hornvögel thronen zusammen mit Affen hoch über allen anderen Lebewesen in den Wipfeln der Bäume. Ihren Namen verdanken sie dem helmartigen Schnabelaufsatz, der nach der einleuchtendsten Hypothese dazu dienen soll, ihren Ruf zu verstärken. So können die Vögel, die in großen Sozialverbänden leben, auch über weite Entfernungen miteinander in Kontakt bleiben. Auffallend ist das seltsame Brutverhalten der Hornvögel. Kurz vor dem Brüten mauert sich das Weibchen mit Schlammkugeln, die das Männchen in seinem Kropf herbeiträgt, in einem hohlen Baum ein. Das Männchen übernimmt die Fütterung seiner Gattin und häufig auch die des meist einzigen Jungen – ein geschickter Schachzug der Dame, mit dem sie auch den Erzeuger auf eine aktive Rolle bei der Fortpflanzung festnagelt. Die Männchen der großen Arten schaffen ununterbrochen Früchte herbei, manchmal zwölf Stück auf einmal, mit denen sie ihre Frau durch eine schmale Baumspalte liebevoll füttern.

Wir passierten die *piste Papa Baudouin*, ein Sumpfgebiet, das auch Leopold III. schon einmal betreten hatte. Aber ebenso wie die Badestellen der Elefanten am Yenge war es inzwischen fast vollständig zugewachsen.

Am Ufer des Flusses, der hier die Grenze zum Park bildete, waren vereinzelt richtige Wildererdörfer aus dem Boden gestampft worden. Auch der Ort, an dem wir die anderen Wildhüter trafen, war eine solche Ansiedlung von fünf schwer zugänglichen Hütten, die weit vom Ufer entfernt auf halber Höhe einer steilen Anhöhe lagen. Uns Weißen gefiel dieser Platz, weil er uns an einen europäischen Wald erinnerte, aber die Schwarzen sahen überall nur umgestürzte Bäume und dicke Früchte. Für sie war es kein idealer Standort für ein Lager.

Bei unserem Eintreffen präsentierten die Wildhüter, begleitet von lautem Kommandogeschrei, ihre Gewehre wie eine professionelle Miliz. Ich war erleichtert, dass diese Show mit einem „Rührt euch!" zu Ende ging, ohne dass sich ein Schuss gelöst hatte. Die Wildhüter waren eine chaotische Truppe ohne jegliche Schlagkraft. Einige von ihnen würden sich nicht lange behaupten können, wenn sie es tatsächlich einmal mit erfahrenen Wilderern zu tun bekämen. Ein Wildhüter beeindruckte mich besonders; er trug ein Sheriffhemd aus Santa Barbara County, von dem er selbst nicht mehr wusste, wie er daran gekommen war.

Nach ihrem *moment de gloire* begannen die Wildhüter mit dem Wiederaufbau der Hütten, die sie zur Abschreckung der Wilderer kurz zuvor abgerissen hatten. Auf einem umgestürzten Baumstamm hockten vier Männer, die ein klägliches Bild abgaben. Wilderer, die ohne Waffen, aber mit einer Schlinge, einer Falle oder einfach nur einem Korb erwischt und verhaftet worden waren. Sie waren überrascht, dass sie es mit Wildhütern zu tun bekamen – einer Menschenrasse, die jeder in dieser Gegend für endgültig ausgestorben hielt. Die Wilderer waren freundlich und erzählten uns von der anderen Seite des Flusses, wo sie im Schlamm zwar nur mühsam vorangekommen waren, aber dennoch Antilopen und Schweine gefangen hatten. Bonobos hatten sie dort nicht gesehen, die wollten sich wohl keine nassen Füße holen und hielten sich weiter im Inneren des Urwalds auf.

„Jetzt, wo sie bewaffnet sind, terrorisieren die Wildhüter die Dörfer", behauptete der Fischer in dem Versuch, dem Schicksal seines Sohnes eine günstige Wendung zu geben. „Sie fühlen sich stark und verhaften vor allem Leute, vor denen sie keine Angst zu haben brauchen. Von ihren Gefangenen fordern sie jeweils eine Ziege als Buße. Die Wildhüter beziehen all ihre Ziegen aus dieser Quelle. Als Ausgleich für den Lohn, den sie nicht bekommen, missbrauchen sie ihre Waffen, um die Bevölkerung abzuzocken. An die echten Wilderer trauen sie sich nicht heran, auch wenn sie noch so große Sprüche klopfen. Die sind ihnen zu gefährlich."

Am nächsten Morgen – wir putzten uns gerade die Zähne – bekamen wir Besuch vom Dorfhäuptling von Ika. Er gab uns feierlich einen Führer mit auf den Weg – einen einheimischen Wilderer natürlich. Und er brachte gute Nachrichten. Er hatte im Halbdunkel eine Zeremonie abgehalten und die Vorfahren beschworen, uns Tiere zu schicken. Und die Vorfahren waren uns wohlgesonnen, die Tour würde ein Erfolg werden. Leider hatte der Häuptling die Vorfahren nicht gefragt, wo wir einen trockenen Lagerplatz finden konnten. Wir hatten Edimo in einem kleinen Boot vorausgeschickt, um die Gegend zu erkunden. Stunden später war er mit der Nachricht zurückkehrt, dass man wegen der Überschwemmungen nirgendwo im näheren Umkreis in den Urwald eindringen konnte. Wir mussten also zu einem tief im Dschungel versteckten Wildererlager zurück.

Unsere erste Station war das Dorf Bofuku Mayi. Hier wohnten die Wilderer, die das betreffende Lager benutzten. Es wimmelte dort von grauen und blauen Schmetterlingen – ein Kaleidoskop von Flügeln aus Papier. Der Konservator blieb im Boot zurück. Er misstraute der Situation, da das Dorf jahrelang von Wildererbanden als Ausfallbasis benutzt worden war. Davon merkten wir während unseres Besuches allerdings nichts. Wir wurden von dem *chef de groupement*, der richtige Schuhe und eine wallende blaue Tunika trug, in aller Form empfangen. Er beschloss, uns selbst zu dem Lager zu führen. Es lag nur einen Kilometer, also eine knappe Stunde, entfernt. Nachdem er in seiner geräumigen Hütte eine Uhr aufgehängt und nach einem langen Blick auf die Zeiger verkündet hatte, dass es Viertel vor zwölf sei, erhielten wir die Gelegenheit, den Dorfältesten unsere Pläne zu erläutern. Als wir ihnen erzählten, dass unser wissenschaftliches Interesse den Bonobos galt, ernteten wir ein begeistertes Kopfnicken. *Le chimpanzé*, den kannten alle, der hieß bei ihnen *emana* oder *edja* oder *yekeki*, was Krachmacher bedeutet. Sie hatten ihn schon oft im Wald auf der anderen Seite des Flusses gesehen, zusammen mit dem Kongopfau. Das klang vielversprechend.

Wir fuhren den Lolonga hinauf, um in die Trockenzone zu kommen. Die Landschaft war phantastisch, der Fluss übersät mit großen Sumpfpflanzen, die mit ihren spitzen Pfeilkrautblättern und den scharfen, eckigen Stengeln voller gemeiner Dornen an Aronskelche erinnerten. Und endlich sahen wir auch auffällige Blumen, deren Kolben mit dicken Moosbeeren gefüllt waren. Das Wasser strömte unter natürlichen gewölbten Holzbrücken hindurch, an denen sich Lianen emporrankten, die schweren Ankertauen glichen; sie waren von Moosen überwachsen, die sich in einer sanften Brise wiegten, Farne und andere Schönheiten der tropischen Flora verwandelten die Äste in Hängende Garten von Babylon. Aus dem Wasser ragten kunstvoll geformte Bretter- und Sprossenwurzeln. Es war ein Traum, selbst erstklassige Dokumentarfilme können so viel Schönheit nicht vermitteln.

Wir konnten dieses überirdische Paradies in aller Ruhe genießen, denn, wie wir befürchtet hatten, brauchten wir für den Kilometer bis zum Lager statt einer ganze vier Stunden. Wir mussten uns durch herabhängende Äste und umgestürzte Baumstämme kämpfen, die wie Barrikaden den Fluss versperrten. An sich kein Problem. Für

Hindernisse dieser Art hatten wir Äxte und Macheten dabei. Und starke Männer.

Währenddessen bekam ich mehr Eisvögel zu sehen als je zuvor in meinem Leben. Neben alten Bekannten wie dem Zügelliest und Malachiteisvogel so aufregende Exemplare wie den prachtvollen Schillereisvogel mit seinem langen schwarzen Schnabel, dessen metallisch blaues Federkleid glänzte und glitzerte wie eine Festtagsrobe von Gaultier. Wir sahen den äußerst seltenen Braunkopfzwergfischer, der gern die vor den Kolonnen von Wanderameisen flüchtenden Insekten fängt. Manchmal flog er laut pfeifend so blitzschnell an uns vorbei, dass wir ihn nur erahnen konnten.

Der Schönste von ihnen sah zu, wie das Boot auf einen Baumstamm unter Wasser auflief. Während Edimo, Jean-Baptiste und die Wildhüter bis zur Brust im Wasser standen und versuchten, den Kahn wieder flottzumachen, entdeckte ich in einem kahlen Baum den Kastanienliest. Mit seinem rostroten Kopf und Rücken, dem blaugrünen Rumpf und Schwanz, der hellgrauen Brust und dem kräftigen roten Schnabel kann er einem farbensüchtigen Ornithologen ein unvergleichliches Erlebnis bescheren.

Als Jean-Baptiste dem Baum einen kräftigen Axthieb verpasste, ergriff der Eisvogel die Flucht. Um weiterfahren zu können, musste das Baumhindernis durchgehackt werden. Dazu waren dreißig Schläge nötig, und die wollte Jean-Baptiste unbedingt auf seine Kappe nehmen. Das war gut so, denn Edimo und er hatten erheblich mehr Kraft als die Wildhüter. Ich konnte am Zittern des Bootes merken, wer den Schlag ausführte. Die Schläge von Jean-Baptiste waren am kräftigsten, Edimo stand ihm nicht viel nach, aber die Wildhüter brachten das hölzerne Gefährt kaum in Vibration, wenn sie beim Ausholen nicht schon ins Wasser fielen.

Wir lagen im Boot und sahen zu, wie Jean-Baptiste seine Schläge auf den Baumstamm niederprasseln ließ. Aber selbst der dreißigste Schlag hatte kaum eine Kerbe auf dem Stamm hinterlassen. Und beim fünfunddreißigsten Hieb sprang das Beil vom Stiel und versank in den schwarzen Fluten.

Big Brother

Der entscheidende Punkt sind die Großmütter. Bonobos sind nicht allein deshalb keine modernen Menschen, weil sie so behaart sind, in Bäumen schlafen und ihre Frauen das Sagen haben, sondern auch, weil die weiblichen Tiere im Durchschnitt nur vierzig, höchstens fünfzig Jahre alt werden. Nach der Menopause ist das Leben für sie vorbei. Vor kurzem war in der Fachzeitschrift *Proceedings of the National Academy of Sciences* zu lesen, dass der Mensch sein langes Leben seinen Großmüttern zu verdanken habe. Die Bonobos werden also lernen müssen, ihre Alten zu ehren, wenn sie modern werden wollen. Während die jungen Bonobos schon recht früh teilweise für sich selbst sorgen können, müssen Menschenmütter sich lange abrackern, um ihre Babys am Leben zu erhalten. Großmütter leisten dabei Hilfestellung, und das nicht nur als Babysitter. Bei den modernen Jägern und Sammlern sammeln die Großmütter auch nach der Menopause weiterhin Früchte, die in erster Linie für die Enkelkinder bestimmt sind. So macht sich Oma nützlich und wird von der Evolution verschont. Sie lebt länger.

Bonobos sind mit Sicherheit vernunftbegabte Wesen. Das ist eine logische Folgerung aus einem Schreiben, das ich von dem belgischen Besitzer der Mandjo Plantagen in der Provinz Equateur bekam. Er hatte Fotos von zwei Bonobobabys beigefügt, die interessiert in einer Nummer des *Knack Magazine* blätterten. Informierte Leser zählen zwar doppelt, aber auch das hat diesen Bonobos nicht das Leben gerettet. Sie wurden (in Gefangenschaft) erschossen und landeten im Kochtopf des örtlichen *Commissaire de zone* – der aus purem Neid handelte, weil er nicht ebenfalls ein solches Spielzeug besaß. Bonobos können auch eine Form menschlicher Sprache anwenden. Den Beweis hierfür hat die amerikanische Anthropologin Sue Savage-Rumbaugh erbracht, die ihrem Kanzi eine bestimmte Symbolsprache beibrachte. Er konnte sogar einfache Messer aus Steinen herausschlagen und liebte es, vor dem Fernseher zu sitzen.

„Bonobos sind sehr schlau", bestätigte auch Demanu im Brustton der Überzeugung. In seinem Dorf hatte jemand einen Bonobo gehalten, der sich von der Frau des Hauses alles abgeschaut hatte. Unter anderem hatte er auch erkannt, dass ein BH ein Kleidungsstück ist. So stolzierte das Tier in schöner Regelmäßigkeit mit einem umgebunden BH durch den Garten, wobei er allerdings nicht begriffen hatte, dass die Körbchen nach vorne gehörten, so dass er sie manchmal wie zwei gestutzte Flügel auf dem Rücken trug. „Er hatte natürlich auch keinen Busen zu verpacken wie unsere Nachbarin", fügte Demanu beschönigend hinzu. Offensichtlich konnten die Bonobos bei unseren Expeditionsmitgliedern mit Verständnis rechnen.

Demanu erzählte auch von dem Brauch, Armknochen von Bonobos in die Bettchen von Menschenbabys zu legen, die ihre Kraft auf das Kind übertragen sollten. Sein Großvater hatte einmal gesehen, wie es sich ein Bonobo gerade auf dem Waldboden gemütlich gemacht hatte, um eine große Frucht zu verzehren, als er von einem Leoparden überrascht wurde. Der Affe konnte entkommen, indem er eine Baumwurzel umbog und sie so zurückschlagen ließ, dass der Leopard eingeklemmt wurde. „Der Mensch hat unbewaffnet keine Chance gegen einen Leoparden, der Bonobo schon", meinte Demanu abschließend. „Er ist nicht nur stark, sondern auch schlau. Er ist der Meister des Dschungels."

Nach hundertvierundzwanzig Schlägen mit der Axt, die Edimo nach langem Tasten mit seinem Fuß auf dem Grund des Flusses wiedergefunden und anschließend repariert hatte, konnten wir endlich unsere Fahrt auf dem Lolonga fortsetzen. Wir erreichten eines der zahllosen Wildererlager, in dem wir die Reste eines Holzkohlenfeuers und frische Fußspuren vorfanden. „Die Frauen kommen manchmal her, um zu waschen", erklärte uns der Häuptling – etwas Dümmeres hätte ihm kaum einfallen können. Die Wildhüter lachten sich schlapp. Frauen im Urwald, einfach undenkbar. Aber es verschlug ihnen vor Schreck die Sprache, als der Konservator ganz nebenbei fallen ließ, dass er sich mit dem Gedanken trage, Frauen als Wildhüter zu werben, weil er sie für sehr motiviert hielt. Frauen als Wildhüter? Der Weltuntergang kündigte sich an – in Gestalt eines Phantoms mit unverkennbar weiblichen Rundungen.

Der Häuptling zeigte seinen guten Willen, indem er für den Konservator einen Stuhl aufstellen ließ, den er extra für ihn mitgebracht hatte. Ich bekam etwas *lotoko* aus einer alten Perrierflasche, die seltsame Umwege gemacht haben musste, bevor sie mitten in einem Regenwaldreservat das gute Einvernehmen zwischen einem weißen Biologen und einem schwarzen Wilderer besiegelte. Der Mann hatte sogar zwei Gläser bei sich und so stießen wir auf ein gutes Gelingen an. Die anderen gingen leer aus – Chefs erkennen einander ohne viel Worte. Ab und zu traktierte Jean-Baptiste meinen Rücken mit einem kräftigen Peitschenhieb. Das war keine Vergeltung für all das Leid, was man den Schwarzen in der Kolonialzeit angetan hatte, sondern die wirksamste Methode, die Tsetsefliegen für einen kurzen Augenblick zu vertreiben.

Ellen hatte auf einer Erkundungstour mit Edimo im Umkreis des Lagers viele Fallen und zahllose Spuren von

Leoparden entdeckt. Der Leopard war laut Edimo ein Räuber, der von den Tieren lebte, die in die Fallen geraten waren. Leoparden konnten einem dynamischen Jäger das Leben zur Hölle machen. Sie hatten *ngandas*, Pfade, Papaya- und Avocadobäume und Maniokfelder gesehen, die sich kilometerweit in den Urwald erstreckten. In die Stämme der Urwaldriesen waren viele Kerben zur Harzgewinnung, aber auch Namen geritzt, die von den Wildhütern später eifrig notiert wurden. Zweifellos standen Verhaftungen an, die wieder einige Ziegen einbringen würden. Während der Salonga von Jägern aus der näheren Umgebung ausgebeutet wurde, die hauptsächlich mit Fallen arbeiteten, war der Yenge das Revier schwer bewaffneter Wilderer. Die Tiere waren an beiden Flüssen die Dummen. Der Park schützte nur den Baumbestand, Rodungen gab es, zumindest vorläufig, fast gar nicht.

Wie überall stießen wir auch hier auf Bonobospuren, sogar auf Nahrungsreste, die kaum einen Tag alt waren, aber die Tiere selbst ließen sich auch hier weder sehen noch hören. Vielleicht waren die Bonobos so klug, dass sie gelernt hatten, sich im Salonga still zu verhalten und Menschen aus dem Weg zu gehen. Ähnlich wie die Klapperschlangen in Amerika, die immer weniger klappern, weil sie sonst systematisch mit einem Kopfschuss erledigt werden. Die Klapperschlangen mussten sich den Cowboys geschlagen geben, die Bonobos hatten offensichtlich vor den Wilderern kapituliert. Ellen verzweifelte fast, aber sie sollte doch noch erfahren, wie viele Bonobos ungefähr in dem Park lebten. Dazu griff sie zu harten wissenschaftlichen Methoden. An jeder unserer Lagerstellen ließ sie Edimo oder Jean-Baptiste nach dem Kompass eine Strecke von 2,5 Kilometern roden – in einem Winkel von neunzig Grad zum Fluss und schnurgerade in den Wald hinein.

Menschen sind von Linien und Geraden besessen. Sie mögen keine verwinkelten Ecken oder Kurven, hinter denen üble Überraschungen lauern könnten. Menschen ziehen schnurgerade Straßen durch Landschaften und bauen um ihre Städte ein symmetrisches Netz von Umgehungsstraßen. Bäume werden in einer Reihe angepflanzt, und Tiere in Gefangenschaft verbringen ihr tristes Leben auf nur wenigen Quadratmetern in genormten Gehegen. Wenn sich die Möglichkeit bietet, begradigen Menschen die Flüsse und markieren wie mit dem Lineal gezogene Grenzen, ohne auch nur einen einzigen Gedanken an die möglichen Folgen zu verschwenden.

Sogar der Zeit haben die Menschen einen Richtungspfeil verpasst. Das Leben rast vorbei. Ein Augenblick ist keine zufällige Momentaufnahme in einem willkürlich gewählten Zeitschema. Die Richtung muss festgelegt sein. Es muss Führer und Leiter geben, die sagen, wo es langgeht, und die das Ende des Tunnels sehen. Fortschritt heißt die Devise des modernen Menschen, und der schnellste Weg zum Ziel ist der kürzeste – und also der gradlinigste.

Der Natur gebricht es an derart künstlichen Strukturen. Sie sucht den Weg der Variation und des Unvorhersehbaren. Da Variation Raum für Innovationen lässt, ist sie die Würze des Lebens. Das Unvorhersehbare garantiert, dass ein Maximum an Optionen offen bleibt, um das Undenkbare antizipieren zu können. Ein tropischer Regenwald verschafft einem Förster, der einen ‚ordentlichen‘ Wald liebt, Albträume. Aber soweit man weiß, hat die Evolution in einem gut gepflegten Wald noch nichts Bemerkenswertes geleistet, noch kein neues Leben hervorgebracht, geschweige denn, ein Leben, aus dem so etwas wie der Mensch hervorgegangen ist. Ein ordentlicher Wald ist langweilig und menschlich. Ein tropischer Wald ist unmenschlich, aber freundlich zum Leben.

Die Schimpansen im Kibale Nationalpark in Uganda sind den schnurgeraden Wegen der Forscher gefolgt. Sie haben das unternehmerische Konzept der Effizienz angenommen. Die Bonobos im Salonga hingegen blieben den Wegen fern. Zu gefährlich. Zu viele Jäger. Ist die wissenschaftliche Arbeit ein zweischneidiges Schwert? „Durch die Rodungen können Jäger auch in bisher unzugängliche Teile des Regenwalds vordringen", gab Ellen ohne weiteres zu, „aber ohne diese Wege können wir die Tiere nicht regelmäßig genug beobachten und keine genormten Messungen vornehmen. Von daher ist es wichtig, dass diese Plätze ständig kontrolliert werden, sei es von den Wissenschaftlern vor Ort, sei es von den Wildhütern. Die Jagd ist in Forschungsgebieten verpönt."

Das muss anderweitig kompensiert werden. Im Lomakowald tun die Bonoboforscher ihr Möglichstes, um der lokalen Bevölkerung ein Problembewusstsein zu vermitteln, sie zu entlohnen oder zu entschädigen. So erfahren die Einheimischen, dass der Kampf für den Erhalt der Bonobos ihnen wirtschaftliche Vorteile bringt. Sterben die Bonobos aus, werden sich die Forscher verabschieden und die Einkünfte wegfallen. Über den Schutz der Tiere hinaus ermöglicht die Präsenz von Forschern wichtige Einsichten. Jonathan Kingdon betont in seinem Lexikon afrikanischer Säugetiere ausdrücklich, dass Feldforschung dem Überleben der Bonobos zugute kommen kann.

Ellens Männer holzten pro Tag ungefähr anderthalb Kilometer ab. Eine ermüdende Arbeit, die uns manchmal in einen undurchdringlichen Dschungel, manchmal aber auch durch einen wunderschönen, gänzlich unberührten Wald mit hohen Baumriesen führte, durch deren Blätterdach sich sporadisch hellgrüne Lichtmosaike gegen den

Himmel abzeichneten. Die Schneisen verliefen teilweise über hohe Termitenhügel, auf denen sogar kräftige Bäume genügend Halt fanden. Sie kreuzten seichte, plätschernde Bäche, an denen die unterschiedlichsten Tiere ihre Spuren hinterlassen hatten. Einem Hindernis auszuweichen, kam nicht in Frage, die Wege mussten schnurgerade verlaufen. Die Kriterien der Wissenschaft konnten erbarmungslos hart sein, sie nahmen keine Rücksicht auf tiefe Schlammtümpel oder ein endlos langes und völlig uninteressantes Bonobobiotop.

Die Arbeit ging so langsam voran, dass reichlich Zeit für Beobachtungen blieb. Ich legte mich in einen enormen Pulphaufen, der daraus entstanden war, dass Termiten den Stamm eines umgestürzten Urwaldriesen zu einer breiartigen Substanz zerkleinert hatten. Einzeller verdauen das Holz und verteilen die freigesetzte Energie unter sich und ihre Vorratbeschaffer – nur ein willkürliches Beispiel für die vielen intensiven symbiotischen Interaktionen im Urwald. Die Termiten ernten Holz, das sie nicht verdauen können; die Mikroorganismen können nicht ernten, aber verdauen. Gemeinsam sind die beiden unschlagbar, eigentlich sind sie eins geworden, denn ohne den anderen wären sie verloren, wie auch der Mensch nicht ohne seine Darmflora, ohne die Millionen Bakterien existieren kann, die in seinem Körper das perfekte Biotop gefunden haben und in ihrer Einfachheit viel erfolgreicher sind als ihr Träger, der seinen Erfolg nur an der neuronalen Intelligenz misst – das ist seine vermeintliche Stärke.

Ich lag auf dem Rücken in dem weichen Sessel des zermahlenen Holzes und sah hoch über mir in den Bäumen eigenartige Vögel, darunter den seltenen Langschwanzkuckuck, der auf einem Zweig in der Baumkrone nervös hin und her hüpfte, ein Vogel mit einem langgestreckten

Hals, einer rötlichen Schwanzunterseite und dicken weißen Tupfen auf dem Bauch wie eine Drossel. Ich entdeckte auch einen Vogel, der ihm glich und mir irgendwie bekannt vorkam. Er hatte einen schlanken Körper, einen kleinen grauen Kopf und einen gelben Schnabel, das Obergefieder war überwiegend grau, die Unterseite weiß, der lange Schwanz hatte feine schwarze Querstreifen. Er schaute nach unten und wiederholte immer wieder seinen Ruf, der wie ein „püw, püw, pow" klang, wobei er mit dem dritten Ton einige Stufen auf der Tonleiter herabpurzelte. Es dauerte eine ganze Weile, bis bei mir der Groschen fiel. Der Vogel war eine Variante unseres heimischen Kuckucks, der genau wie Ellen eine Art Doppelleben führt. Im Sommer treibt er die europäischen Singvögel zur Verzweiflung, indem er seine Eier in ihre Nester legt, im Winter liegt er mit den vielen afrikanischen Kuckucksarten im Clinch. Er ließ einen Ruf ertönen, den ich in Europa noch nie gehört hatte, aber auch Ellen sprach hier anders, sie unterhielt sich mit den Einheimischen auf Lingala, um sich verständlich zu machen.

Manchmal verfluchte ich mich, wenn ich einen Vogel nicht bestimmen konnte und das Gefühl hatte, dass er etwas Besonderes war. Aber selbst im Vogelführer war keine Abbildung zu finden, die auch nur eine entfernte Ähnlichkeit aufwies. So sah ich im Unterholz einen wunderschönen kleinen Vogel mit einem auffälligen blauen Ring um den Augen, einer gelbgrünen Kehle, einem graublauen Kopf und einer weiß-grau gefärbten Unterseite. Er rief die ganze Zeit „pit, pit, pit" und erinnerte in seinem Verhalten, dem gedrungenen Körper und konkav gebogenen Rücken an einen Kleiber. Ich beschimpfte mich selbst, weil ich ein simpler Amateurornithologe im Kielwasser einer Expedition war, die sich in erster Linie für Säugetiere interessierte. Und da ich mich weder als

342

ein zweiter Wallace noch als ein Museumsbiologe alten Stils verstand, konnte ich auch keinen der Wildhüter bitten, eines der Tiere für Sammlerzwecke abzuschießen. Ich hielt an meiner *biological correctness* fest. Und weiß deshalb bis heute nicht, was das nun eigentlich für ein Vogel war.

Unsere Abholzaktion begann Früchte zu tragen. Im Gegensatz zum Yenge hatten wir am Salonga Bononester gefunden. Vor allem die Schneise hinter Edimos Lager hatte vielversprechende Hinweise geboten. Ellen rollte eine dünne Schnur ab, um die Entfernung zu messen und registrierte die Fundstellen der Nester. Sie benutzte dazu ihr GPS, das von den Führern sehr argwöhnisch gemustert wurde. Wie viele Leute in Kinshasa hatten auch sie anfangs gedacht, dass es zum Aufspüren von Gold oder Diamanten diente. Biologen, die in der Kivu-Region ein GPS benutzten, hatten erlebt, dass die Leute bei jedem Signal hinter ihrem Rücken nach Gold zu graben begannen.

Unsere Leute im Salonga hatten die fixe Idee, dass der Satellit, zu dem das GPS Kontakt herstellte, sie sehen konnte. Der alte Wilderer Jean erklärte, er traue sich nicht mehr zu jagen, weil ihn der Satellit der Wissenschaftler nicht aus den Augen ließe. Andere Jäger waren fest davon überzeugt, dass sie auf ihren Streifzügen keine Drähte berühren dürften, weil der Satellit dann ein Foto machte, auf dem man sie identifizieren könnte. Die Wildhütern nahmen das mit großem Vergnügen zur Kenntnis, weil sie meinten, dass ihre Arbeit damit zu einem Kinderspiel würde. Ihre Begeisterung ließ allerdings merklich nach, als jemand anmerkte, dass man ihnen gehörig auf die Finger klopfen würde, wenn sie selbst auf keinem dieser Satellitenfotos zu sehen wären. Denn das würde schließlich

bedeuten, dass sie ihre Patrouillengänge vernachlässig-
ten. So wurde das GPS zu einer wichtigen Waffe im
Kampf für den Erhalt des Regenwalds.

Je nach Größe und der Art des jeweiligen Baumes bleiben die Schlafnester der Bonbos bis zu hundert Tage
sichtbar. Bei einer Ansammlung von Nestern ging es Ellen darum, möglichst genau die Größe der Gruppe zu bestimmen. Manchmal fanden wir nur ein vereinzeltes
Nest, dann wieder bis zu fünfzehn. Ellens Arbeit bestand
unter anderem darin, das Alter jedes Nestes und seinen
Abstand zum Boden zu schätzen sowie die Entfernung
zur Schneise zu messen. Manchmal scheuchte sie Edimo
einen Baum hinauf, den er mühelos ohne Hilfsmittel
hochkletterte, um in etwa zwanzig Metern Höhe aus den
Nestern Haare für eine genetische Untersuchung zu sammeln.

Später analysierte Ellen alle Messdaten mithilfe eines
Computerprogramms, das die Populationsdichte einer
Menschenaffenart errechnet. Mit dieser Methode war sie
bereits zu dem Ergebnis gekommen, dass am Lomako 2,6
Bonobos pro Quadratkilometer leben. Verglichen mit den
spärlich vorhandenen Daten über Bonobodichten war
dies eine hohe Anzahl. Im Gebiet der japanischen Forscher betrug die Dichte 1,7 Bonobos pro Quadratkilometer, in zwei weniger intensiv erforschten Regionen, wo
die Tiere stark bejagt wurden, wurden jeweils 0,4 ermit-
telt.

Die Extrapolation von Ellens Zahlen ergab für das Zentrum des Lomakowaldes eine Gesamtpopulation von ungefähr fünfhundert Tieren. Da in diesem Gebiet ansonsten fast keine Bonobos lebten, kam sie zu dem Schluss,
dass dies in etwa die Anzahl war, die in dem vom WWF
geplanten Reservat geschützt werden müsste. Keine um-
werfende Zahl.

Für den Sektor Nord des Salonga Nationalparks er-
rechnete Ellen eine Dichte von genau einem Bonobo pro
Quadratkilometer. Eine runde Zahl. Die Areale, die wir
im immergrünen Regenwald, dem Lieblingsbiotop der
Bonobos, abgeholzt hatten, wiesen eine Dichte von 1,8
Tieren auf – ein recht gutes Ergebnis. Wenn Ellen ihre
Ausgangsdaten von einem Bonobo pro Quadratkilometer auf die Gesamtoberfläche der nördlichen Hälfte des
Salonga extrapolierte, in der Annahme, dass das von uns
erkundete Gebiet für das Ganze repräsentativ war, kam
sie auf siebzehntausend Bonobos. Eine überraschend
hohe Zahl angesichts der Befürchtung, dass die Bonobo-
Population weltweit vielleicht auf fünftausend Tiere
zurückgegangen sein könnte.

Ellens Zahl stärkt in jedem Fall die Position der Bonobos,
vor allem, weil sie keine Daten im südlichen Sektor des
Parks sammelte, wo unter anderem der Niederländer
Blom Ende der achtziger Jahre Bononester gesichtet
hatte. Das heißt jedoch nicht, dass der Bonobo nicht mehr
zu den bedrohten Tierarten zählen würde. Seine Anzahl
ist nach wie vor bedauerlich gering. Da das Bonobobiotop durch unüberlegte Holzgewinnung und intensive
Jagd immer weiter zerstückelt wird, verlieren die Tiere
den Kontakt miteinander, und für die Weibchen wird es
zunehmend schwieriger, in andere Gruppen auszuweichen. So verringert sich die genetische Diversität, der Widerstand gegen Angreifer wird unterminiert. Tierpopula-
tionen können in eine so extreme Isolation geraten, dass
die Art, trotz einer an sich überlebensfähigen Anzahl, in
eine Krise gerät.

Die große Bedeutung des Salonga Nationalparks liegt
in der immensen Ausdehnung des immergrünen Regenwalds. Ellens Expedition konnte die gute Nachricht ver-

künden, dass Schlüsselarten wie der Bonobo, der Elefant, der Bongo und der Kongopfau im Park noch spürbar vorhanden sind. Nur von Nilpferden und Büffeln fand sie keine Spuren. Die schlechte Nachricht war, dass sowohl organisierte Wildererbanden als auch Bewohner der umliegenden Dörfer die Tiere hemmungslos zur Strecke brachten. So drängt sich die traurige Schlussfolgerung auf, dass es gegenwärtig weltweit keinen Quadratmeter Regenwald gibt, auf dem der Bonobo so geschützt ist, wie er es als naher Verwandter des Menschen zweifellos verdient.

Es müssen Maßnahmen ergriffen werden, die den Kongolesen die Chance geben, aus dem Salonga Nationalpark wieder ein Reservat zu machen. Denkbar ist natürlich auch, dass der Schutz eines nahen Verwandten nach menschlichem Urteil keine Priorität besitzt – immerhin hat der moderne Homo sapiens auch den Neandertaler und zahlreiche andere als primitiv geltende Stämme aussterben lassen. Der Wilderei muss ein Ende gemacht, Wildhüterpatrouillen müssen organisiert und bezahlt werden, die lokale Bevölkerung muss auf irgendeine Weise finanziell zu ihrem Recht kommen, und es müssen viel mehr Feldstudien initiiert werden. Die Zeit drängt, es ist fünf vor zwölf.

Ellen gab bis zur letzten Nacht nicht auf. Sie wollte Bonobos beobachten, um zu sehen, wie sie auf Menschen reagieren. In der ersten Euphorie unserer Planungsphase hatten wir uns ein Experiment ausgedacht, bei dem wir unter einem Baum voller Bonobos miteinander schlafen wollten. Wir erhofften uns davon eine stimulierende Wirkung auf die Tiere. Unser Grundgedanke dabei war, dass Bonobos an sexuell aktiven Menschen interessiert sind, hatten aber bei diesen Gedankenspielen den absolut asexuellen Charakter unseres Urwaldaufenthalts einfach

nicht vorausgesehen. Vielleicht hätten die Tiere uns akti-
viert, aber selbst das sollten wir nie erfahren.

Ellen hatte immer noch wissenschaftliche Erklärungen
dafür, dass ihre Affen unsichtbar blieben. „Hier wachsen
zu wenig Früchte", meinte sie, „und wir finden viele
Nahrungsreste aus der Bodenvegetation, zum Beispiel
Lianen und *haumania*. Vielleicht haben es die Bonobos
zur Zeit sehr schwer und streifen auf ihrer Suche nach reifen Früchten in sehr kleinen Gruppen umher. Solange sie
in kleinen Verbänden unterwegs sind und einander
nichts mitzuteilen haben, verhalten sie sich still. Sogar am
Lomako haben wir manchmal lange Zeit von ihnen weder etwas gehört noch gesehen."

Wir beschlossen, nur mit Edimo und Jean-Baptiste mitten im Urwald an einer Stelle zu übernachten, wo wir eine
große Anzahl frischer Schlafnester entdeckt hatten. Wir
würden uns so ruhig wie möglich verhalten. Ellen war sowieso der Meinung, wir sollten im Wald nur flüstern und
uns unauffällig benehmen – schließlich waren wir dort zu
Gast. Bei unserem Aufbruch regnete es. Ich hätte es wissen
müssen. Nachdem Delite als *Monsieur Météo* seinen Dienst
quittiert hatte, hatte ich seine Rolle als Wetterprophet
übernommen. Ich sagte jeden Tag Regen voraus und lag
fast immer richtig. Aber dazu gehörte auch nicht viel.

Überraschenderweise wurde es immer heller, je weiter
wir in den Urwald eindrangen. Die Sonne brach durch
die Wolkendecke und funkelte auf den Tropfen, die an
den Blättern und Zweigen hingen. Wir sahen viele Affen,
denn die niederprasselnden Tropfen übertönten unsere
Geräusche. Auf einem Terrain, das sich zum Übernachten
anbot, stießen wir auf eine große Gruppe streitender
Schwarzer Mangaben. Aber Ellen fürchtete, dass die
Affen bei unserem Anblick Alarm schlagen und die Bonobos verjagen könnten. Also weiter.

Es war fast fünf, als wir eine große Ansammlung von Schlafnestern fanden, von denen drei mit Sicherheit aus der vergangenen Nacht stammten. Unsere Spannung wuchs. Wenn sich die Tiere nicht innerhalb der nächsten Stunde verständigten, würden wir sie nicht zu Gesicht bekommen. Wir sahen Wolf-Meerkatzen, Rote Meerkatzen und ein großes Hornvogelmännchen. Der Vogel musste irgendwo in der Nähe sein Nest und sein Weibchen haben, denn er kreiste unruhig um die Baumkronen. Hoch in den Bäumen sahen wir den rot-grünen Narina-Trogon und einen Pirol, der sich nicht schlüssig war, ob er sich nach dem Regen noch einmal aufs Singen verlegen sollte. Die Abenddämmerung brach herein. Ein *boloko*, ein Ducker, geriet in Panik, als plötzlich vier Menschen aus dem Gebüsch auftauchten, und schoss mit einem grässlichen Schrei davon. Das war ungünstig, denn vielleicht hatten die Bonobos gelernt, den Warnruf eines Duckers einzuschätzen.

Die Spannung stieg. Die ersten Mücken summten uns um die Ohren; die ersten gemeinen Stechinsekten verbissen sich in unseren Fingern und Hälsen. Die Tiere der Nacht vertrieben die Romantik des Wartens auf die Bonobos. Wir waren gezwungen, die Stille und Bewegungslosigkeit zu durchbrechen, nach Mücken zu schlagen und die Moskitonetze aufzuhängen. Wir köpften die Flasche Weißwein, die wir für unsere erste Bonobobeobachtung aufbewahrt hatten, und ließen sie herumgehen. Es herrschte keine niedergeschlagene Stimmung; der Salonga gab nicht all seine Geheimnisse preis, und das war gut für später.

In dieser letzten Nacht im Urwald waren Jean-Baptiste und Edimo sehr zutraulich. Sie genossen den Wein und die entspannte Atmosphäre und waren zufrieden, auch wenn wir keine Bonobos gesehen hatten. Sie hofften, dass wir bald zurückkommen und sie wieder als Führer einstellen würden, und reagierten ausgelassen, als wir ihnen versicherten, dass wir das ganz bestimmt tun würden, denn sie wären die bei weitem besten Fährtensucher, die wir in der Region gefunden hatten.

„Wisst ihr", begann Jean-Baptiste, der ein besserer Fährtensucher als Fischer war, „früher war ich Jäger, danach Wildhüter, aber weil ich keinen Lohn bekam, wurde ich wieder Jäger. Jetzt bin ich Fischer, das erschien mir vernünftiger. Irgendwann wird es im Urwald keine Tiere mehr geben, weil der Mensch sie zu intensiv gejagt hat, aber die Fische werden nicht verschwinden. Jetzt, wo ich höre, dass es vielleicht wieder einen Park geben wird, bin ich froh, dass ich Fischer geworden bin. Es sei denn, dass ich wieder eine Anstellung als Wildhüter finde."

Ellen bot ihm eine Zigarette an, und er nahm einen letzten Schluck von dem Wein. Er setzte sich auf sein Moskitonetz und schlug achtlos nach einer der vielen Stechmücken auf seinen Füßen. „Noch gibt es kein Problem mit den Bonobos im Park", bekannte er plötzlich, „noch sind sie überall. Ich habe bis vor kurzem am Yenge gejagt, in dem Gebiet hinter der alten Badestelle der Elefanten. Dort hausen viele Bonobos, aber sie haben sich tief in den Wald zurückgezogen, man bekommt sie nie zu Gesicht, außer man steht zufällig mucksmäuschenstill an einer Stelle, an der sie vorbeiziehen. Auch sind sie fast nie zu hören. Sie haben gelernt, zu schweigen, um nicht aufzufallen."

Nach einem tiefen Zug gab er die Zigarette an Edimo weiter. „Früher hatten wir Angst vor den Bonobos", sagte er abschließend. „Jetzt haben sie Angst vor den Menschen. Aber eines Tages werden wir uns gegenseitig respektieren."

Natur und Mensch bei C. H. Beck

Louis Beyens
Arktische Passionen
Ein Reisebericht
Aus dem Niederländischen von Janneke Panders
2000. 352 Seiten mit 71 Abbildungen,
davon 40 in Farbe auf Tafeln und 31 Karten im Text. Gebunden

Hansjörg Küster
Geschichte der Landschaft in Mitteleuropa
Von der Eiszeit bis zur Gegenwart
32. Tausend. 1999. 424 Seiten mit 211 Abbildungen, Grafiken und
Karten, davon 193 in Farbe. Broschierte Sonderausgabe

Hansjörg Küster
Geschichte des Waldes
Von der Urzeit bis zur Gegenwart
1998. 267 Seiten mit 53 Abbildungen,
davon 47 in Farbe. Leinen

Joachim Radkau
Natur und Macht
Eine Weltgeschichte der Umwelt
2000. 438 Seiten. Gebunden

Lee Smolin
Warum gibt es die Welt?
Die Evolution des Kosmos
Aus dem Englischen von Thomas Filk
1999. 428 Seiten mit 4 Abbildungen. Gebunden

Richard Fortey
Leben. Eine Biographie
Die ersten vier Milliarden Jahre
Aus dem Englischen von Friedrich Griese
und Susanne Kuhlmann-Krieg
1999. 443 Seiten mit 28 Abbildungen. Gebunden

Verlag C. H. Beck München

Natur und Mensch bei C. H. Beck

Holk Cruse / Jeffrey Dean / Helge Ritter
*Die Entdeckung der Intelligenz oder
Können Ameisen denken?*
Intelligenz bei Tieren und Maschinen
1998. 278 Seiten mit 71 Abbildungen. Gebunden

Peter Düweke
Darwins Affe
Sternstunden der Biologie
2000. 167 Seiten mit 11 Abbildungen. Paperback
(Beck'sche Reihe Band 1351)

Tijs Goldschmidt
Darwins Traumsee
Nachrichten von meiner Forschungsreise nach Afrika
Aus dem Niederländischen von Janneke Panders
Nachdruck der 1. Auflage 1998.
349 Seiten mit 27 Abbildungen. Gebunden

Steven Rose
Darwins gefährliche Erben
Biologie jenseits der egoistischen Gene
Aus dem Englischen von Susanne Kuhlmann-Krieg.
2000. 363 Seiten mit 46 Abbildungen. Gebunden.

Peter Sitte (Hrsg.)
Jahrhundertwissenschaft Biologie
Die großen Themen
1999. 453 Seiten mit 58 Abbildungen, davon 31 in Farbe
und 11 Tabellen. Gebunden

Dezsö Varju
Mit den Ohren sehen und den Beinen hören
Die spektakulären Sinne der Tiere
1998. 285 Seiten mit 34 Abbildungen,
davon 9 in Farbe. Gebunden

Verlag C. H. Beck München